DIE KOSMISCHE OKTAVE

Der Weg zum universellen Einklang

SYNTHESIS VERLAG

ISBN 3-922026-24-9
Umschlaggestaltung: Cousto und Bernhard Kleefeld
Grafische Gestaltung: Cousto und Bernhard Kleefeld
nach Entwürfen des Autors
Satz: Typografischer Betrieb ZERO Rheinberg
Druck: Fuldaer Verlagsanstalt, Fulda

CIP-Kurztitelaufnahme der Deutschen Bibliothek

Cousto
Die kosmische Oktave : d. Weg zum universellen
Einklang / Cousto. [Grafiken: B. Kleefeld, I. Breiding und Cousto]
— Essen : Synthesis-Verl., 1984.
ISBN 3-922026-24-9

Inhalt

Vorwort

Zur Entstehung und zum Gebrauch dieses Buches

Die Ursprünge der Erkenntnisse, die das Wesen der »Kosmischen Oktave« beflügeln, wurzeln in der vielschichtigen gemeinsamen schöpferischen Kraft vieler lieber Freunde, mit denen ich jahrelang in der großen Wohngemeinschaft in der Riedelstraße 7 in München zwischen der Isar und dem Englischen Garten zusammengelebt habe. Musiker, Maler, Töpfer, Erfinder, Astrologen, Heilpraktiker, Ärzte, Kräuterspezialisten . . . wohnten in diesen alten Gemäuern. Alle, besonders auch die heiteren Kinder, befruchteten die schönen Künste und die wissenschaftlichen Arbeiten, denen sich viele in dieser Wohngemeinschaft mit ihrer ganzen Energie und mit viel Liebe widmeten.

Besondere Freude erwecken in mir die Erinnerungen an die vielen durchwachten Nächte mit Pauli und mit Fritz — Nächte, in denen wir ganze Berge von Papier mit vielen Tabellen, Zahlen, Skizzen, Figuren und Mandalas füllten — Zeiten, in denen wir jenseits vom Alltagsleben uns in der Tiefe der kosmischen Sphären getroffen haben und mit der wunderbaren Schönheit der universellen Harmonien im Einklang waren.

Es war in diesem Hause, wo am 2. Oktober 1978 sich die Sphären von ihren physikalischen Bedingtheiten befreiten und sich mir in ihren harmonischen Gesetzmäßigkeiten in einer rein strukturellen Form zeigten. Es war visionäres »mathematisches« Sehen in den herrlichsten Farben und Klängen.

Es war im Riedelhaus 7, wo ich die ersten Hefte »Farbton — Tonfarbe und die Kosmische Oktave« vollendete, die den Grundstein und das Fundament dieses Buches bilden. In diesem Haus wurde auch die Idee geboren, die klassische Notenschrift mit all ihren komplizierten Zeichen durch eine einfache farbige Notenschrift, basierend auf dem Gesetz der Oktave, zu ersetzen. Martin Samay gab 1979 das »Albumblatt für Elise« von Ludwig van Beethoven in einer ganz neuartigen farbigen Notenschrift heraus, und das mehrbändige Werk der farbigen Harmonielehre und der farbigen Noten von Fritz Dobretzberger und Johannes Paul, dessen erste Kapitel ebenfalls in der Riedelstraße entstanden sind, steht derzeit kurz vor seiner Vollendung.

Nach dem Hausabbruch in der Riedelstraße folgten für mich wieder ein paar Wanderjahre. Immer wieder begegnete ich lieben Menschen, die sich für die »Kosmische Oktave« zu interessieren begannen und die durch die Lektüre der inzwischen in vierter stark erweiterter Auflage erschienenen Broschüre »Farbton — Tonfarbe und die Kosmische Oktave« zu eigenen Forschungen angeregt wurden. Die Ergebnisse dieser Forschungen und die vielfältigen Kontakte befruchteten wiederum meine Tätigkeit. Besondere Anregungen verdanke ich Frau Waltraud Wagner, Chemieprofessorin in Bochum, die im Bereich der Baubiologie und der Geomantie sehr aktiv ist. Durch sie lernte ich auch John Michell kennen, wohl einen der besten Kenner der alten Maßsysteme. Schöne Tage durften John und ich als Gäste bei Waltraud verbringen, und die gemeinsamen Ausflüge quer durch Deutschland bestätigten in vieler Hinsicht die ausgeklügelten Theorien von John.

Viele Anregungen zur Bewußtseinserweiterung erhielt ich durch die Ausführungen von Tim Leary, die von Geist und Witz durchtränkt waren. In ganz lebhafter Erinnerung sind mir auch immer John und Antoinette Lilly. Nie zuvor hatte ich ein Paar gesehen, das in einem »dyadischen Zyklon« so aufgeblüht ist, nie zuvor bin ich jemandem begegnet wie John, der von den verschiedensten Bewußtseinsebenen aus täglicher Erfahrung sprechen konnte. Er gab mir wesentliche Hinweise bezüglich multidimensionaler Wahrnehmungs- und Erfahrungsebenen.

Die »Kosmische Oktave« war zu Beginn für mich eine gesehene und empfundene Tatsache, und sie bestätigte sich auch zuweilen in der Realität. Die Inder stimmen ihre Musikinstrumente vornehmlich so, wie ich es berechnet hatte. Doch der eigentliche wissenschaftliche Beweis ließ lange auf sich warten. Erst die Forschungsarbeiten von Hans Baumer, Walter Sönning und J. Eichmeier bestätigten die Theorie. Die Wetterfrequenzen, auch *Spherics* genannt (elektromagnetische Impulse in der Atmosphäre), haben Frequenzen, die genauen astronomischen Oktaven entsprechen. Der Grad der Abweichung ist weit weniger als ein Promille. Die Ausführungen in diesem Buch zu den Wetterfrequenzen geben im wesentlichen Auszüge aus den Publikationen der drei obengenannten Forscher wieder und sind das Ergebnis einer Tagung in Freiburg (Breisgau) und eines geselligen Abends bei Hans Baumer in Pfaffenhofen.

Die vielen langen Gespräche mit Sabine und Akimoto im Mandlhof am Starnberger See haben reichlich Früchte getragen, wovon einige in diesem Buch Eingang fanden, insbesondere in den Kapiteln zur Horoskopvertonung und zum topozentrischen Häusersystem. Die topozentrische Häusermanier ist eine von Aki entwickelte Betrachtungs- und Darstellungsweise der geometrisch-zeitlichen Verhältnisse am Himmel, die durch ihre klare, naturnahe Methodik überzeugt.

All den vielen, die durch ihre Anregungen, Gespräche, Briefe und Publikationen, durch materielle Unterstützung oder auch durch ihr Entgegenkommen und ihre Liebe zur Entfaltung dieses Werkes beigetragen haben, danke ich an dieser

Stelle in enger Verbundenheit. Dank gebührt all den lieben Freunden, die mir in Zeiten, in denen es notwendig war, bewußt Hilfe zukommen ließen. Dank all jenen, die mir in kritischen Zeiten mit Toleranz, Sympathie und Liebe begegneten. Ohne die vielseitige Hilfe von ein paar Freunden und die stetigen Ermunterungen forschender Kollegen wäre dieses Buch niemals entstanden, hätte ich niemals Zugang zu diesen Erfahrungen gehabt, die hier nun in komprimierter Form dargelegt sind.

Mein ganz besonderer Dank gilt auch Gerhard Juckoff, der nicht nur als Lektor, sondern auch durch manche geistvolle Idee zur Gestaltung und Vollendung dieses Buches beigetragen hat.

Die »Kosmische Oktave« ist der äußere Ausdruck innerer Zusammenhänge und tiefer Einsicht. Die »Kosmische Oktave« ist eine »Technik«, um sich das Seiende und die darin verwobenen harmonikalen Strukturen anzuhören und zu vergegenwärtigen.

In dem Buch »Die Kosmische Oktave« werden die physikalischen, harmonikalen und musikalischen Aspekte der kosmischen Oktaven erklärt sowie ein paar Möglichkeiten aufgezeigt, dieselben zur Stimmung der eigenen Resonanz zu nutzen. Es ist eine Methode, sich harmonisch in den Weltenklang einzustimmen.

In diesem Buch sind alle Schritte erläutert und formalisiert, um aus astronomischen Beobachtungsdaten die Rhythmen und die Stimmtöne der Erde, des Mondes und der Planeten herzuleiten. Ebenso sind die Berechnungsmethoden zur Feststellung des Sonnentones oder auch der Klänge einer Horoskopvertonung dargelegt, wie auch Hinweise zum Bau kosmisch-harmonischer Tempel, die in Maß, Zahl und Proportion im Einklang mit dem Lauf der Dinge sind.

All-Ein-Sein heißt eins sein mit dem All. Die Schwingungen des Alls wahrzunehmen und sich auf diese Schwingungen einzustimmen heißt, sein Leben — oder einfach sich selbst — mit dem All in Einklang zu bringen. Ist die Person (von lat. *per-sonare* = zum Erklingen bringen, hindurchtönen) im Einklang mit dem Kosmos, so resoniert der Kosmos in ihr, der Kosmos findet seinen Widerhall in der Person. Wird man sich dessen bewußt, hat das Bewußtsein kosmische Dimensionen erreicht.

Die »Kosmische Oktave« ist der Weg zum universellen Einklang.

Montagnola, im Juni 1984

Kapitel 1

Die Gliederung von Raum und Zeit

> Wer den Raum gliedert, gliedert die Zeit. Wer bis an die Schwelle gelangt, an der die Raumgestalt den Schlüssel für die Gestaltung der Zeit hergibt, muß das dritte Maß, das geheime, das sogenannte alte Maß, finden, das auch den Pyramiden und dem Salomonischen Tempel zugrunde gelegen hat.
>
> *Louis Charpentier*
>
> in »Die Geheimnisse der Kathedrale von Chartres« [9, S. 177]*

Im Alltagsleben der industrialisierten Länder hat man sich im allgemeinen so stark an die Einteilung von Raum und Zeit gewöhnt, daß kaum jemand sich Gedanken darüber macht, woher die gebräuchlichen Einteilungen und Maßeinheiten für die Gliederung von Raum und Zeit stammen. Der Raum wird z.B. in Meilen oder in Kilometern gemessen, die Zeit in Stunden und Minuten, wenn es die Genauigkeit erfordert, auch noch in Sekunden und deren Bruchteilen. Man lernt dies in der Schule und gebraucht dieses Wissen so ziemlich jeden Tag. Da gibt es ganze Bücher, in denen kaum etwas anderes zu lesen ist als bestimmte Beziehungen zwischen Raum und Zeit: die Fahrpläne der Eisenbahngesellschaften.

Da fährt ein Schnellzug zu einem genau bestimmten Zeitpunkt in einer Stadt ab und kommt zu einem wiederum genau bestimmten Zeitpunkt in einer andern Stadt an. Möge uns der Schnellzug »Barbarossa« von Stuttgart in Süddeutschland nach Sestri Levante an der Riviera di Levante in Ligurien (Italien) als Anschauungsbeispiel dienen. Der Zug fährt um 9 h 14 min in Stuttgart ab. Um 12 h 44 min kommt der Zug in Zürich an, um 13 h 04 min fährt er in Zürich wieder ab. Der Zug hat somit 20 Minuten Aufenthalt in Zürich, genug Zeit, um eine Zeitung am Bahnhofskiosk zu kaufen und anschließend rechtzeitig den Zug wieder zu erreichen für die Weiterfahrt über die Alpen. In Lugano ist der Zug um 16 h 10 min. Die Fahrt von Zürich nach Lugano dauert somit 3 Stunden und 6 Minuten. Abends um 21 h 05 min kommt der Zug schließlich in der schönen, malerischen italienischen Hafenstadt Sestri Levante an. Die Reise von der württembergischen Metropole bis zum ligurischen Ferienort dauert etwa einen halben Tag.

Bei genauerer Betrachtung lassen die Angaben im Fahrplan noch weitere Schlüsse zu. Da die Reise von Norden nach Süden geht und der Zug am frühen Vormittag in Stuttgart losfährt, sind die Plätze in Fahrtrichtung links der Sonne zugewandt. Will ich als Reisender die Morgensonne genießen, so weiß ich, daß ich mich auf einen Platz auf der linken Seite des Zuges setzen muß. Will ich jedoch

* Literaturangaben (in eckigen Klammern) beziehen sich auf das Quellenverzeichnis im Anhang des Buches (ab S. 220). Die erste Zahl gibt die Quelle an, die zweite die Seite.

den Sonnenuntergang über dem Mittelmeer betrachten, der des Abends auf der Fahrt entlang der Küste von Genua nach Sestri Levante zu sehen ist, so muß ich auf der rechten Seite des Zuges Platz nehmen.

Um dies zu wissen, bedarf es genauer Kenntnisse der Einteilung von Raum und Zeit. Die im Fahrplan angegebene Abfahrtszeit in Stuttgart, 9 h 14 min, zeigt einem, daß der Zug am Vormittag abfährt, zu einer Zeit, in der die Sonne im Südosten am Himmel steht. Da die Reise, wie schon bemerkt, von Norden nach Süden geht, kann aus diesen Angaben der Winkel zwischen der Sonne und der Fahrtrichtung ausgerechnet werden.

Eine Sonnenuhr veranschaulicht sehr deutlich den direkten Zusammenhang von Raum und Zeit. Der Schatten des Stabes, der durch die Veränderung der räumlichen Beziehung von Sonne und Erdort stets einen anderen Winkel auf dem Zifferblatt bildet, zeigt den Zeitpunkt an, der einer ganz bestimmten räumlich-geometrischen Konstellation entspricht. Das, was wir allgemein Zeit und Zeiteinteilung nennen, ist genauso eine Beschreibung räumlicher Gegebenheiten.

Viele Schüler (und auch Erwachsene) fragen sich, warum für die Gliederung der Zeit ein anderer Teilungsschlüssel verwendet wird als für die Gliederung der Länge, der Fläche und des Raumes; ja, manche meinen, es wäre doch besser, das Dezimalsystem auch für die Zeiteinteilung zu gebrauchen, da das Rechnen mit Zehnereinheiten einfacher sei als mit Sechsereinheiten. Ein wesentliches Merkmal für die Güte eines Maßsystems ist der Grad der Übereinstimmung mit Naturgegebenheiten. Die Mitglieder der französischen Nationalversammlung wußten wohl nicht viel von der Kompatibilität und den algebraischen Strukturen der alten Maßsysteme im Raum wie in der Zeit, als sie im Jahre 1795 (zur Zeit der Französischen Revolution) den 40millionsten Teil des Erdmeridians als grundlegende Maßeinheit wählten.

Da in diesem Buch im wesentlichen die Herleitung eines Maßes (Frequenz des Kammertones) von Naturgegebenheiten aus beschrieben wird, ist es für das Verständnis wichtig zu wissen, wie die Gliederung von Raum und Zeit von der Natur (Himmel und Erde) abgelesen werden kann und welche mathematischen Strukturen diesem System zugrunde liegen. Bei genauerer Betrachtung zeigt sich, daß dem alten System — Stunde, Minute und Sekunde für die Zeit, Grad, Minute und Sekunde für den Winkel und Meile, Fuß und Zoll für den Raum — erstaunlich einfache (und für Raum und Zeit austauschbare) Ziffern- und Zahlenfolgen innewohnen.

Wer für eine Weile alle Wertvorstellungen, die ein jeder sich durch Lernen und Lesen von Büchern angeeignet hat, vergessen kann, sich dem Lauf der Dinge öffnet und am Himmel die Schrift der Natur zu lesen gewillt ist, dem werden sich die Geheimnisse der kosmischen Rhythmen viel schneller und klarer offenbaren als jenen, die meinen, sie wüßten dank ihrer langjährigen Schulausbildung und Studienzeit sowieso schon Bescheid.

Die auffälligste astronomische Gegebenheit ist die Drehung der Erde um ihre eigene Achse und der daraus resultierende Wechsel zwischen Tag und Nacht. Tagsüber beschreibt die Sonne einen Bogen durch das Himmelsgewölbe, des Nachts die Sterne und der Mond. Der Mond, je nach Phase, ist des Abends, die ganze Nacht oder auch nur des Morgens, ja zuweilen auch gar nicht sichtbar. Da Mondbeobachtungen für das Auge weitaus schonender sind als Sonnenbeobachtungen und da man dafür keine Dunkelgläser oder anderes Werkzeug benötigt, soll im folgenden der Mond als Beispiel dienen, der, wie übrigens auch die Sonne, etwa 1/2 Grad »dick« ist. Das heißt, wenn man von der einen Seite des Mondes einen Faden zur Erde spannen würde und von der andern Seite des Mondes ebenfalls einen Faden zum gleichen Ort auf der Erde befestigen würde, so würden die beiden Fäden einen Winkel von etwa 1/2 Grad oder 30 Bogenminuten bilden (siehe auch untenstehende Abbildung 1).

Daß die visuelle, von der Erde aus gesehene Größe von Sonne und Mond fast die gleiche ist, kann bei Sonnenfinsternissen gut beobachtet werden. Eine Sonnenfinsternis tritt genau dann ein, wenn der Mond sich zwischen der Sonne und der Erde befindet. Dies ist bei Neumond der Fall, wenn sich Sonne und Mond beide dicht beim Schnittpunkt von Sonnen- und Mondbahn (Mondknoten) befinden. Ist der Mond bei einem solchen Ereignis erdnah, dann ist er von der Erde aus gesehen etwas größer, und es entsteht eine totale Sonnenfinsternis; ist der Mond jedoch weiter weg von der Erde, dann ist er von der Erde aus gesehen etwas kleiner als die Sonne, und es entsteht eine sogenannte ringförmige Sonnenfinsternis. Bei der ringförmigen Finsternis hat der Mond einen kleineren Durchmesser als die Sonne und läßt dadurch einen schmalen Lichtring des Tagesgestirns unbedeckt.

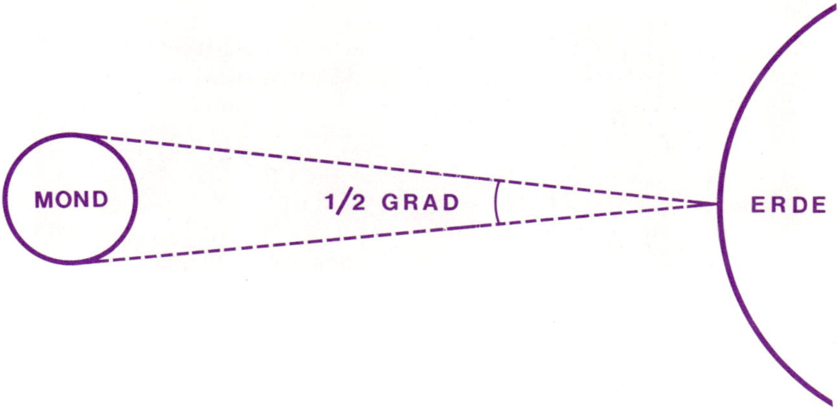

Abb. 1
Von der Erde aus gesehen ist der Durchmesser von Sonne und Mond etwa 1/2 Grad oder 30 Bogenminuten.

Abb. 2
Die Abbildungen 2 und 3 zeigen den Mond im Abstand von etwa 2 Minuten. Auf Abbildung 2 ist der Mond oben links von einer Baumspitze zu sehen, wobei die rechte Seite des Mondes die Baumspitze berührt. Nach 2 Minuten schiebt sich die Mondscheibe vollständig über . . .

Abb. 3
. . . die Baumspitze hinweg und berührt nun mit der linken Seite die Baumspitze, wobei der Mond sich auf der rechten Seite derselben befindet. Für solche Beobachtungen eignen sich besonders gut Vollmondnächte im Sommer, da der Mond im Sommer zur Vollmondzeit einen niedrigen Bogen beschreibt und somit leichter Orientierungspunkte bei der Mondbahn zu finden sind als in den Wintervollmondnächten, wenn der Mond einen hohen Bogen durch den Himmel zieht.

1/2 Grad oder 30 Bogenminuten sind der 720. Teil eines Kreises, denn der Kreis wird in 360 Grad oder 720 halbe Grade aufgeteilt. Mit andern Worten ist der Durchmesser von Sonne und Mond der 720. Teil des Kreises. Ebenso sind 2 Minuten, die der Mond braucht, um am Himmel einen halben Grad, nämlich den Weg seiner eigenen Größe, zurückzulegen, der 720. Teil eines Tages. Der Tag hat 24 Stunden und jede Stunde hat 60 Minuten. Der Tag hat somit $24 \cdot 60 = 1440$ Minuten, die Hälfte davon, die Zeit von 2 Minuten, entspricht somit dem 720. Teil des Tages. Beobachtet man den Mond zum Beispiel von einem Ort aus, so daß er gerade links von der Spitze eines hohen Baumes zu sehen ist, und wartet am gleichen Ort etwa 2 Minuten, dann wird er rechts von der Baumspitze zu sehen sein (siehe Abb. 2 und 3 auf S. 16 und S. 17). Die Zeit, die der Mond braucht, um den Weg seiner eigenen Größe am Himmel weiterzurücken, macht den gleichen Bruchteil des Tages aus (Zeitdimension) wie das Maß in Graden, das seine eigene Größe (Raumdimension) als Anteil seiner Kreisbahn ausmacht. Im einen Fall handelt es sich um den 720. Teil des Tages (2 Minuten), im andern Fall um den 720. Teil des Kreises (1/2 Grad oder 30 Bogenminuten).

Die Zahl 720 ist ein am Himmel leicht ablesbarer Teiler, der für die Aufteilung des Tages und der Kreisbahn von Sonne und Mond gleichermaßen geeignet ist. Die Zahl 720 ist somit Ausgangspunkt eines Maßsystems, das in seiner Struktur für Raum und Zeit kompatibel ist. 720 ist auch das Produkt aller natürlichen Zahlen von 1 bis 6, denn es gilt: $1 \cdot 2 \cdot 3 \cdot 4 \cdot 5 \cdot 6 = 720$. Da solche Produktreihen in der Mathematik eine außerordentlich große Rolle spielen, gibt es dafür eine abgekürzte Schreibweise: 6! (lies: sechs Fakultät). Sechs Fakultät bedeutet nichts anderes als das Produkt aller natürlichen Zahlen von 1 bis 6. Es gilt somit:

$$1 \cdot 2 \cdot 3 \cdot 4 \cdot 5 \cdot 6 = 6! = 720$$

Das Doppelte von 720 ist 1440, die Zahl der Minuten des Tages à 24 Stunden, die Hälfte von 720 ist 360, die Zahl der Grade, nach der die klassische Einteilung des Kreises erfolgt. Vom astronomischen Standpunkt aus gesehen, entspricht ein Grad des Kreises der Zeit von 4 Minuten.

Die Minute wird wiederum in 60 Sekunden aufgeteilt. Ein Erdentag hat somit 1440 Minuten mal 60 gleich 86 400 Sekunden. Die Zahl 86 400 wie auch die Ziffernfolge 864 wird uns in diesem Buch an mancher Stelle noch beschäftigen, da es sich hierbei wieder um eine elementare Zahl und Ziffernfolge handelt. An dieser Stelle sei nur folgendes erwähnt: Die Zahl 86 400 läßt sich als Fakultätsprodukt sehr einfach beschreiben. Fakultäten und deren Produkte wie auch deren Quotienten spielen im Aufbau der alten Maßsysteme eine sehr wichtige Rolle.

$$1 \cdot 2 \cdot 3 \cdot 4 \cdot 5 \cdot 6 \cdot 1 \cdot 2 \cdot 3 \cdot 4 \cdot 5 = 720 \cdot 120 = 6! \cdot 5! = 86\,400$$

In der uralten Zeitmessung rechnete man nicht mit einem 24-Stunden-Tag, sondern, wie historisch feststeht, mit einem 12-Stunden-Tag. Stunden, Minuten und Sekunden waren damals doppelt so lang wie heute. Um Verwechslungen vorzubeugen, wollen wir im folgenden die doppelt so langen Stunden Doppelstunden nennen, die entsprechenden Minuten Doppelminuten und die Sekunden Doppelsekunden. In altbabylonischen Zeiten hatte der Tag 12 Doppelstunden, 12 mal 60 gleich 720 Doppelminuten und 720 mal 60 gleich 43 200 Doppelsekunden. Diese Zählweise ist zum Teil bis in unsere Tage überliefert — so zum Beispiel in der Astrologie, wohl einer der ältesten Wissenschaften überhaupt. Ein Horoskop ist eine »Stundenschau«, von den griechischen Worten *Horos* = Stunde und *Skop* = Schau abgeleitet, und stellt die Positionen der Gestirne in bezug auf einen bestimmten Ort auf der Erde dar. Ursprünglich wurde mit »Horoskop« in der ägyptisch-griechischen Astrologie der im Osten aufgehende Stern bezeichnet, später die Konstellation der Gestirne, bzw. die Zeichnung oder die graphische Darstellung derselben. Der Tierkreis, das Maßband der Astronomen und Astrologen, wird in 12 Sternzeichen aufgeteilt, so wie das Jahr in 12 Monate aufgeteilt wird. Der Stand von Sonne, Mond und Planeten wird in Graden (von 0 Grad bis 30 Grad je Sternzeichen) angegeben. Um die Himmelsrichtungen der Planeten von einem fest definierten Erdort zu einem ganz bestimmten Zeitpunkt richtig erkennen zu können, wird der Tierkreis in 12 Felder oder Häuser aufgeteilt. Die Spitze des 1. Hauses oder Feldes ist der Aszendent, der aufgehende Punkt des Tierkreises (auch Ekliptik genannt). Die Spitze des 4. Hauses liegt genau im Norden und wird Himmelstiefe *(Imum Coeli)* genannt, die Spitze des 10. Hauses liegt genau im Süden und wird Himmelshöhe *(Medium Coeli)* genannt. Der Deszendent, die Spitze des 7. Hauses, markiert den gerade unter-

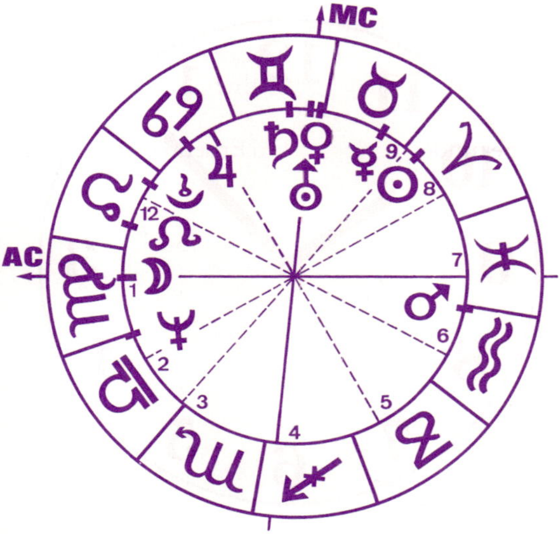

Abb. 4
Abbildung eines Horoskops. Dieses Horoskop zeigt die Gestirnspositionen vom 16. März 1943, 15 Uhr, von Basel aus gesehen. Die eingezeichneten Häuser (nach der Manier von Placidus) zeigen die sogenannten Temporalstunden an. Ein Horoskop wird in 12 Häuser, auch Felder genannt aufgeteilt.

gehenden Punkt des Tierkreises. Der Deszendent liegt immer genau dem Aszendenten gegenüber. Aufgrund der Lage der Sonne im Tierkreis und im Häusersystem kann man sofort das Datum im Jahr und die wahre Ortszeit ablesen, für die das Horoskop erstellt wurde. Vor Sonnenaufgang steht die Sonne z.B. im 1. Haus, nach Sonnenaufgang steht die Sonne im 12. Haus. Kurz vor Mittag steht sie im 10. Haus, nach dem Mittag steht sie im 9. Haus. Steht die Sonne genau in der Himmelshöhe (MC = Medium Coeli), dann ist 12 Uhr Ortszeit, und die Sonne ist an ihrer oberen Kulmination angelangt. So wie man die Ortszeit aus einem Horoskop herauslesen kann, so kann man auch aufgrund der Hausposition der Sonne und ihrer Stellung im Tierkreis die Himmelsrichtung sehen, in welcher sie zu jenem Zeitpunkt stand.

Jedes Haus in der Astrologie repräsentiert die Dauer von 2 Temporalstunden, die 12 astrologischen Häuser sind somit das Zeit-Zifferblatt des Horoskops. Im Altertum hat man zur Zeitmessung Wasseruhren, Sanduhren und vor allem Sonnenuhren benutzt. Die Sonnenuhren waren auch das Vorbild für die modernen Uhren mit Zifferblatt und Zeigern. So wie die modernen Uhren auf einer Fläche bestimmte Markierungen haben, hatten es auch die Sonnenuhren; aber statt der Zeiger, wie sie die modernen Uhren heute zumeist haben (mit Ausnahme der Digitaluhren, die die Uhrzeit mit Ziffern in Stunden, Minuten und Sekunden anzeigen), diente bei den Sonnenuhren der Schatten eines Stabes zur Orientierung.

Die modernen Uhren weisen noch heute eine Zwölfteilung auf dem Zifferblatt auf. Dasselbe zeigt die Zahlen 1 bis 12 kreisförmig angeordnet in einem Winkelabstand von je 30 Grad, wobei die 12 zumeist oben in der Mitte steht und die 1 rechts davon, gefolgt von den anderen Zahlen bis 11. Die Zahlenfolge auf dem Zifferblatt der Uhr läuft rechts herum: im »Uhrzeigersinn«.

Abb. 5
Das Zifferblatt der Uhr. Obwohl der Tag 24 Stunden hat, ist auf dem Zifferblatt der Uhr eine Zwölfteilung. Der kleine Zeiger (Stundenzeiger) macht täglich zwei Umläufe, der große Zeiger (Minutenzeiger) macht täglich 24 Umläufe. Für den Stundenzeiger entsprechen 30 Grad einer Stunde, für den Minutenzeiger entsprechen 30 Grad 5 Minuten.

Die Zahl 720 ist der Ausgangspunkt für die Teilung des Kreises und für die Teilung des Tages. Es gibt jedoch im alten Maßsystem eine ganze Reihe von Größen, die genaue Teiler oder Vielfache von 720 sind:

720 :	40 =		18	Zahl der Jahre einer Sarosperiode (Finsterniszyklus von Sonnen- und Mondfinsternissen)
720 :	2 =		360	Zahl der Bogengrade des Kreises
720 ·	2 =		1 440	Zahl der Minuten des Tages
720 ·	3 =		2 160	Zahl der Meilen des Monddurchmessers
720 ·	7 =		5 040	Zahl der Meilen der Summe des Erdradius (3 960 Meilen) und des Mondradius (1 080 Meilen)
720 ·	11 =		7 920	Zahl der Meilen des Erddurchmessers
720 ·	36 =		25 920	Zahl der Jahre der Erdachsenpräzession (Kreiselbewegung der Erdachse, auch platonisches Jahr genannt)
720 ·	120 =		86 400	Zahl der Sekunden eines Erdentages
720 ·	330 =		237 600	Zahl der Meilen des mittleren Abstandes Erde — Mond
720 ·	1 200 =		864 000	Zahl der Meilen des Sonnendurchmessers
720 ·	129 600 =		93 312 000	Zahl der Meilen des mittleren Abstandes Sonne — Erde

Die Abweichung dieser klassischen Meilenwerte ist für die Radien und Durchmesser von Erde und Mond geringer als 0,05 Promille, für den Durchmesser der Sonne circa 1 Promille. Bei der Anzahl der Jahre der Sarosperiode ist die Genauigkeit größer als 0,2 Promille, für die mittleren Abstände von Erde — Mond und von Sonne — Erde sowie für die Länge des platonischen Jahres liegt die Genauigkeit bei circa 0,5 %.

Die exakten astronomischen Werte in Kilometern wie in Meilen sowie die arithmetischen Eigenschaften der Zahlen sind im wissenschaftlichen Anhang auf Seiten 194 und 195 aufgeführt.

Kapitel 2

Zeit, Frequenz und die Oktave

Hermann Hesse erhielt für sein Buch »Das Glasperlenspiel« im Jahre 1946 den Nobelpreis für Literatur. Die Grundsätze des Glasperlenspiels sind [23, S. 49]:

> ... eine neue Sprache, nämlich eine Zeichen- und Formelsprache, an welcher die Mathematik und die Musik gleichen Anteil hatten, in welcher es möglich wurde, astronomische und musikalische Formen zu verbinden, Mathematik und Musik gleichsam auf einen gemeinsamen Nenner zu bringen.

Das Gesetz der Oktave ist jener Grundsatz, an welchem die Mathematik und die Musik gleichen Anteil haben, es ist jene Formel, mit welcher es möglich ist, astronomische und musikalische Formeln zu verbinden, Astronomie, Mathematik und die Musik, ja auch die Farben gleichsam auf einen gemeinsamen Nenner zu bringen.

Der Begriff ZEIT löst bei verschiedenen Menschen ganz unterschiedliche Assoziationen aus. Viele Menschen der westlichen Kultur haben oft zuwenig davon und sagen zuweilen: »Ich habe keine Zeit« oder »Ich habe zuwenig Zeit«. Dies zeigt deutlich, daß mit Zeit nicht nur die Erfahrungsdimension gemeint ist, sondern — im algebraischen Sinne — eine bestimmte Menge davon. Die meisten Leute meinen »Zeitdauer«, wenn sie »Zeit« sagen. Die Erfahrungsdimension der Zeit ist auch eine Frage des Bewußtseins. Für den Physiker ist sie eine grundlegende Dimension, mit einer bestimmten Richtung, die nicht umkehrbar ist (siehe auch Kapitel 10 »Raum-Zeit und Bewußtsein«, Seite 106 ff). Für einige Weise des Ostens (Gurus, Yogis usw.) ist sie als solche gar nicht existent, sondern nur eine Art Gegenpol des Nicht-zeitlich-Erfahrbaren, das in vielen Kulturen als Ewigkeit bezeichnet wird.

Der Begriff Zeit wird nicht nur im streng physikalischen, logischen, analytischen Sinne gebraucht, sondern auch als Oberbegriff für verschiedene Zeitintervalle. Die Zeit wird dabei definiert als Dauer zwischen zwei bestimmten (zumeist gleichartigen) astronomischen Konstellationen. Die Zeit von einem Sonnendurchgang bis zum nächsten Sonnendurchgang durch den oberen Kulminationspunkt (Mittag) wird als Tag bezeichnet. Die Zeit von einem Frühlingsanfang bis zum nächsten wird als Jahr bezeichnet. Tage und Jahre sind periodische Erscheinungen, sie folgen regelmäßig aufeinander. Zeit ist die Schwingungsdauer periodischer Erscheinungen, die ihren Ursprung in astronomischen Gesetzmäßigkeiten haben. Der Tag resultiert aus der Drehung der Erde um ihre Achse. Woche und Monat sind den Mondphasen zugeordnet und resultieren aus dem Lauf des Mondes um die Erde, und das Jahr schließlich folgt aus dem Lauf der Erde um die Sonne.

Zum Verständnis der Begriffe »Frequenz« und »Oktave« wenden wir uns einer Familie von Kaffeeliebhabern zu. Die meisten Leute, die Kaffee trinken, pflegen dies ausgesprochen regelmäßig zu tun, und die regelmäßige Folge gleichartiger Ereignisse ist ein wesentliches Charakteristikum des Phänomens, das man Frequenz nennt. In der Familie gibt es drei schöne Töchter, die älteste Tochter heißt Anna, die zweite Bertha und die jüngste Clara. Anna trinkt täglich einmal Kaffee. Die Zeit von einer Tasse Kaffee bis zur nächsten dauert für Anna einen Tag. Die Frequenz des Kaffeetrinkens für Anna ist einmal täglich. Nennen wir das einmal die Grundfrequenz. Die zweite Tochter Bertha trinkt morgens und abends je eine Tasse Kaffee. Die Zeit von einer Tasse Kaffee bis zur nächsten ist für Bertha zweimal täglich. Das ist die erste Oktave zur Grundfrequenz, denn Bertha trinkt doppelt soviel Kaffee wie Anna. Die dritte Tochter Clara trinkt morgens, mittags, abends und nachts je eine Tasse Kaffee. Die Zeit von einer Tasse Kaffee bis zur nächsten dauert für Clara einen viertel Tag. Die Frequenz des Kaffeetrinkens ist für Clara doppelt so groß wie für Bertha und viermal so groß wie für Anna. Claras Frequenz des Kaffeetrinkens ist im Vergleich zu Annas die zweite Oktave. Mit jeder Oktave verdoppelt sich die Frequenz, beziehungsweise das Zeitintervall wird halbiert (siehe Abb. 6 auf Seite 24).

FREQUENZ (lat.: *frequentia* = Häufigkeit) ist die Anzahl der Wiederholungen eines periodischen Phänomens innerhalb eines Zeitintervalles. Da die meisten periodischen Ereignisse wie z.B. die Tage, die Jahre, die Mondumläufe Schwingungscharakter haben, wird die Frequenz in Schwingungen pro Zeiteinheit angegeben. (Meine Zeitung hatte einst drei Ausgaben pro Tag, sie erschien dreimal täglich. Diese Stimmgabel hat 272,2 Schwingungen pro Sekunde, sie schwingt jede Sekunde 272,2 mal hin und her.) Eine Schwingung pro Sekunde nennt man ein Hertz (Hz), in physikalischen Abhandlungen bürgert sich immer mehr die Schreibweise »1 sec^{-1}« für 1 Hertz ein. In Musiklehrbüchern hingegen wird der Begriff Hertz nach wie vor verwendet. Die Maßzahl der Frequenz, die in Hertz angegeben wird, ist die Anzahl von Schwingungen im Zeitintervall von 1 Sekunde (1 sec). Die Sekunde entspricht dem 86400sten Teil eines mittleren Sonnentages.

OKTAVE (lat.: *octava*, die achte). Die Oktave ist die achte Stufe einer Tonleiter in diatonischer Folge, die mit demselben Tonbuchstaben bezeichnet wird wie der Ausgangston. In der ältesten Theorie der griechischen Musik (bei Philolaos) heißt die Oktave: *harmonia*, erst später *diapason*. Die Saitenteilung bei einem Musikinstrument, z.B. bei einer Geige oder einer Gitarre, demonstriert die Oktave als einfachste Proportion (1:2), das heißt, läßt man die ganze Saite erklingen, so ertönt der Grundton, läßt man die halbe Saite erklingen, indem man die eine Hälfte abgreift, dann erklingt die Oktave. Physikalisch ist die aufsteigende Oktave der erste Oberton eines Grundtones und hat die doppelte Frequenz des Grundtones. Die absteigende Oktave eines Grundtones hat die halbe Frequenz des Grundtones. Oktavieren heißt eine Frequenz verdoppeln oder halbieren.

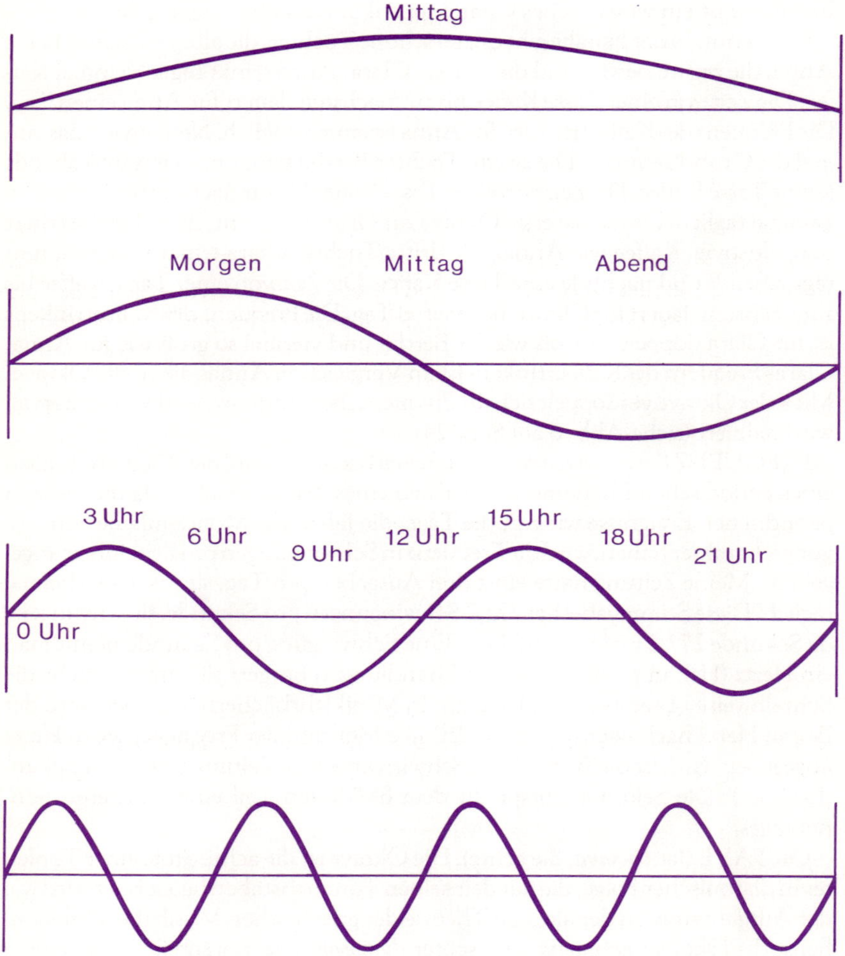

Abb. 6

Grundschwingung	Zeit: 1 Tag	= 24 Stunden	Frequenz: 1
1. Oktave	Zeit: 1/2 Tag	= 12 Stunden	Frequenz: 2
2. Oktave	Zeit: 1/4 Tag	= 6 Stunden	Frequenz: 4
3. Oktave	Zeit: 1/8 Tag	= 3 Stunden	Frequenz: 8
4. Oktave	Zeit: 1/16 Tag	= 90 Minuten	Frequenz: 16
5. Oktave	Zeit: 1/32 Tag	= 45 Minuten	Frequenz: 32

»*Octavus sanctos omnes docet esse beatos*«, zu deutsch: »Die Oktave lehrt alle Heiligen, glückselig zu sein«, lautet eine der geheimnisvollen Inschriften an den Kapitellen der Abteikirche von Cluny.

> Jede Figur und Aneinanderreihung von Zahlen und Zusammenfügung von harmonischen Klängen und die Übereinstimmung in den Umläufen der Gestirne — und jenes Eine als das Analoge für alles sich Darbietende — müssen hervorleuchtend klar werden demjenigen, der in rechter Weise forscht. Es wird aber ans Licht kommen das, was wir sagen, wenn jemand so recht auf das Eine schauend alles zu erlernen strebt. Dann wird nämlich ein verbindendes Band der genannten alle ans Licht treten. [55, S. 100] *Platon*

Die Rotationsdauer eines Planeten, also die Zeit, in der sich ein Himmelskörper einmal um die eigene Achse dreht, und seine Umlaufzeit um die Sonne können durch das Gesetz der Oktave in Töne und Farben transponiert werden. Die Töne und Farben sind das Analoge zu dem sich Darbietenden am Himmel und auf Erden.

Außer der Bildung eines Kehrwertes (um aus der Periodendauer die Frequenz zu ermitteln) und dem Multiplizieren mit der Zahl 2 (zur Bildung der nächsthöheren Oktave) bedarf es keinerlei mathematischer Kenntnisse zur Berechnung eines Metrums, eines Tones und einer Farbe analog zu einer astronomischen Periode.

ZEIT und FREQUENZ verhalten sich umgekehrt proportional zueinander, es gilt:

$$\text{Zeitdauer} = \frac{1}{\text{Frequenz}} \quad \text{und} \quad \text{Frequenz} = \frac{1}{\text{Zeitdauer}}$$

Will man von einer astronomischen Periode die Frequenz in Hertz (Schwingungen pro Sekunde) errechnen, so muß man die Zeitdauer in Sekunden umrechnen und dann den Kehrwert bilden. Z.B. hat der Erdentag 86 400 Sekunden, der Kehrwert ist 0,000 011 574 074... Hz. Dies ist eine Frequenz weit unter dem hörbaren Bereich. Jetzt muß diese Frequenz so oft mit 2 multipliziert werden, bis man in den hörbaren Bereich, der etwa bei 16 Hz anfängt, gelangt, und schon hat man den analogen Ton zum Erdentag. Multipliziert man die Frequenz des Tages 0,000 011 574 074... Hz 25mal mit der Zahl 2 (d.h., man oktaviert 25mal), so erhält man die Frequenz 388,361 481... Hz. Dies ist der Ton g', der im klassischen fünfzeiligen Notensystem vom Violinschlüssel angezeigt wird.

Mehr von den Tönen unseres Planeten Erde wird im folgenden Kapitel 3 »Vom Klang der Erde« geschildert. Die allgemeinen algebraischen Formeln zur Berechnung von oktavanalogen Tönen astronomischer Perioden sind im wissenschaftlichen Anhang auf Seite 196 aufgeführt.

Kapitel 3

Vom Klang der Erde

Die Schwingungen des Tages

Wie kam es zur Ausrechnung der Töne des Tages, und welche Erlebnisse und Überlegungen gingen diesen Entdeckungen und vielfältigen Berechnungen voraus?

Ich glaube, daß es für das Verständnis der kosmischen Zusammenhänge und für das Einfühlungsvermögen des Lesers von großer Bedeutung ist, die Motivation zu spüren, die zu den hernach geschilderten physikalischen, mathematischen und musikalischen Fakten und Zusammenhängen führte. Die Schilderung führt uns in die Geburtsstunde der *Kosmischen Oktave*.

Vorweg noch folgende Feststellung zu den Einheitsmaßen: Ein Meter ist definiert als ein 40millionstel Teil des Erdmeridians; ein Liter ist definiert als ein Kubikdezimeter (ein Würfel mit der Kantenlänge von 0,1 Meter); ein Kilogramm entspricht dem Gewicht von einem Liter Wasser; eine Kalorie ist die Energiemenge, die man benötigt, um ein Kubikzentimeter Wasser um ein Grad Celsius zu erwärmen. . . So sind alle geläufigen Einheitsmaße von irgendwelchen Naturvorgängen abgeleitet. Es soll hier in diesem Kapitel nicht erörtert werden, ob die getroffene Wahl vernünftig ist oder nicht, wesentlich in diesem Zusammenhang ist nur das Merkmal, daß die Grundmaße auf Größen basieren, die von der Natur gegeben sind.

Es gibt jedoch ein Maß, das vielerorts offiziell als Standardmaß eingeführt ist, dem ein solcher Bezug gänzlich fehlt, das absolut willkürlich festgelegt worden ist. Es handelt sich hierbei um den Kammerton, das sogenannte a' (lies: eingestrichenes a), dem allgemein 440 Hz zugeordnet werden. Diese 440 Hz wurden in London im Jahre 1939 auf der Stimmtonkonferenz zum Standardton erklärt. Meine Nachforschungen in Bibliotheken, um eine vernünftige Erklärung für die Wahl des Kammertons zu finden, blieben erfolglos. Im europäischen Abendland veränderte sich auch der Kammerton zuweilen, vor 1939 waren z.B. 435 Hz üblich, in England auch 432 Hz.

Jahrelang beschäftigte mich die Frage der Wahl des Kammertones, des Grundtones, bis ich eines Tages die Antwort sah und hörte, ja die Antwort war so klar, so einfach und so naheliegend, weil das Gesehene und Gehörte völlig im Einklang mit dem Lauf der Dinge war.

Es ist Neumond, 2. Oktober 1978. Ich spaziere durch den Englischen Garten in München, um mich von den vielen Besuchern der vergangenen Tage etwas zu erholen und die innere Ruhe wiederzuerlangen. Etwas abseits der breiten Spazierwege pflücke ich ein paar kleine, spitzkegelige Pilze und verzehre sie gleich, ganz frisch, so wie die Natur sie wachsen und gedeihen läßt. Zur Verdauung der göttlichen Speise sitze ich im Lotussitz am Ufer eines Baches, der sich zwischen den mächtigen Buchen und Birken seinen Weg bahnt, und betrachte das ruhig dahinfließende Wasser, in dem sich der herbstliche weiß-blaue Himmel spiegelt. Wie ich so verweile und meditiere, verfliegen all die kleinen Alltäglichkeiten, und eine himmlische Ruhe und Gelassenheit kommt über mich. Nach einer Zeit, ich kann nicht sagen, wie lange sie währte, pilgere ich frohen Mutes, mit einem geklärten Geist und voller Heiterkeit wieder nach Hause zurück. Nach dem gemeinsamen Abendessen mit Freunden lege ich mich auf mein Lager, erfreue mich der Stille und versinke ganz in mein Inneres. Es ist Mond-Pluto-Konjunktion. Das Empfangende des nun wieder zunehmenden Mondes und das Magische des Pluto kommen einander näher und verschmelzen miteinander. Ich sehe das ganze Sonnensystem, es leuchtet in allen Farben wie ein Mandala aus unendlich vielen Regenbögen, es klingt wie ein ganzer Chor, es ist wunderbar und bezaubernd.

Ich bin ganz weit weg und sehe die Sonne und alle Planeten, klar und deutlich, ja ich höre sie, jeden einzelnen für sich und alle zusammen — und auf einmal erkenne ich die Gesetzmäßigkeit, die den Tönen zugrunde liegt, aus denen sich die Klänge dieser kosmischen Symphonie zusammensetzen. Wie von einem Blitz getroffen, reißt es mich aus dieser Vision.

Sofort greife ich zum Taschenrechner, der, wenn ich ihn nicht gerade in der Tasche oder sonst bei mir habe, neben dem Bett liegt, und versuche das, was ich gesehen und gehört habe, auszurechnen — ich tippe

$24 \cdot 60 \cdot 60 =$
$1/x \cdot 2 =$
und lese 194,180 740 7...

Direkt neben dem Taschenrechner liegt das Buch »Lehrgang der Stimmkunst« von Josef Nix. Darin sind genaue Frequenztabellen für alle Oktaven aufgeführt, die ein Klavierstimmer braucht, berechnet nach Koenig für ein a' = 435 Hz. Die Zahl, die meiner errechneten Zahl am allernächsten kommt, ist ein g mit 193,77 Hz. Ich bin fast enttäuscht, ich habe ein g berechnet, aber ich wollte ein a finden. Doch ehe sich die Enttäuschung breitmachen kann, kommt es mir wie ein Geistesblitz. Die Volksschule machte ich auf französisch. G nennt man im französischen Sprachbereich *sol*. Dieser Gedanke ist der Schlüssel und der Zündfunke für alle weiteren Berechnungen, denn der Violinschlüssel wird im Französischen *clef de sol* genannt. Der Boden heißt *sol*, die Sonne heißt *soleil*. Zum Ausrechnen des Tones brauche ich die Beziehung des Erdbodens, eines bestimmten Punktes auf der Erde, und der Sonne. Sonst benötige ich keinerlei andere Naturgegebenheiten. Und das Intonieren von Tonstufen heißt *solfier*, das Gesang- und Notenschulbuch wird *solfège* genannt. Der Ausgangston scheint *sol* zu sein!

sol	g
clef de sol	Violinschlüssel
le sol	der Boden
le soleil	die Sonne
le solfège	das Notenschulbuch
solfier	Tonstufen intonieren
solmisation	das Intonieren von Tonstufen
solfeggio	die textlose Gesangsübung

Der Name *sol* wurde im 11. Jahrhundert von dem Bendiktinermönch Guido von Arezzo der 1. Silbe des 5. Taktes aus dem Johannes-Hymnus »Ut queant laxis« von Paulus Diaconus entnommen, als er nach diesem Hymnus in der Kathedralschule zu Arezzo im Jahre 1026 die Solmisation einführte und die Noten bezeichnete, um sie mit seinen Schülern zu üben. Solmisation ist eine Methode, Töne in Hexachorden (Sechstonreihen) zu ordnen und mit einer oder mehreren der Solmisationsilben (Tonsilben) zu benennen. Der Grundton war das *ut*, später auch *do* genannt, dann folgten *re*, *mi*, *fa*, *sol* und *la*, später kam noch das *si* hinzu. (Siehe Abb. 8 auf der nebenstehenden Seite 29. Die mathematischen Gleichungen zur Berechnung von Tempo, Ton und Farbe des Erdentages können auf Seite 197 nachgelesen werden.)

Abb. 7
Der Violinschlüssel im 5zeiligen Notensystem zeigt ein g' an. Darum wird der Violinschlüssel auch G-Schlüssel genannt. Im französischen Sprachbereich heißt der Ton g *sol*, und der Violinschlüssel wird *clef de sol* genannt. Er zeigt den Ton der 25. Oktave des mittleren Sonnentages an.

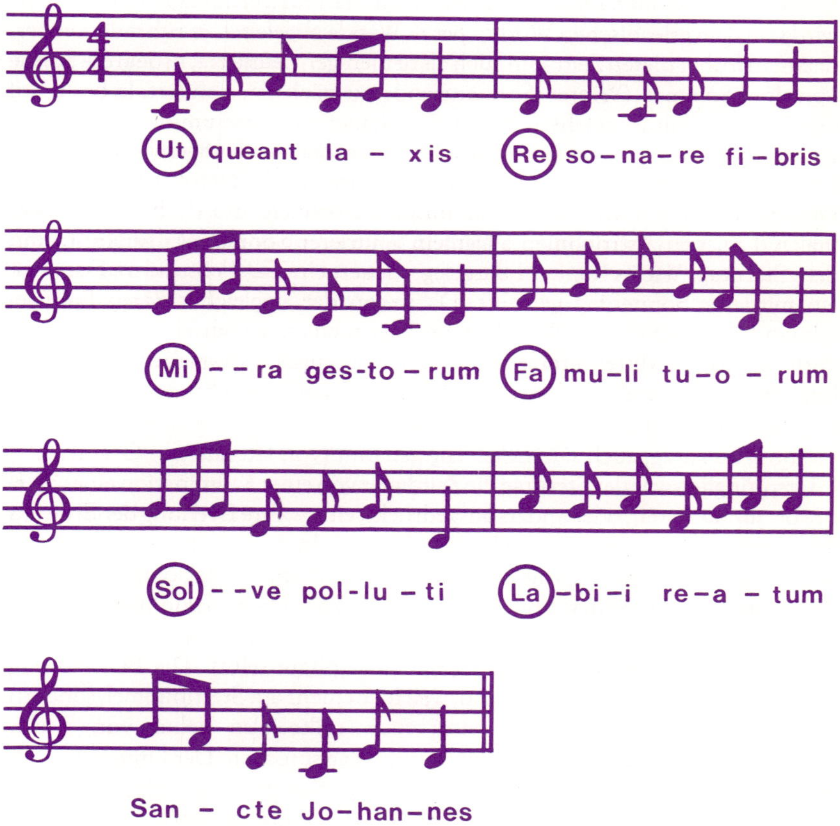

Abb. 8
Der Johannes-Hymnus »Ut queant laxis« von Paulus Diaconus, nach dem der Benediktinermönch Guido von Arezzo die Namen der Noten benannt hat.

Der mittlere Sonnentag und der Sterntag

In 365 ¼ Tagen umwandert die Erde die Sonne (siehe auch Abb. 9 auf Seite 31). Gemessen wird allgemein von Frühlingsanfang bis zum darauffolgenden Frühlingsanfang, denn dann tritt die Sonne wieder vom Sternzeichen Fische in das Sternzeichen Widder. Diese Zeitdauer nennt man ein *tropisches Jahr*. Der Name wird von dem griechischen Wort *tropos* = Wende abgeleitet, er rührt davon her, daß man früher diesen Zeitraum auch als denjenigen definierte, in dem die Sonne von einer Sommer- (Winter-)Sonnenwende zur nächsten wandert. In bezug auf den Fixsternhimmel gesehen, dauert der Umlauf der Erde um die Sonne circa 20 Minuten länger als das tropische Jahr, wegen der rückläufigen Bewegung des Frühlingspunktes (siehe Seite 50 ff., »Die Schwingung des platonischen Jahres«). Diese Erkenntnis ist wichtig zur Erklärung des Unterschieds zwischen einem normalen Tag, von Astronomen allgemein »mittlerer Sonnentag« genannt, und dem Sterntag. Wie in Kapitel 1 dargelegt, dauert ein Tag 24 Stunden. Damit ist ein mittlerer Sonnentag gemeint. Da wegen der ungleichmäßigen Bahngeschwindigkeit der Erde in Wahrheit die Tage nicht genau gleich lang sind, sondern von diesem Mittelwert bis zu maximal 28 Sekunden abweichen, ist der mittlere wie auch der wahre Sonnentag als Maßstab für Beobachtungen im Bereich der Astronomie ungeeignet. Deshalb orientieren sich die Astronomen am sogenannten Sterntag, auch *siderischer Tag* genannt (von lat. *sidera* = Gestirne).

Ursprünglich war der Sterntag die Zeitdauer von einer Kulmination eines Sternes bis zur nächsten, oder anders ausgedrückt, eine wahre Drehung der Erde um ihre eigene Achse, gemessen am Fixsternhimmel. In der modernen Astronomie ist der Sterntag definiert als die zwischen zwei aufeinanderfolgenden oberen Kulminationen des Frühlingspunktes verfließende Zeit. Da der Frühlingspunkt am Fixsternhimmel langsam wandert, ist der so definierte Sterntag etwas kürzer als die Dauer der wahren Umdrehungszeit der Sphäre selbst. Die Bezeichnung Sterntag ist darum etwas irreführend, weil nicht mehr am Sternhimmel, sondern am Frühlingspunkt gemessen wird; man sollte also lieber von einem Äquinoktialpunkt-Tag oder Frühlingspunkt-Tag sprechen. Der Unterschied ist allerdings sehr gering und beträgt nur etwa 0,009 Sekunden. Im folgenden wird, wie üblich, trotzdem der Begriff Sterntag für den Äquinoktial-Tag verwendet, um dem Leser durch neue Begriffsdefinitionen keine unnötigen Strapazen zuzumuten.

In einem tropischen Jahr von etwa 365 ¼ Tagen (mittleren Sonnentagen) bleibt die Sonne gegenüber dem Frühlingspunkt genau um einen Tag zurück. Es gibt somit im Jahr 365 ¼ plus einen gleich 366 ¼ Sterntage. In einem Jahr dreht sich die Erde 366 ¼ mal um ihre eigene Achse, doch da die Erde in dieser Zeit einmal um die Sonne kreist, gibt es genau einen Tag weniger als Erdumdrehungen im Jahr. Die Länge des Sterntages läßt sich nun sehr einfach nach der sogenannten Dreisatzregel berechnen, wie sie jeder Schüler in der Volksschule lernt. Es ist

366 ¼ geteilt durch 365 ¼ gleich viel wie 24 Std. geteilt durch 23 Std. 56 min und 4 sec, oder anders ausgedrückt, der Sterntag ist um 3 Minuten und 56 Sekunden kürzer als ein mittlerer Sonnentag, oder einfacher gesagt, etwa 4 Minuten kürzer. Wie in Kapitel 1 gezeigt wurde, dreht sich die Erde in 4 Minuten um 1 Grad. Ein Grad ist auch etwa der Winkel, mit dem die Sonne, von der Erde aus gesehen, pro Tag am Fixsternhimmel weiterschreitet, darum ist eben der Unterschied der Zeitdauer eines Sterntages und eines mittleren Sonnentages etwa 4 Minuten.

Der Oktavton des Sterntages ist etwas höher als derjenige des mittleren Sonnentages. In der 25. Oktave, der Tonhöhe, die der Violinschlüssel anzeigt, beträgt der Frequenzunterschied etwa 1 Hertz.

> Das g' des mittleren Sonnentages hat 388,36 Hz.
> Das g' des Sterntages hat 389,42 Hz.

Die genauen Berechnungen können auf Seite 197 im wissenschaftlichen Anhang nachgelesen werden. Der Unterschied von Sterntag und mittlerem Sonnentag ist auch auf Abb. 10, Seite 32, und Abb. 11, Seite 33, veranschaulicht.

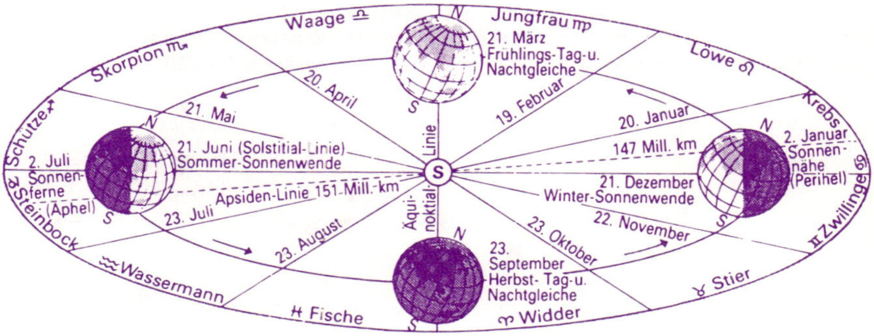

Abb. 9

Darstellung des Laufs der Erde um die Sonne mit Datumsangaben der Jahreszeitenwechsel und Tierkreiszeichenwechsel. Bei Frühlingsanfang steht die Erde von der Sonne aus gesehen bei 0 Grad Waage, die Sonne hingegen steht von der Erde aus gesehen bei 0 Grad Widder.

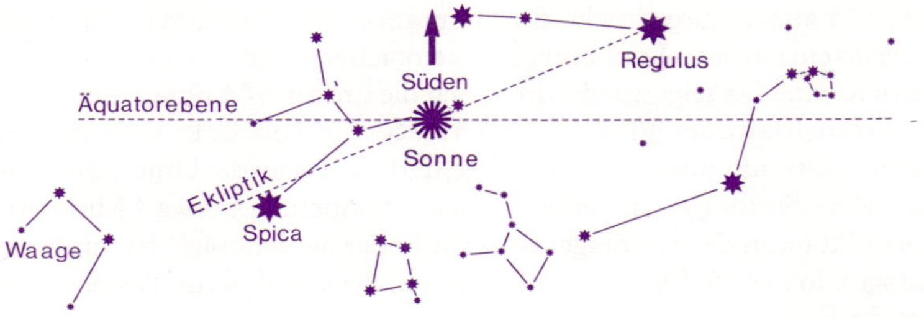

Abb. 10 a
Am 23. September, Herbstanfang, ist gegen 12 Uhr Ortszeit (Mittag) auch 12 Uhr Sternzeit, das heißt, der Herbstpunkt (0 Grad Waage) ist genau im Süden, und der Frühlingspunkt ist genau im Norden (Himmelstiefe, »Imum Coeli«). Auf der Abbildung ist der Südpunkt angezeigt sowie die Lage der Fixsterne (die mittags wegen des Sonnenlichtes natürlich nicht gesehen werden können) und die Position der Sonne am Fixsternhimmel.

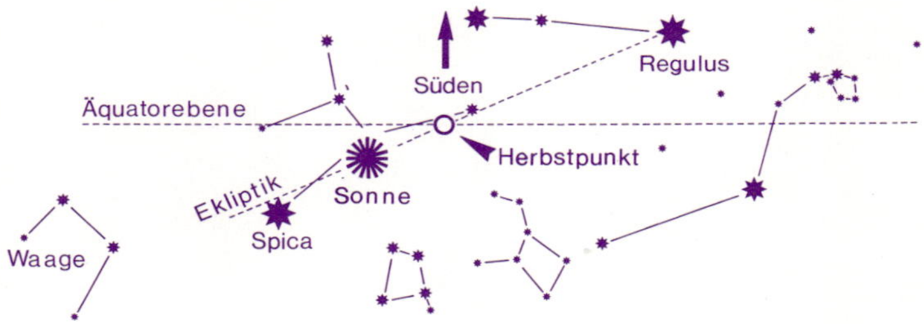

Abb. 10 b
Am 2. Oktober, 10 Tage nach Herbstanfang, ist bereits gegen 11 Uhr 20 Ortszeit 12 Uhr Sternzeit, denn bereits 40 Minuten vor Mittag ist der Herbstpunkt genau im Süden, die Sonne ist aber gegenüber dem Fixsternhimmel inzwischen etwa 10 Grad weitergewandert.

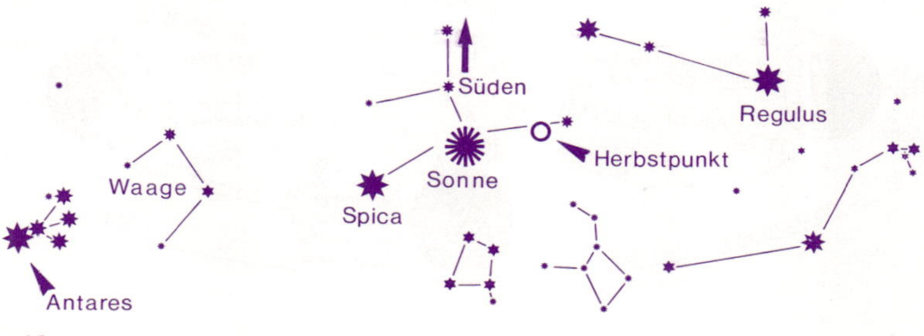

Abb. 10 c
Am 2. Oktober um 12 Uhr Ortszeit (Mittag) ist bereits 12 Uhr 40 Sternzeit, pro Tag ändert sich die Sternzeit gegenüber der Ortszeit um etwa 4 Minuten. Jetzt steht der Herbstpunkt bereits etwas südwestlich, die Sonne hingegen steht jetzt genau im Süden.

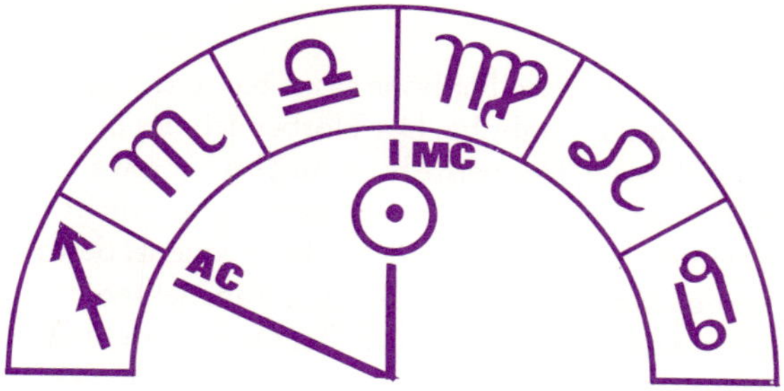

Abb. 11 a

Im Tierkreis sind hier die Stellung von Sonne, Himmelshöhe (*Medium Coeli*, MC) und Aszendenten eingetragen. Sonne und MC stehen anfangs Waage, der Aszendent, abgekürzt AC, steht im Sternzeichen des Schützen. Die hier gezeichnete Position entspricht der Gestirnsstellung von Abb. 10 a. Wegen der Verschiebung des Frühlingspunktes stimmen heute Sternzeichen und die Sternbilder am Fixsternhimmel nicht mehr überein. (Näheres dazu im Abschnitt »Die Schwingung des platonischen Jahres«, Seite 50 ff.)

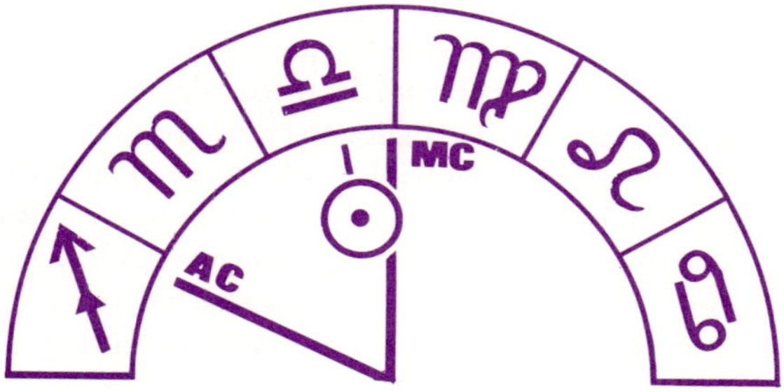

Abb. 11 b

Hier ist im Tierkreis die zu Abb. 10 b entsprechende Stellung eingezeichnet. Die Himmelshöhe liegt hier wieder bei 0 Grad Waage, die Sonne ist etwa um 10 Grad weitergewandert und steht noch etwas südöstlich.

Abb. 11 c

Hier ist im Tierkreis die zu Abb. 10 c entsprechende Stellung eingezeichnet. Die Sonne und die Himmelshöhe liegen hier bei 10 Grad Waage, der Herbstpunkt ist hier schon deutlich südwestlich. Auch der Aszendent ist gegenüber der Stellung in Abb. 11 b im Schützen weitergewandert.

DIE FARBE DES TAGES

Im hörbaren Bereich kann jeder Tonhöhe eine Frequenz zugeordnet werden, ja die Frequenz bestimmt die Tonhöhe. Der Hörbereich des menschlichen Ohres umfaßt etwa zehn Oktaven. Der tiefste hörbare Ton hat etwa 16 Hertz und wird C genannt. Die darunterliegenden Frequenzen werden nicht mehr als Töne, sondern als Rhythmen empfunden. Je tiefer die Frequenz, desto langsamer das Tempo. Frequenzen über 16 Hertz sind als Töne wahrnehmbar, wobei jede Verdoppelung der Frequenz musikalisch einer Oktave entspricht. Verdoppelt man 16 Hertz genau zehnmal, erhält man eine Frequenz von 16 384 Hertz, wiederum ein C, jedoch ein sehr, sehr hohes C. Junge Menschen hören zumeist noch ein paar Töne darüber, bei älteren Menschen zeigt dieser Ton im allgemeinen die obere Hörschwelle an, ja einige hören so hohe Töne gar nicht mehr. Verdoppelt man nun eine Frequenz immer und immer wieder, etwa 35mal über dem Bereich der Hörschwelle, so wird sie auf einmal sichtbar!

So wie das Trommelfell in einem bestimmten Frequenzbereich mitschwingt und diese Resonanz uns in Form von »Hören« bewußt wird, so schwingen die Zäpfchen im Auge in einem viel höheren Frequenzbereich mit, der uns in Form von »Sehen« bewußt wird. Das Spektrum des menschlichen Auges umfaßt etwa eine Oktave, beginnend mit circa 380 Billionen Hertz und endend mit 760 Billionen Hertz. Die tiefen Frequenzen des Sehbereiches sieht man als Rot, die hohen hingegen als Blau bis Blauviolett. Dazwischen liegen alle Regenbogenfarben. Mit zunehmender Frequenz ändern sich die Farben von Rot zu Orange, Gelb, Grün, Blau und Blauviolett. Häufig werden in naturwissenschaftlichen Publikationen nicht die Frequenzen der Schwingungen im Sehbereich, sondern deren Wellenlängen angegeben, in älteren Büchern zumeist in Ångström. Ein Ångström ist gleich einem zehntausendstel Mikrometer oder gleich einem zehnmillionstel Millimeter. In neueren Publikationen wird die Wellenlänge der sichtbaren Frequenzen in Nanometer angegeben. Ein Nanometer ist gleich einem millionstel Millimeter.

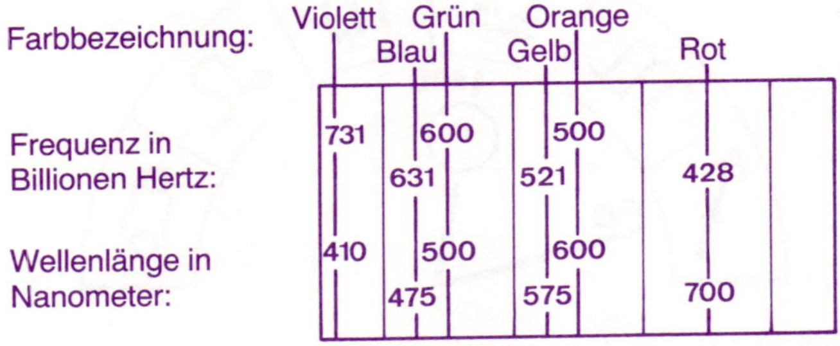

Abb. 12
Spektrum der Regenbogenfarben mit Angabe der Frequenzen und Wellenlängen (siehe auch Farbtafel IV nach Seite 192).

Die 65. aufsteigende Oktave des Erdentages liegt im Sehbereich. Von g', dem Ton, der vom Violinschlüssel angezeigt wird, der 25. aufsteigenden Oktave des Tages, sind es somit noch 40 Oktaven bis in den Sehbereich. Die sichtbare Frequenz der 65. Oktave des mittleren Sonnentages hat 427,0 Billionen Hertz, was einer Wellenlänge von 702 Nanometer entspricht. Die des Sterntages hat 428,2 Billionen Hertz, entsprechend einer Wellenlänge von 700 Nanometer. Mit dem menschlichen Auge kann man diesen Frequenzunterschied nicht wahrnehmen. Beide Farben sieht man deutlich als kräftiges, warmes Rot. Unter der Bezeichnung *Rot* verstehen viele Menschen eine Grundfarbe, doch für den Farbwissenschaftler ist Rot eine Mischfarbe. So bezeichnet Prof. Manfred Richter, Schöpfer der deutschen Farbenkarte, Gelb, Purpurrot (Magenta) und Cyanblau als Grundfarben, Rot, Grün und Blauviolett als Mischfarben. Auch in der Druckindustrie werden beim Vierfarbdruck außer Schwarz die Farben Gelb, Cyan und Magenta verwendet. Im Vierfarbdruck ist Rot eine Mischfarbe aus Magenta und Gelb.

Doch nicht nur für den Drucker, auch für das Auge ist Rot eine Mischfarbe, und dies ist für die psychologische Wirkung der Farbe Rot von großer Bedeutung. Das menschliche Auge hat drei verschiedene Arten von Farbrezeptoren, die in den Sehzäpfchen enthalten sind. Die Farben, die das Auge direkt wahrnimmt, sind Gelb, Grün und Blau.

Die folgenden Ausführungen sind verfaßt in Anlehnung an die wissenschaftlichen Ergebnisse, die Prof. Bernhard Hassenstein, Zoologisches Institut der Universität Freiburg i.Br., publiziert hat unter dem Titel: »Modellrechnung zur Datenverarbeitung beim Farbsehen des Menschen«, in *Kybernetik* [74, S. 209 ff]. Im Farbkreis (siehe Farbtafel III nach Seite 192) ist Rot dem Grün genau gegenüberliegend. Rot wird vom Auge als »Minus-Grün« gesehen. Die Charakteristik von Rot wird jedoch von Blau und Gelb induziert. Nur ein kleiner Bereich der Spektralfarben (etwa 470 bis 520 Nanometer) beeinflußt zugleich den Blau- und Gelb-Sehstoff. Zu diesem Spektralbereich gehört überdies eine viel stärkere Wirksamkeit des Grünsehstoffs, so daß die ins Grün-Rot-System eintretenden und dabei sich mischenden Blau- und Gelb-Meldungen gar keine Rot-Empfindung auslösen können, sondern sich nur in der Reduzierung der Grün-Intensität auswirken. Die Qualität der Farbe Rot wird am kurzwelligen und hochfrequenten Ende des Spektrums gesehen durch Mischung von »Minus-Grün« und Blau, was als Violett oder Blaurot empfunden wird. Am langwelligen und niederfrequenten Ende des Sehspektrums wird die Farbqualität von Rot durch »Minus-Grün« und Gelb bestimmt, was, je nach Gelbanteil, als Orange oder Spektralrot empfunden wird.

Die reine Empfindung von Rot kann demgemäß durch kein spektralreines Licht induziert werden. Sie entsteht durch eine Mischung von kurzwelligem und langwelligem Licht: Dem Spektralrot muß soviel Violett oder Blau zugegeben werden, daß die Gelbbeimischung gerade zu neutral kompensiert wird.

Von der Sehphysiologie her ist das Spektralrot der Farbe, die durch Oktavierung des Erdentages ermittelt wurde, ein Rot mit Gelbanteil. Um das Rot des Tages vom reinen Rot zu unterscheiden und auch seine Charakteristik zum Gelben hin (im Gegensatz zum Purpur und Violetten) hervorzuheben, soll dieses Rot im folgenden das Attribut Orange erhalten, obwohl dieser Wellenlänge und Frequenz allgemein nur der Begriff Rot zugeordnet wird, was aber von der Sinneswahrnehmung im Rahmen der Sehphysiologie wie auch im Rahmen der Drucktechnik her einfach ungenau ist.

Der Ausdruck »Orangerot« kommt der physiologischen Wirkung der Farbe des Erdentages wesentlich näher als die Bezeichnung »Rot«. Orangerot ist auch seit alters die Farbe der Mönchskleidung vieler hinduistischer und buddhistischer Orden und Sannyasins. Die Farbe der Kleidung hat eine starke Wirkung auf denjenigen, der sie trägt, denn Kleider machen Leute. Orangerot hat eine starke dynamisierende Wirkung, und dafür gibt es auch eine sehr einleuchtende Erklärung. Wie oben schon gezeigt, hat die Tagesfarbe eine Wellenlänge von 702 Nanometer. Der erste Oberton, die erste Oktave dieser Farbe, hat die Wellenlänge von 351 Nanometer. Und hier zeigt sich etwas sehr Bemerkenswertes: Die Trägersubstanz der Erbmasse, die DNS (Desoxyribonukleinsäure), aus der die Chromosomen bestehen, hat ein Resonanzmaximum bei 351 Nanometer (Untersuchungen von Fritz Popp, Universität Marburg). Trägt man die Farbe Orangerot, so dynamisiert man praktisch — durch die Obertonschwingung der Farbe — die Schwingungsresonanz der DNS, was einer Aktivierung der Trägersubstanz der Erbmasse gleichkommt. Dies bestätigt auch ein Bericht von Prof. Max Lüscher, den er in seinem »Klinischen Farbtest« wiedergibt. In mehreren Versuchsreihen wurden dort junge Erpel (männliche Enten) unter verschiedenfarbigem Licht — sonst unter gleichen Bedingungen — großgezogen. Die Erpel unter orangerotem Licht hatten das schnellste Hodenwachstum, ja deren Hoden wuchsen mehr als doppelt so schnell wie diejenigen der Erpel, die unter blauem Licht aufgezogen wurden.

Die Erbmasse des Menschen hat, wie auch diejenige der meisten andern Lebewesen, ein Resonanzmaximum, das genau mit der 66. Oktave des mittleren Sonnentages zusammenfällt. Die Farbe der Sannyasins, Orangerot, was der 65. Oktave des Erdentages entspricht, erzeugt als ersten Oberton die Schwingung dieses Resonanzmaximums. Ein anderer bedeutender Wissenschaftler bringt die DNS mit dem Ton G in Zusammenhang. Wilfried Krüger schreibt in seinem Buch »Das Universum singt« [33, S.58, S.63]:

> Aus Gemischen von Aminosäuren und Nukleotiden ist vor drei bis vier Milliarden Jahren das organische Leben auf Erden entstanden. Die Nukleinsäuren enthalten den Bau- und Funktionsplan des Organismus. Wir unterscheiden DNS = Desoxyribonukleinsäure und RNS = Ribonukleinsäure. Die DNS kann durch Selbstverdoppelung (identische Replikation) die genetische Information auf die nächste Generation vererben. Durch die RNS wird die Gen-Information

> auch zur Bildung spezifischer Proteine benutzt . . . Je nachdem, wie in der DNS bzw. RNS die Basen Cytosin, Guanin, Adenin und Thymin bzw. Uracil aufeinanderfolgen, ergibt sich die Information für die Vererbung und die Synthese von Proteinen. Das genetische Wort hat seinen Schlüssel in der Gruppierung von drei miteinander zu einem Triplett verknüpften Mononukleotiden. Jedes einzelne Nukleotid trägt eine Base. Bei den vier verschiedenen Basen kommen wir zu $4 \cdot 4 \cdot 4 = 64$ Kombinationsmöglichkeiten . . . Nach der Zahl vier der Basentypen werden sich vier Ribosemoleküle der RNS in ihrer Anordnung voneinander unterscheiden — und zwar so, daß wir von drei Fundamenten (nämlich G, g und g') für das Niveau der Moleküle zu vier Fundamenten (nämlich G, g, g' und g") für das Niveau der wichtigen Kohlenstoffzweiatome gelangen.

Wilfried Krüger vertont Atome und Moleküle durch Analogien zwischen Ton- und Klangstrukturen und den Spin-Resonanzen der Atome. Es zeigt sich, daß durch völlig verschiedene Verfahren nachgewiesen werden kann, daß die DNS harmonisch zu Oktavtönen des Erdentages resoniert. Die harmonikale Struktur der Spin-Resonanzen bestätigt das ebenso wie das von F. Popp gemessene Resonanzmaximum. Eigentlich ist das ja nicht verwunderlich, da alles Leben auf der Erde unter den gegebenen astronomischen Bedingungen entstanden ist, und die Rotation der Erde ist die kürzeste Periode, die diese Entwicklung prägte. W. Krüger schreibt an anderer Stelle [33, S.63 f, S.67]:

> Mein Tonleiterschema der vier verschiedenen RNS-Ribosemoleküle reicht vom großen G unten bis zum dreigestrichenen a''' oben . . . Und G ist das Basiselektron der DNS-RNS-Fäden. Bei der Betrachtung der beiden Töne A und G erkennen wir nicht nur den Anfang und den Grund unserer Tonsysteme, sondern auch als Grund, Achse und Dach den Rahmen und Gürtel der Nukleinsäurefäden, die das Leben aus der Welt der unteilbaren Quanten in die Welt des Zusammengesetzten führen . . .
>
> Jede der rund zehn Milliarden Nervenzellen des menschlichen Gehirns stellt in einer Sekunde der Aktivität etwa 15 000 Eiweißmoleküle her. Nur ein Teil davon wird für bestimmte Aufgaben der inneren Funktion und Organisation benötigt. Die übrigen Moleküle dieser gewaltigen Produktion werden — so vermutet man — für die Engrammbildung, also für die Umsetzung der Lebenserfahrung in das Langzeitgedächtnis, verwendet. Bei Ratten hat man festgestellt, daß der RNS-Gehalt ihres Gehirns während eines Lernexperiments um fast 50 % ansteigt.

Die 65. Oktave der Tagesperiode, die Farbe Orangerot, und besonders die 23. und 24. Oktave, das große G und das kleine g, haben eine intensive psychophysische Wirkung auf den Menschen. Beides, Farbe und Ton in Resonanz zum Erdentag, wirkt als Verstärker der Tagesschwingung. Die Tagesfarbe und der Tageston beleben und dynamisieren die DNS-RNS-Aktivität. Darum haben Rituale und Meditationen, denen die Farbe Orangerot und der Ton G zugrunde liegen, einen vitalisierenden Charakter, fördern das Wachsein, festigen das Erinnerungsvermögen, steigern das Lebensgefühl und führen einen in die Regionen der Ekstase — einen seelischen Erregungszustand, der häufig religiös bestimmt ist. Ekstase wird beschrieben als das überaus beglückende, zuweilen auch erschreckende Erlebnis der Auflösung des Ich in die Gottheit oder das All. Echte Ekstase ist Unendlichkeit und Ewigkeit im Hier und Jetzt.

OKTAVSCHWINGUNGEN DES STERNENTAGES: DIE WETTERFREQUENZEN

Nicht nur im mikroskopischen Bereich, wie bei den DNS-Ketten, sondern auch im makroskopischen Bereich — beim Wetter — lassen sich mit großer Genauigkeit Oktavtöne des Erdentages nachweisen. Die nachfolgend angeführten Erkenntnisse verdanke ich in erster Linie der persönlichen Bekanntschaft der Herren Hans Baumer und Walter Sönning sowie einer Reihe von Publikationen, die im wissenschaftlichen Anhang auf Seite 223 aufgeführt sind. Auf Seite 198 sind die genauen Frequenzangaben in Hertz sowie die harmonikalen Verhältnisse der *Atmospherics* (oft auch abgekürzt nur *Spherics* genannt) aufgelistet.

> Bei der Herstellung von Tiefdruckzylindern in einer Münchner Großdruckerei wurde seit einigen Jahren eine auffällige Korrelation der Diffusionszeit von Ionen in Gelatineschichten (die man zur Herstellung von Druckplatten im Tiefdruckverfahren verwendet) und der absoluten Feuchte der Luft im Freien beobachtet. Überlegungen bezüglich des Einflusses der elektromagnetischen Strahlung der Atmosphäre *(Atmospherics)* auf chemische, biophysikalische und biologische Systeme führten dabei zur Annahme, daß die absolute Feuchtigkeit der Luft in der bodennahen Schicht ein meteorologischer Indikator für die Atmospherics-Tätigkeit sein müsse [69, S. 299 f].
>
> Weitere Vergleiche der Atmospherics-Registrierungen mit dem beim Deutschen Wetterdienst routinemäßig bestimmten Tageswettertypen erbrachten Hinweise auf einen spezifischen Zusammenhang zwischen Atmospherics bestimmter Frequenzen und Wettervorgängen . . . [69]
>
> In der folgenden Untersuchung bestand die Aufgabe, mit Hilfe von medizinmeteorologischen Analyseverfahren einen vermuteten spezifischen Zusammenhang zwischen Wettervorgängen verschiedener Art und der Impulsrate bestimmter Atmospherics-Frequenzen auf statistischer Basis zu prüfen, wobei von der Nullhypothese ausgegangen werden muß, daß kein Zusammenhang besteht, das heißt, daß die Entstehungsbedingungen für Atmospherics rein zufällig verteilt sind . . . [69]
>
> Mit Hilfe einer Empfangsanlage konnten die Atmospherics schmalbandig (Bandbreite etwa 2 kHz) in den Bereichen 10 und 27 kHz fortlaufend aufgenommen werden. Die Empfindlichkeit der Empfangsanlage war elektronisch so eingestellt, daß der Einzugsbereich der Atmospherics auf einen Umkreis von 400 bis 500 km Radius um den Beobachtungsort beschränkt blieb. Die Registrierungen liefen über den Zeitraum vom Mai 1978 bis einschließlich April 1979 bei ins-

gesamt 9 Tagen Ausfallzeit wegen technischer Defekte. Meßort war Pfaffenhofen/Ilm, ca. 30 km nördlich von München . . . [69]

Durch die magnetischen Breitbandantennen konnten auch tatsächlich weitere spektrale Frequenzschwerpunkte in über 35 000 Einzelanalysen von Impulsen festgestellt werden. Die spektralen Maxima befinden sich sehr schmalbandig in folgenden Bereichen: 4150,84 Hz; 6226,26 Hz; 8301,26 Hz; 10 377,10 Hz; 12 452,52 Hz; 28 018,17 Hz und 49 810,08 Hz [63, S.13].

Abgesehen davon, daß die zusätzlichen Frequenzen ausschließlich in überraschend schmalbandigen Bereichen vorkommen, fällt auch sofort der »harmonikale Charakter« ihrer Verteilung auf. Sie stehen eindeutig in einfachen Zahlenverhältnissen zueinander, die der Oktave, der Quinte, Quarte, Terz etc. im Tonbereich entsprechen. Diese Erscheinung führt u.U. auf eine Spur bei der Erforschung der Entstehungs- und Ausbreitungsbedingungen der Atmospherics. Sie legt nämlich nahe, die Atmosphäre als ein Übertragungssystem mit nichtlinearen Eigenschaften aufzufassen, denn »trifft eine einfache Schwingung auf ein nicht linear arbeitendes Übertragungssystem, so kommt am andern Ende nicht nur sie allein, sondern dazu noch eine ganze Reihe von Oberschwingungen heraus«. Dieses allgemeine Prinzip der Schwingungslehre ist zwar im zitierten Fall für den akustischen Bereich abgeleitet. Überträgt man es jedoch in Analogie auf das System Atmosphäre, so ist folglich davon auszugehen, daß das von uns dargestellte Spektrum der Atmospherics von einer einfachen Schwingung erzeugt wird [63, S. 13].

Die »einfache Schwingung«, von der die *Atmospherics* ausgehen, scheint eindeutig die Rotation der Erde zu sein, denn die oben aufgeführten Frequenzen, die durch Messung ermittelt wurden, weichen weniger als ein Promille vom theoretischen Wert der Oktavfrequenzen des Sterntages, bzw. von den Großsext- und Quartverhältnissen zu den Oktavtönen ab. In einem Fall erscheint auch noch ein Ganztonintervall. In jedem Fall handelt es sich um genaue diatonische Frequenzverhältnisse.

Gemessene Atmospheric-Frequenz (in Hz)	*Oktavfrequenz Sterntag (G)*	*Andere Intervall-Frequenz Sterntag*	*Differenz (in Hz)*
4 150,84		4 153,86 Quarte (C)	3,02
6 226,26	6 230,80		4,54
8 301,26		8 307,73 Quarte (C)	6,47
10 377,10		10 384,66 gr. Sexte (E)	7,56
12 452,52	12 461,59		9,07
28 018,17		28 038,58 gr. Ganzton (A)	20,41
49 810,08	49 846,37		36,29

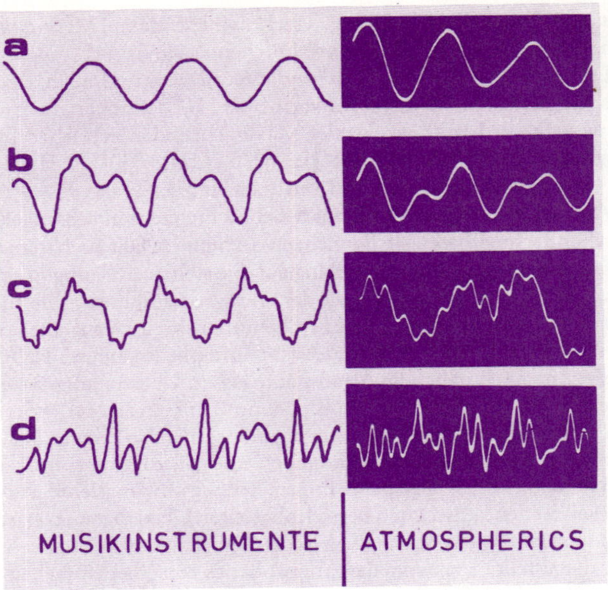

Abb. 13 a
Vergleich zwischen den Schwingungsformen von Musikinstrumenten und Original-Atmospherics-Impulsformen: a) Stimmgabel 440 Hz; b) Flöte; c) Klarinette; d) Oboe [63, S. 13].

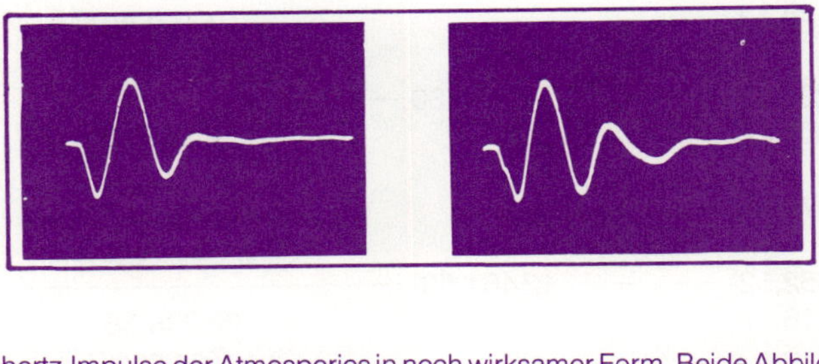

Abb. 13 b
Zwei 10-Kilohertz-Impulse der Atmosperics in noch wirksamer Form. Beide Abbildungen entnommen aus »Technischer Informationsdienst« [63, S. 12].

OKTAVEN DER SCHWINGUNGEN DES TAGES

Oktavzahl	*Frequenz mittlerer Sonnentag*	*Frequenz Sterntag*	*Wahrnehmungsqualität*
Grundton	mittlerer Sonnentag	Sterntag	24 Stunden
1. Oktave	0,000023 Hz	0,000023 Hz	12 Stunden
.			(Tempoangaben für mittl.
.			Tag)
15. Oktave	0,379 Hz	0,380 Hz	22,76 Anschläge/Minute
16. Oktave	0,759 Hz	0,761 Hz	45,51 Anschläge/Minute
17. Oktave	1,517 Hz	1,521 Hz	91,02 Anschläge/Minute
18. Oktave	3,034 Hz	3,042 Hz	182,0 Anschläge/Minute
19. Oktave	6,068 Hz	6,085 Hz	364,1 Anschläge/Minute
20. Oktave	12,14 Hz	12,17 Hz	728,2 Anschläge/Minute
21. Oktave	24,273 Hz	24,339 Hz	G Beginn des akusti-
22. Oktave	48,545 Hz	48,678 Hz	G schen Hörbereichs,
23. Oktave	97,090 Hz	97,356 Hz	G diese Oktaven wer-
24. Oktave	194,181 Hz	194,712 Hz	g den als Töne wahr-
25. Oktave	388,361 Hz	389,425 Hz	g' genommen
26. Oktave	776,723 Hz	778,850 Hz	g''
27. Oktave	1553,446 Hz	1557,699 Hz	g'''
28. Oktave	3106,892 Hz	3115,398 Hz	g'''' Beginn des Bereichs
29. Oktave	6213,784 Hz	6230,796 Hz	g'''' der Atmospherics
30. Oktave	12427,567 Hz	12461,593 Hz	g''''' (elektromagnetische
31. Oktave	24855,135 Hz	24923,186 Hz	Schwingungen)
.			
.			
.			
65. Oktave	$4,270 \cdot 10^{14}$ Hz	$4,282 \cdot 10^{14}$ Hz	Farbe Orangerot Wellenlänge: 702 Nanometer
66. Oktave	$8,540 \cdot 10^{14}$ Hz	$8,564 \cdot 10^{14}$ Hz	DNS-Resonanzmaximum Wellenlänge: 351 Nanometer

Abb. 14
Oktaven der Schwingungen des Tages und ihre Wahrnehmungsbereiche bzw. physikalischen und biologischen Manifestationsbereiche.

Die Schwingung des Jahres

Es gibt gewöhnliche Jahre mit 365 Tagen und Schaltjahre mit 366 Tagen. Alle durch vier teilbaren Jahre sind Schaltjahre, außer den vollen Jahrhunderten, es sei denn, diese sind durch 400 teilbar. 1600 war ein Schaltjahr, ebenso wie auch das Jahr 2000 ein Schaltjahr sein wird. 1700, 1800 und 1900 waren hingegen keine Schaltjahre. 1984, 1988, 1992 und 1996 sind die noch verbleibenden Schaltjahre in diesem Jahrtausend. Das Einschieben und Weglassen eines bestimmten Tages im Jahr dient zur Anpassung des Kalenders an die gegebene astronomische Situation. Ein Jahr hat nämlich weder 365 noch 366 Tage, sondern etwa 365 1/4 Tage. Es muß also alle vier Jahre ein Schaltjahr eingefügt werden, um den Kalender in Einklang mit dem Lauf der Jahreszeiten zu bringen. Da aber die Dauer von einem Frühlingsanfang bis zum nächsten auch nicht genau 365 1/4 Tage ist, sondern etwas kürzer, muß in den Jahrhunderten durch Weglassen des Schalttages diese Zeitdifferenz wieder ausgeglichen werden. Für die Gestaltung eines Kalenders, der lange Zeit seine Gültigkeit haben soll, ist es von großem Interesse, die genaue Länge des Jahres zu kennen.

Am Frühlingsanfang ist Tagundnachtgleiche. Auf der ganzen Erde (außer an den Polen) geht dann die Sonne genau um 6 Uhr Ortszeit im Osten auf und um 18 Uhr Ortszeit im Westen unter — 12 Stunden ist die Sonne über dem Horizont, 12 Stunden darunter. Am Äquator steht die Sonne dann mittags genau senkrecht über dem Erdboden, denn an diesem Tag schneidet die scheinbare Sonnenbahn (Ekliptik) die Äquatorebene — oder anders ausgedrückt, die Sonne steht am Frühlingspunkt, am sogenannten Widderpunkt. Dies ist, je nach Jahr, am 20. oder 21. März der Fall. Der Frühlingspunkt, der Schnittpunkt der Ekliptik mit der Äquatorebene, ist Ausgangspunkt aller astronomischen Maß- und Koordinatensysteme. Die astronomischen Jahrbücher wie auch die Ephemeriden (Tabellen mit täglichen Planetenpositionsangaben) sind auf den Frühlingspunkt geeicht. Die Länge des Jahres ist darum auch definiert als die Zeitdauer von einem Sonnendurchgang durch den Frühlingspunkt bis zum nächsten, und man nennt diese Zeitspanne ein *tropisches Jahr*. Die Internationale Astronomenunion (IAU) bestimmte den zahlenmäßigen Wert der Länge des tropischen Jahres auf eine Zehntausendstelsekunde genau:

365,242 198 79 Tage = 31 556 925,9747 Sekunden = 1 tropisches Jahr

Da der Frühlingspunkt jedoch nicht wie ein Fixstern seinen festen Platz am Himmel hat, sondern sich langsam bewegt, in rückläufiger Richtung, unterscheidet man vom tropischen Jahr noch das *siderische Jahr*, das Sternjahr. Das siderische Jahr ist definiert als die Zeitdauer von einem Sterndurchgang der Sonne bis zum nächsten gleichartigen Sterndurchgang und hat eine Länge von

365,256 360 42 Tage = 31 558 149,5402 Sekunden = 1 siderisches Jahr

Das siderische Jahr ist um 20 Minuten 23,56 Sekunden länger als das tropische.

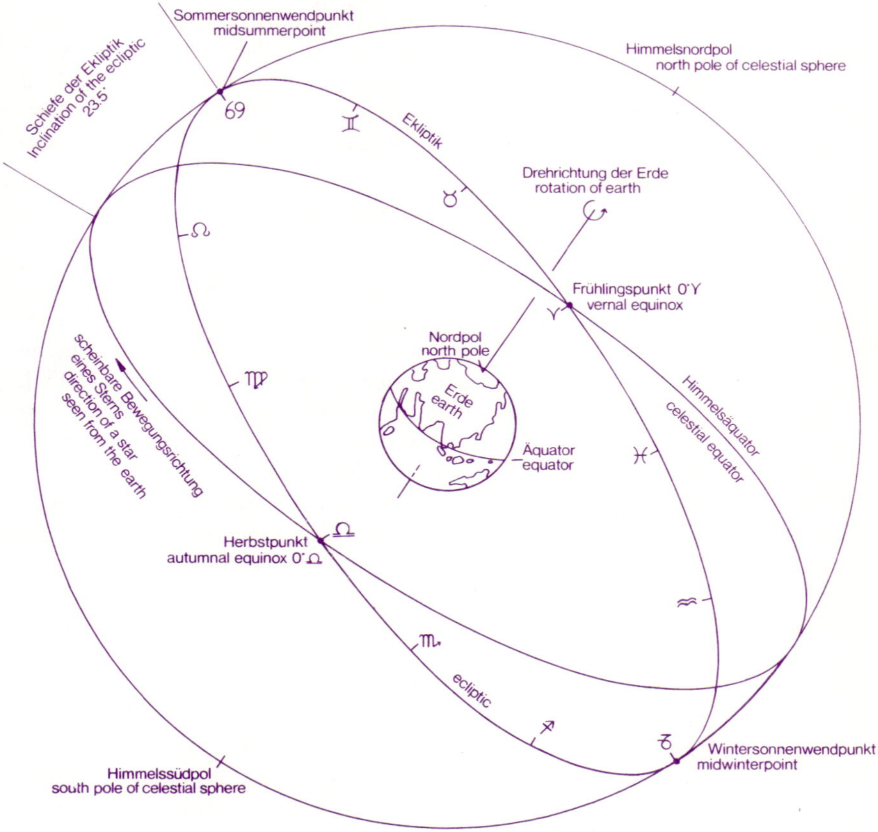

Abb. 15
Die Erde und das Himmelsgewölbe aus »intergalaktischer Sicht«. In der Mitte ist die Erde eingezeichnet, das Himmelsgewölbe ist durch den großen Kreis dargestellt. Die Projektion des Erdäquators auf das Himmelsgewölbe ist der Himmelsäquator. Dieser geht auf der Erde immer im Osten auf und im Westen unter. Um etwa 23 1/2 Grad dazu geneigt, ist die scheinbare Bahn der Sonne eingezeichnet. Die Astronomen nennen dieselbe Ekliptik, die Astrologen zumeist Tierkreis. Am Frühlingsanfang steht die Sonne im Schnittpunkt des Himmelsäquators und der Ekliptik, bei 0 Grad Widder. Bei Sommeranfang erreicht die Sonne den größten Abstand über der Äquatorebene und steht bei 0 Grad Krebs. Wenn der Herbst beginnt, schneidet die Sonnenbahn nochmals die Ekliptik, der Herbstpunkt ist bei 0 Grad Waage. In der Weihnachtszeit steht die Sonne am tiefsten unter der Äquatorebene im Steinbock.
Graphik entnommen aus dem Heft: »Farbton — Tonfarbe und die kosmische Oktave«, Teil I [11, S. 11].

Das Kalenderwesen basiert vor allem auf dem kürzeren tropischen Jahr, nach dessen Rhythmus auch der Lauf der Jahreszeiten erfolgt. Das siderische Jahr ist eigentlich nur für Sterngucker von Bedeutung.

Transponiert man die Jahresrhythmen in den hörbaren Bereich, so ist der Unterschied zwischen dem tropischen und dem siderischen Jahr mit dem Ohr nicht mehr wahrnehmbar, da der Frequenzunterschied in der großen Oktave nur fünf Tausendstel Hertz ausmacht. Die 32. Oktave des tropischen Jahres führt zu einem Cis mit 136,1022 Hz, die des siderischen zu einem Cis mit 136,0969 Hz, darum kann man von einem

Jahreston = 136,10 Hertz

sprechen. In den höheren Oktaven manifestiert sich der Ton bei 272,2 Hz, 544,4 Hz oder 1088,8 Hz. Dieser Ton hat in der Musikgeschichte wie auch in der heutigen Musikpraxis eine ganz besondere Bedeutung und spielt vor allem in der indischen Musik eine sehr große Rolle. Ravi Shankar, der weltbekannte indische Musiker und Musikpädagoge, schrieb in seinem Buch »My Music, My Life« [53], daß die Sitar (indisches Saiteninstrument) etwas unter dem europäischen Cis zu stimmen sei. Der Grundton der Sitar ist das »Sa« (*Sadja*, indischer Grundton), er entspricht dem Jahreston der Erde in der 32. Oktave.

Es gibt eine sehr schöne Schallplatte, auf der Ravi Shankar und Yehudi Menuhin zusammenspielen. Der erste spielt die Sitar, der zweite die Geige, begleitet werden sie von ein paar anderen Instrumenten wie Tambura, Glocken und Gongs. Auffällig ist dabei, wie gut die Sitar und die Geige sich im Klangbild ergänzen, obwohl das eine Instrument aus dem Orient und das andere aus dem europäischen Abendland stammt. Doch beide Instrumente haben eine Gemeinsamkeit in der klanglichen Resonanz. Die Sitar ist auf Cis (Sadja) gestimmt. In der Grundstimmung sind dabei Saiten auf 136,1 Hz, 272,2 Hz und 544,4 Hz eingestimmt. Die Geige ist im allgemeinen nicht auf Cis gestimmt, sondern auf g; d'; a'; e''. Die Hohlraumresonanz der Geige ist jedoch ein Cis. In allen einschlägigen Musiklexika wird die Hohlraumresonanz der Geige mit 270 bis 274 Hz angegeben, der Mittelwert liegt somit bei 272 Hz, und 272,2 Hz ist der 33. Oktavton des Erdenjahres. Das Bindeglied von Sitar und Geige ist der Jahreston der Erde.

Die Sitar hat noch eine weitere eigentümliche Besonderheit, die auf der Länge der gespannten Saite beruht. Bei den meisten nachgemessenen Instrumenten liegt diese bei 88 cm. Ein Pendel mit der Fadenlänge von 88 cm schwingt etwa 32mal pro Minute hin und her (genauer 31,899 mal). Dies entspricht einer Schwingungsperiode von 1,88 Sekunden oder einer Frequenz von 0,53 Hz. Das ist wiederum genau eine Oktavfrequenz des Erdenjahres, nämlich die 24. Oktave. Will ein Sitarspieler seine Stücke nicht dem Ton nach, sondern auch dem Rhythmus nach im Einklang mit dem Lauf der Erde um die Sonne spielen, dann braucht er nur ein Pendel (einen Faden mit einem Gewicht) von der Länge der schwingenden Saite aufzuhängen und durch Anschlagen zum Schwingen zu bringen, und schon ist der Taktgeber (Metronom) gebrauchsfertig. Das Pendel gibt das kosmisch richtig eingestimmte Metrum an. Von diesem Rhythmus bis zum Grundton der Sitar sind es dann genau 8 Oktaven, denn die Pendelfrequenz zeigt die 24. Oktave des Jahres an, während der Grundton, das »Sa«, in der 32. Oktave zum Erdenjahr erklingt.

(Zur Stimmung der Sitar siehe auch Abb. 16 und 17 auf Seiten 46 und 47; die genaue Berechnung der Pendellänge ist auf Seite 200 im wissenschaftlichen Anhang abgedruckt.)

> Dieser Ton ist die Quelle aller Offenbarung . . .
> Wer das Geheimnis dieses Tones kennt,
> kennt das Mysterium des Weltalls.
>
> *Sufi Hazrat Inayat Khan*

DIE INDISCHE RAGA

Das Stimmen vor einem Konzert betrifft nicht nur die Instrumente, mit denen gespielt wird, sondern ebenso die Musiker, die sich auf die Schwingungen der Instrumente einstimmen, damit Musiker und Instrumente übereinstimmen. Der Kammerton ist die Schwingung, die die Grundlage der Stimmung im gesamten Orchester bestimmt. Ist der Kammerton im Einklang mit dem Lauf der Erde, so ist die Stimmung, und somit auch die Musiker, ebenfalls im Einklang mit dem Lauf unseres Planeten.

In der indischen Sitarmusik ist der Kammerton das »Sa« (*Sa* = das Seiende), auch »Sadja« genannt (*Sadja* = der Vater der anderen). Dieser Ton, der Jahreston der Erde, ist der Grundton der Sitar, der Tambura und der Vina.

Auch vom alten Griechenland wird etwas Ähnliches überliefert. So schreibt der Mathematiker Nikomachos von Gerasia (Gerasia liegt in Arabien) im ersten Jahrhundert n. Chr.: »Die Pythagoreer verglichen den Zentralton mit der Sonne, die anderen Töne mit den Planeten.«

Dem Stimmen wird in Indien weit mehr Bedeutung zugemessen als im europäischen Abendland — wohl auch deshalb, weil in den alten indischen Schriften der Ton, die VIBRATION, am Anfang der Schöpfung war, der Urton, den die Inder *Nada* nannten. Die indischen Gottheiten tanzten und musizierten und tun das auch heute noch! SHIVA, der kosmische Tänzer, war der Erbauer der göttlichen Vina (indisches Saiteninstrument), KRISHNA wird immer mit einer Flöte dargestellt. Die *Raga* ist ein musikalisches Modell, nach welchem die verschiedenen Melodien komponiert werden können. Feststehend sind nur die Melodieumrisse und die wichtigsten Höhepunkte in der Evolution des Satzes. Alain Danielou formuliert das etwa so [14, S. 23]:

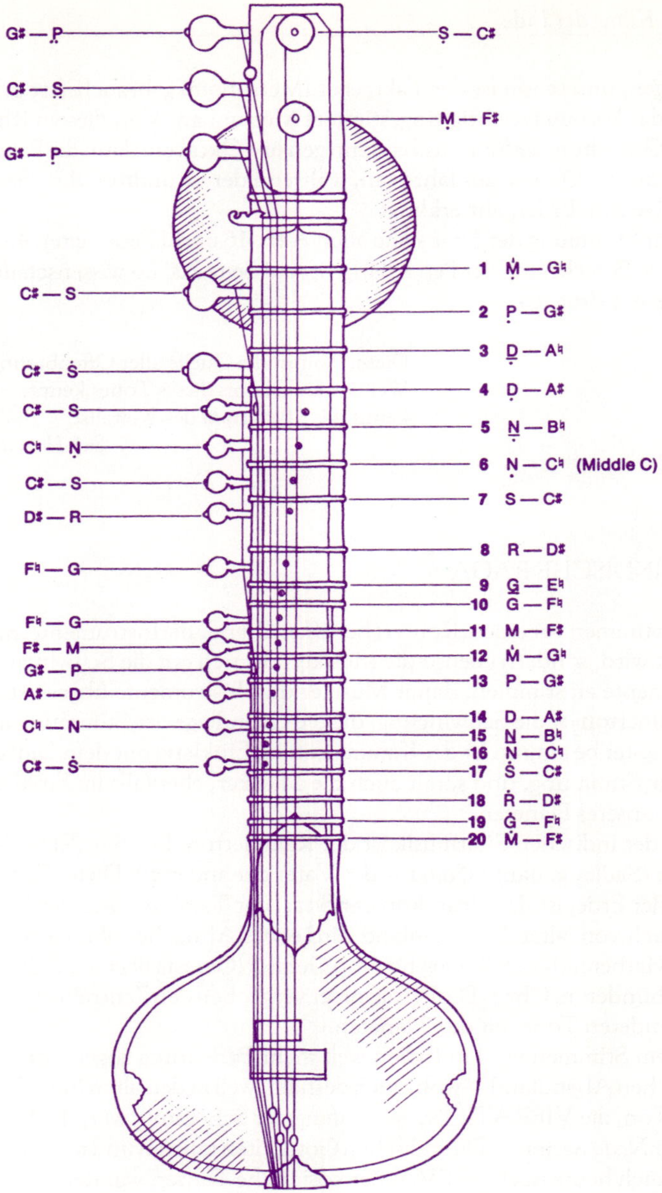

Abb. 16
Die Grundstimmung der Sitar. Ausgangston oder Grundton ist ein Cis, das etwas tiefer zu stimmen ist als das heute in Europa und Nordamerika allgemein verwendete Cis. Dem indischen Cis entspricht ein Kammerton a' von ziemlich genau 432 Hz. In Indien wird dieser Grundton Sa oder Sadja genannt und entspricht der Frequenz von 136,10 Hz.
Graphik entnommen aus: »My Music, My Life« von Ravi Shankar [53].

Die Sitarsaiten werden wie folgt gestimmt:

Indische Tonbezeichnung		*Europäische Tonbezeichnung*	*Frequenz*	*Intervall-faktor (gerundet)*
SPIELSAITEN				
SA	Sadja	tiefes CIS	68,05 Hz	1
PA	Panchama	tiefes GIS	102,07 Hz	1,5
SA	Sadja	CIS	136,10 Hz	2
MA	Madhjama	FIS	181,47 Hz	2,67
PA	Panchama	GIS	204,15 Hz	3
SA	Sadja	cis	272,20 Hz	4
SA	Sadja	cis'	544,40 Hz	8
RESONANZSAITEN				
NI	Nisada	c	241,96 Hz	3,56
SA	Sadja	cis	272,20 Hz	4
RI	Rsabha	dis	306,22 Hz	4,5
GA	Gandhara	f	340,25 Hz	5
MA	Madhyama	fis	362,93 Hz	5,33
PA	Panchama	gis	408,30 Hz	6
DHA	Dhaivata	ais/b	453,67 Hz	6,67
NI	Nisada	c'	483,91 Hz	7,11
SA	Sadja	cis'	544,40 Hz	8

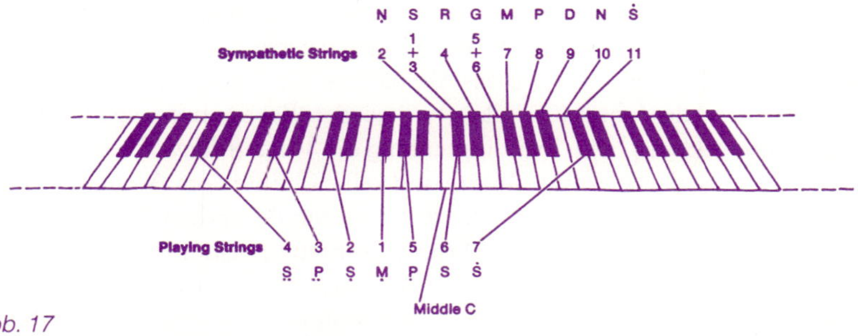

Abb. 17

Die Abbildung oben zeigt die den Sitarsaiten entsprechenden Töne auf dem Klavier, die Ziffern geben die Rangfolge der Saiten bei der Sitar an. Im Gegensatz zum Klavier wird die Sitar jedoch nicht temperiert gestimmt, sondern rein diatonisch. Die Punkte unter oder über den Tonbezeichnungen geben die Oktavlage an, ein Punkt unter der Tonbezeichnung bedeutet: eine Oktave tiefer als die mittlere Oktave, zwei Punkte entsprechen zwei Oktaven. Ein Strich unter der Tonbezeichnung bedeutet, daß die Note um einen Halbton tiefer gespielt wird.

> Die Raga ist die psychologische Intensivierung der naturgegebenen tonalen Beziehung, durch die der kosmische Zusammenhang zwischen den Tönen und der menschlichen Seele in einem lebendigen Verband zu einer rhythmischen Wirklichkeit wird.

Vor der *Raga* wird das *Alapa* (Präludium) gespielt, das über eine Stunde dauern kann, um den Hörer mit den Elementen der Raga vertraut zu machen. *Raga* ist ein Sanskritwort und bedeutet: Farbe, Leidenschaft, Reiz und Modus. Im nordindischen Musiksystem gibt es eine traditionelle Zuordnung einer Raga zu einer bestimmten Zeit. So spielt man in der Morgendämmerung, bei Sonnenaufgang, in der Mittagsstunde . . ., im Frühling, in der Regenzeit . . . jeweils eine andere Raga, und diese wird dann nur zu dieser Zeit und zu keiner anderen gespielt. Der Grundton einer Raga ist im nordindischen System immer das »Sa«.

Jede Raga ist durch eine Tonleiter definiert, wobei bei den aufsteigenden musikalischen Läufen zuweilen der eine oder andere Ton im Vergleich zum absteigenden Lauf etwas verschoben ist. Die Tonabstände werden nach *Shrutis* klassifiziert. Dem Musiker stehen 22 Shrutis zur Verfügung, davon wählt er für jede Raga 7, 8 oder 9 bestimmte Töne aus, die dann die Tonleiter der Raga bilden. In den meisten Tonleitern wird vom »Sa« (Cis) aus die Quarte »Ma« (von Madhyama = mittlerer Ton, etwa ein Fis) und die Quinte »Pa« (von Panchama = fünfter Ton, etwa ein Gis) gespielt; manchmal entfällt das »Ma«, seltener das »Pa«.

Nur bei Frühlingsanfang und bei Sonnenaufgang werden Tonleitern gespielt, in denen das »Ma« erhöht ist, »*Tivra*-Ma« genannt, und gleichzeitig das »Pa« entfällt. Die Tonleiter enthält somit weder eine reine Quarte noch eine Quinte, sonst bilden diese Intervalle das Gerüst des tonalen Aufbaus der Tonleitern. Dies ist eine sehr bemerkenswerte Tatsache, da das »Tivra-Ma« (etwa ein G) vom Ausgangston »Sa« aus dem Tritonus entspricht. Der Tritonus, ein Intervall, das dem Tonabstand von drei Ganztönen entspricht, liegt zwischen der Quarte und der Quinte und war in der europäischen Musik über Jahrhunderte hinweg verpönt, zuweilen sogar verboten und dem Teufel zugeschrieben.

Doch dieser Tritonus spiegelt das Verhältnis der Töne des Tages (G oder »Tivra-Ma«) und des Jahres (Cis oder »Sa«) wieder. Bei Sonnenaufgang wird die *Vibhasa-Raga* gespielt, beim Frühlingsanfang die *Vasanti-Raga.* Beide zeichnen sich dadurch aus, daß sie keine Quarte und keine Quinte vom Ausgangston aus haben, dafür aber den Tritonus. Steht die Sonne am Aszendent (bei Sonnenaufgang) oder am Frühlingspunkt (bei Frühlingsanfang), beides astrologisch markante Punkte, werden der Jahreston und der Tageston der Erde musikalisch miteinander in Verbindung gebracht. Das astronomisch bestimmte Intervall von Cis zu G tritt an die Stelle von Quarte und Quinte.

Hazrat Inayat Khan schreibt in dem Buch »Music«, frei übersetzt [27, S. 31, S. 21]:

> Die Astrologie ist der Ausdruck kosmischer Schwingungen, jeder Planet hat seinen eigenen Ton. Der Einfluß der Astrologie auf die Musik ist unverkennbar . . .

> Ein Großteil der geheimen Kraft, die die Hindus in der Musikwissenschaft entdeckten, war von der Wissenschaft der Astrologie abgeleitet . . . Sie wußten, daß dasjenige, das alles erschaffen hat und alles am Sein erhält, die ganze Manifestation und den gesamten Kosmos, eine Kraft ist: Vibration, was soviel heißt wie Schwingung. Und darum ist die Wissenschaft der Astrologie, die die Art des Lebens der Menschen und verschiedener Länder geprägt hat, ebenfalls entstanden aus dieser Wissenschaft der Vibration. Und es war ihnen bekannt, daß die Musikwissenschaft in engem Zusammenhang steht mit dem Einfluß der Planeten; und die unentwegte Ausstrahlung der Planeten über der Erde war die Grundlage der Ragas, auf denen ihre Musik aufgebaut war.

DIE FARBE DES JAHRES

Die 74. Oktave des tropischen Jahres liegt im Sehbereich und hat die Frequenz von 598,6 Billionen Hz. Das entspricht einer Wellenlänge von 501 Nanometer. Diese Frequenz und Wellenlänge sehen wir grün. Von der Physiologie des Auges her kommt dieser Wellenlänge eine besondere Bedeutung zu, weil sie von den Gelb-, Grün- und Blaurezeptoren wahrgenommen werden kann. Nur Wellenlängen zwischen 470 und 520 Nanometer können von allen Sehstoffen registriert werden, wobei natürlich in diesem Bereich der Grünanteil am stärksten ist. Darum ist auch in diesem Bereich das Farbunterscheidungsvermögen am besten ausgeprägt. Das Farbsehen wird durch das Rodopsin, die Zäpfchensubstanz der Farbrezeptoren im Auge, ermöglicht: Auf bestimmte Wellenlängen reagiert diese Substanz und gerät in Resonanz. Die Resonanzschwingung wird dann durch die Nervenspitzen der Sehnerven gemessen, und die Meßwerte werden durch die Nervenstränge dem Gehirn zur Weiterverarbeitung und Auswertung zugeleitet. Im Bereich von 500 Nanometer ist die »Sehapparatur« am sensibelsten. Abweichungen von nur wenigen Nanometer können in diesem Bereich gut als Farbunterschied wahrgenommen werden. Im Blau- oder Rotbereich ist das in diesem Maße absolut unmöglich. Es scheint, als sei das Auge auf die 74. Oktave des Jahres abgestimmt. Das Grün mit der Wellenlänge von 500 Nanometer ist die Symmetrieachse im physiologischen Farbenkreis zwischen Gelb und Blau. Genau gegenüber ist das reine Rot, das weder zum Gelb noch zum Blau tendiert.

Es muß an dieser Stelle darauf hingewiesen werden, daß der physiologische Farbenkreis nicht identisch ist mit der Farbanordnung, wie man sie z.B. bei Goethe in der Farbenlehre vorfindet. Der physiologische Farbenkreis (siehe Abb. 20, Seite 58) basiert auf der biologischen Farbwahrnehmung und entspricht auch den Farborten, wie sie im Farbendreieck (Cie-Dreieck) nach Dr. Rösch angegeben werden. Im physiologischen Farbenkreis ist die reine Farbwahrnehmung des Blau (475 Nanometer) genau dem Gelb (575 Nanometer) gegenüber.

Die Schwingung des platonischen Jahres

Wie im vorigen Abschnitt gezeigt wurde, unterscheidet man zwischen dem tropischen und dem siderischen Jahr. Die Differenz der Zeitdauer der beiden Jahre beträgt etwa 20 Minuten. Dies rührt von der rückläufigen Bewegung des Frühlingspunktes her. Der Frühlingspunkt ist, wie schon erwähnt, der Schnittpunkt von der Ekliptik mit der Äquatorebene. Im Gegensatz zur Ekliptik, die eine relativ stabile Lage gegenüber dem Fixsternhimmel hat, ändert die Äquatorebene stets ihre Lage. Die Äquatorebene steht senkrecht zur Polachse, um die sich die Erde dreht. Die Polachse führt eine Kreiselbewegung aus. Allgemein bezeichnet man die Achsverlagerung eines Kreisels, die durch ein äußeres Drehmoment erzeugt wird, als *Präzession*. Auch die Erdachse beschreibt unter dem Einfluß von Sonne und Mond eine solche Bewegung. Diese entsteht vor allem dadurch, daß die Erde durch die Fliehkraft am Äquator einen Wulst hat und bei den Polen abgeflacht ist und somit die Anziehungskraft von Sonne und Mond nicht überall an der Erdoberfläche gleich ist. Dies wirkt sich insbesondere dadurch aus, daß die Ekliptik nicht in der Äquatorebene liegt, sondern um etwa 23 1/2 Grad geneigt ist, was allgemein als *Schiefe der Eklipitik* bezeichnet wird. Weiter bildet die Mondbahn einen Winkel zur Ekliptik, der etwas über 5 Grad beträgt.

Die Erde paßt sich also, da sie nicht ganz kugelförmig ist, sondern eher einem Ellipsoid gleicht, stets den Anziehungskräften von Sonne und Mond (und allen anderen Planeten) an. Wegen der geringen Masse und der relativ großen Entfernung kann man im Rechenmodell die Wirkung der anderen Planeten, was die Präzession anbelangt, weitgehend vernachlässigen. Sonne und Mond aber verursachen eine stetige Lageveränderung der Erdachse und somit auch der Äquatorebene. In etwa 25 920 Jahren beschreibt die Erdachse eine Kreiselbewegung, und dann ist sie wieder ungefähr in der gleichen Position. Die Position ist jedoch nicht genau gleich, weil der Winkel der Schiefe der Ekliptik, der auch für die Länge des platonischen Jahres mitverantwortlich ist, nicht konstant ist, sondern sich leicht verändert.

Die Kreiselbewegung der Erdachse führt zur Wanderung des Frühlingspunktes und somit auch zur Veränderung der Sichtbarkeitsverhältnisse der Sternbilder. So ist derzeit das Sternbild der Zwillinge im Winter gegen Mitternacht hoch am Himmel zu sehen (von der Nordhalbkugel der Erde aus gesehen), vor 12 960 Jahren waren jedoch die Zwillinge im Winter nicht sichtbar, hingegen um Mitternacht im Sommer flach im Süden, wo man heutzutage das Sternbild des Schützen beobachten kann. Der Schütze wiederum wird in 12 960 Jahren im Winter gegen Mitternacht hoch am Himmel zu finden sein. So verschiebt sich im Zeitraum von 25 920 Jahren das ganze Firmament am Himmel, um nach dieser Periode einen neuen Zyklus zu beginnen.

Dies wußten schon die alten Griechen, und darum wird die Dauer einer vollständigen Drehung durch die Erdachsenpräzession zumeist *platonisches Jahr* genannt. Entdeckt wurde die Präzession angeblich um 150 v. Chr. von dem griechischen Astronomen Hipparch, der die Länge von Alpha-Vorgo, dem hellsten Stern im Sternbild der Jungfrau, um 2 Grad größer fand als Timocharis ihn 150 Jahre vorher gefunden hatte.

In 72 Jahren verschiebt sich der Frühlingspunkt gegenüber dem Fixsternhimmel um etwa 1 Grad, in 2 160 Jahren um etwa ein Sternzeichen (30 Grad). Dies ist auch der Grund, warum der Frühlingspunkt, den die Astrologen mit 0 Grad Widder bezeichnen, nicht mehr im Sternbild des Widders zu finden ist, sondern derzeit im Sternbild der Fische und in nächster Zeit in das Sternbild des Wassermanns weiterwandert. Die Begriffsbildung und Terminologie der heutigen Astrologie stammt im wesentlichen aus der griechischen Antike und ist gut 2000 Jahre alt. Vor etwas über 2000 Jahren war der Frühlingspunkt ziemlich genau zwischen den Sternbildern Widder und Fische, darum nannten die Griechen das erste Frühlingssternzeichen Widder.

Die Sternzeichen in der Astrologie sind somit nicht mehr identisch mit den Sternbildern am Himmel, und wegen der Wanderung des Frühlingspunktes werden die Sternzeichen und die Sternbilder sich immer weiter gegeneinander verschieben. Die astrologischen Sternzeichen folgen dem Lauf der Sonne im Jahr, bei null Grad Widder beginnt der Frühling, die Deklination der Sonne ist dann genau gleich null Grad, weil die Sonne in der Äquatorebene steht. Bei Sommeranfang steht die Sonne bei null Grad Krebs, ihre Deklination ist dann 23 1/2 Grad nördlich, auf der Nordhalbkugel der Erde ist dann Sommer, auf der Südhalbkugel hingegen Winter. Am Herbstanfang, bei null Grad Waage, ist die Deklination der Sonne wieder gleich null Grad, und bei Winteranfang, wenn die Sonne in das Sternzeichen Steinbock wandert, hat sie eine südliche Deklination von 23 1/2 Grad.

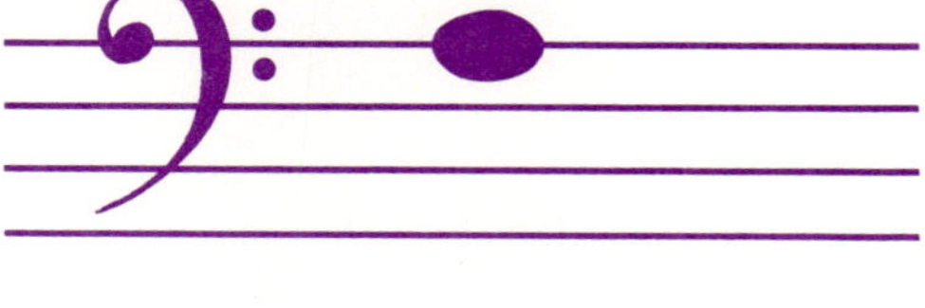

Transponiert man die Frequenz des platonischen Jahres in den hörbaren Bereich, gelangt man zum Ton f. In der 47. Oktave beträgt die Frequenz des platonischen Jahres 172,06 Hz, in der 48. Oktave 344,12 Hz. Der Ton f wird im klassischen fünfzeiligen Notensystem mit dem Baßschlüssel angegeben.

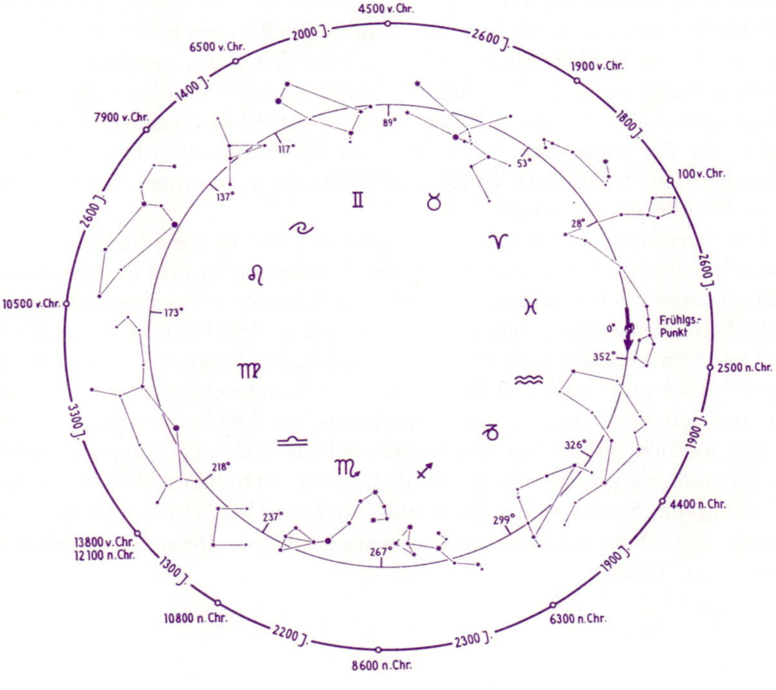

Abb. 18
Die Wanderung des Frühlingspunktes im platonischen Jahr. Die Gradzahlen am inneren Kreis und die Jahreszahlen am äußeren Kreis geben den Übergang des Frühlingspunktes von einem Sternbild in das nächste an, die Zahlen im äußeren Kreis die Dauer der Durchwanderung des jeweiligen Sternbildes. Die Jahreszahlen sind approximativ zu nehmen. Entnommen aus »Rhythmen der Sterne« von Joachim Schulz [52, S. 67].

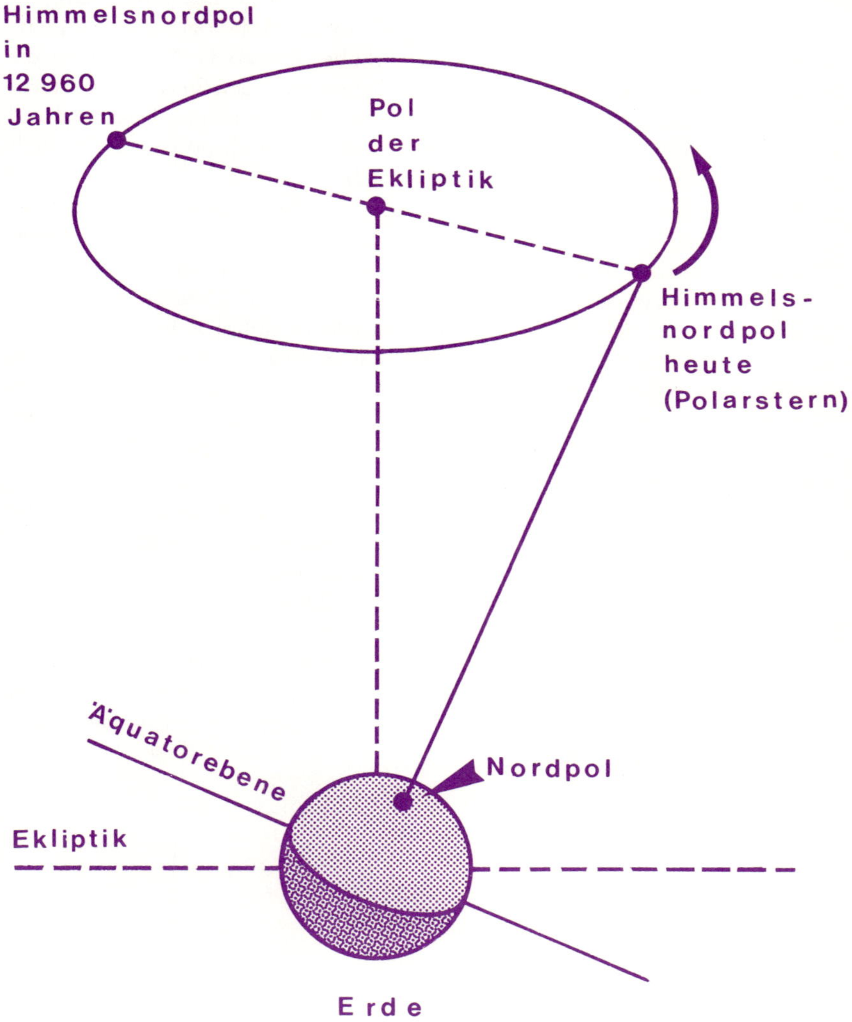

Abb. 19
Präzessionsbewegung der Erdachse. Erläuterung siehe Seite 50 und 51 im Text.

Die Sternzeichen geben also Auskunft über die Winkelverhältnisse des Sonnenlaufes und über die Jahreszeiten. Diese werden auch astrologisch ausgewertet, und diese Beziehungen haben sich seit der Antike nicht geändert. Es ist somit barer Unsinn zu behaupten, daß wegen der Wanderung des Frühlingspunktes und der damit einhergehenden Verschiebung der Sternzeichen gegenüber den Sternbildern die astrologischen Auswertungen falsch seien. Die Betrachtung der Fixsterne und der wahren Sternbilder spielt in der Astrologie allgemein eine stark untergeordnete Rolle. Nebenbei bemerkt bezeichnen die Astronomen, die gerne über ihre astrologischen Kollegen herziehen, auch den Sterntag als »Sterntag«, obwohl dessen Länge vom beweglichen Frühlingspunkt abgeleitet wird und nicht von den Fixsternen! (Zur Wanderung des Frühlingspunktes siehe auch Abb. 18 auf Seite 52 und Abb. 19 auf Seite 53)

Die Frequenz des platonischen Jahres à 25 920 Jahren, in den sichtbaren Bereich oktaviert, ist gleich zweimal sichtbar, an der unteren und an der oberen Grenze des sichtbaren Spektrums. Die 88. Oktave führt zu einer Frequenz von 378 Billionen Hz, entsprechend einer Wellenlänge von 792 Nanometer. Das ist ein Rot im unteren Sehbereich nahe der Schwelle zum Infrarot. Es ist hierbei anzumerken, daß dieses Rot unter normalen Bedingungen kaum noch zu sehen ist, sondern nur noch bei sehr großer Lichtintensität, da die Rezeptoren der Zäpfchen im Auge bei dieser Frequenz nur noch sehr schwach resonieren. Die 89. Oktave hat eine Frequenz von 756 Billionen Hertz, entsprechend einer Wellenlänge von 396 Nanometer. Diese Frequenz sehen wir als Violett an der Schwelle zum Ultraviolett. Das platonische Jahr — in seiner Schwingung oktaviert — deutet die Schwellen im Sehbereich des Menschen an. Fügt man die beiden Enden des Farbbandes zusammen und bildet einen Farbkreis, wie es zum Beispiel Goethe in seiner Farbenlehre getan hat, dann findet diese »Unio mystica« bei den Oktavfrequenzen des platonischen Jahres statt.

Die genauen astronomischen Daten und Gleichungen zur Schiefe der Ekliptik und zur Präzession sowie die Berechnung von Ton und Farben zum platonischen Jahr sind auf Seite 201 im wissenschaftlichen Anhang aufgeführt, siehe auch Farbtafel III nach Seite 192.

Der Zusammenklang von Tag, Jahr und platonischem Jahr

Der Tag, das Jahr und das platonische Jahr sind die drei Grundrhythmen, die durch Rotation um die eigene Achse, Umlauf um die Sonne und Kreiselbewegung der Erdachse — alles Eigenbewegungen der Erde — verursacht werden. Das Verhältnis von Tag zu Jahr, also etwa 1 zu 365, kann man sich recht gut veranschaulichen. Man muß dafür nur einen Winkelmesser betrachten — jeder Abstand von einem Teilstrich der Gradeinteilung zum nächsten verhält sich zum Kreis ungefähr wie der Tag zum Jahr. Die Dimension der Länge des platonischen Jahres ist schon gewaltiger, doch auch hier bietet sich ein recht anschaulicher Vergleich an. Der Mensch atmet pro Minute durchschnittlich 18mal ein und aus. Da der Tag 1 440 Minuten hat, atmet der Mensch 18 · 1 440 = 25 920mal pro Tag ein und aus — das ist genau die Zahl der Jahre, die ein platonisches Jahr umfaßt. Die Länge eines Atemzuges verhält sich zum Tag wie das Jahr zum platonischen Jahr — nett wie das aufgeht, nicht wahr!

Der Tag erklingt musikalisch im Ton G, das Jahr im Ton Cis und das platonische Jahr im Ton F. Der Zusammenhang im hörbaren Bereich gibt ein recht spannendes Tongebilde, die Töne G, Cis und F bilden folgende Intervalle:

G	zu Cis	einen Tritonus
G	zu F	eine kleine Septime
Cis	zu G	einen Tritonus
Cis	zu F	eine große Terz
F	zu G	einen Ganzton
F	zu Cis	eine kleine Sexte

(Für Musiktheoretiker sind im Anhang auf Seite 202 die genauen Intervallfaktoren aufgelistet.)

Schreiben über Töne vermittelt immer nur ein Bruchteil dessen, was deren Anhörung einem geben kann. Es lohnt sich wirklich, einmal die oben angegebenen Töne zu spielen und mit diesem Tonmaterial zu modulieren.

In den beiden im vorigen Abschnitt erwähnten *Ragas*, der *Vibhasa-Raga* und der *Vasanti-Raga*, kommen alle drei Töne der Erdrhythmen vor. Darum sollen sie hier nochmals etwas näher betrachtet werden.

Die im folgenden angegebenen Intervalle sind von Alain Danielou übernommen. Danielou geht in seinen Büchern immer von einem C aus, um der Lesegewohnheit der westlichen Musikstudenten zu entsprechen, wobei er schreibt, wie auch Ravi Shankar, daß dieses C auf der Tonhöhe des Cis einzustimmen sei. Die hier angegebenen Tonnamen sind auf Cis = Sadja (Sa) transponiert und mit den genauen Frequenzen versehen, so wie sie in Indien original gespielt werden. Der Grundton einer jeden Raga ist das Sa, das Sadja, der Jahreston der Erde mit 136,1 Hz.

Die *Vibhasa-Raga*, gespielt bei Sonnenaufgang, setzt sich aus folgendem Tonmaterial zusammen:

		I•	I	•		
SA	RI	GA	MA	Dha	SA	indische Tonbez.
Cis	D	F	G	B	cis	ungefähre europäische Tonentsprechung
1/1	16/15	81/64	729/512	27/16	2/1	Frequenzverhältnis
136,1	145,2	172,25	193,8	229,7	272,2	Frequenz in Hz

Die *Vasanti-Raga*, gespielt im Frühling, vor allem am Frühlingsanfang, setzt sich aus folgendem Tonmaterial zusammen:

			I	•	I	I•	
SA	RI	GA	MA	Dha	NI auf.	NI ab.	SA
CIS	D	F	G	B	C	C	Cis
1/1	16/15	5/4	729/512	27/16	15/8	243/128	2/1
136,1	145,2	170,1	193,8	229,7	255,2	258,4	272,2

Es zeigt sich, daß diese beiden Ragas, wie kaum eine andere, von der normalen Tonleiter abweichen. Es kommen keine Quarten und Quinten vom Grundton vor, und es werden zur Feier des Sonnenaufgangs und Frühlingsanfangs ganz besondere Intervalle gespielt. Dies zeigt der Vergleich mit der Normalstimmung der Sitar, wie auf Seiten 46 und 47 angegeben, und mit der Tabelle der Herleitung der Intervallfaktoren für die verschiedenen Ragas auf Seite 203 im Anhang.

Die eingerahmten Frequenzwerte zeigen, wie genau in diesen beiden Ragas die kosmische Erdstimmung gespielt wird. Das F in der Vibhasa-Raga weicht nur um 1/5 Hz vom F des platonischen Jahres ab, das G um nur 0,4 Hz. Ein gutgestimmtes Klavier weicht durch die temperierte Stimmung bei der kleinen Terz von der reinen Terz in dieser Tonlage zum Beispiel um etwa 1,5 Hz ab. Jedes Klavier, auch wenn es gut gestimmt ist, weicht erheblich mehr von der reinen Stimmung ab als die Vibhasa-Raga von der kosmischen Stimmung, die durch den Lauf der Erde gegeben ist. So wie morgens in Europa und Nordamerika zumeist die Wecker rasseln, um die Menschen aus dem Schlaf zu reißen, so spielen in Indien die Sadhus und Mönche morgens die Vibhasa-Raga und stimmen sich in den kosmischen Weltenklang ein. Wohl dem, der solche Klänge erleben durfte, wohl denen, die täglich daran teilhaben!

DIE FARBEN VON TAG, JAHR UND PLATONISCHEM JAHR

Im Wellenlängenbereich von 400 bis 700 Nanometer kann der Mensch Farbwerte unterscheiden. Kürzere Wellenlängen als 400 Nanometer sieht man nur noch bei starker Lichtintensität, die gesehene Farbe ist jedoch stets Blauviolett. Mit abnehmender Wellenlänge wird es nur dunkler, bis zum Schwarz hin. Die Farbe ändert jedoch ihren Farbcharakter an und für sich nicht mehr. Ähnlich verhält es sich mit dem Spektralrot. Bei Wellenlängen, die größer sind als 700 Nanometer, kann das Auge keine neue Farbe mehr entdecken. Das Spektralrot wird nur dunkler, ändert aber seinen eigentlichen Farbcharakter auch nicht mehr. Die genauesten Farbwertunterscheidungen im Verhältnis zum Wellenlängenunterschied sind bei 500 Nanometer möglich.

Der Tag ist die kürzeste Periode der Erdenrhythmen, seine Farbe hat die niedrigste Frequenz und zeigt im unteren Frequenzbereich des sichtbaren Spektrums die Schwelle des Farbunterscheidungsvermögens an. Das Jahr ist die mittlere der drei Perioden; die Farbe des Jahres liegt im mittleren Frequenzbereich des sichtbaren Spektrums und zeigt die Stelle an, wo das Grün rein ist und das Farbunterscheidungsvermögen am größten. Das platonische Jahr ist die längste der drei Perioden; die Farbe des platonischen Jahres hat die höchste Frequenz im sichtbaren Spektrum und zeigt die obere Schwelle des Farbunterscheidungsvermögens an. Die drei Rhythmen, in denen sich die Beziehung der Erde zur Sonne manifestiert, in den sichtbaren Bereich oktaviert, zeigen die markantesten Punkte — den Höhepunkt und die Grenzen — des Farbunterscheidungsvermögens bzw. des Farbsehens an. Dazu paßt der vielzitierte Goethespruch:

Wär' das Auge nicht sonnenhaft,
die Sonne könnt' es nie erblicken;
läg' nicht in uns des Gottes eigne Kraft,
wie könnt' uns Göttliches entzücken?

Vergleiche auch Abb. 20 auf Seite 58 und Farbtafel II nach Seite 192.

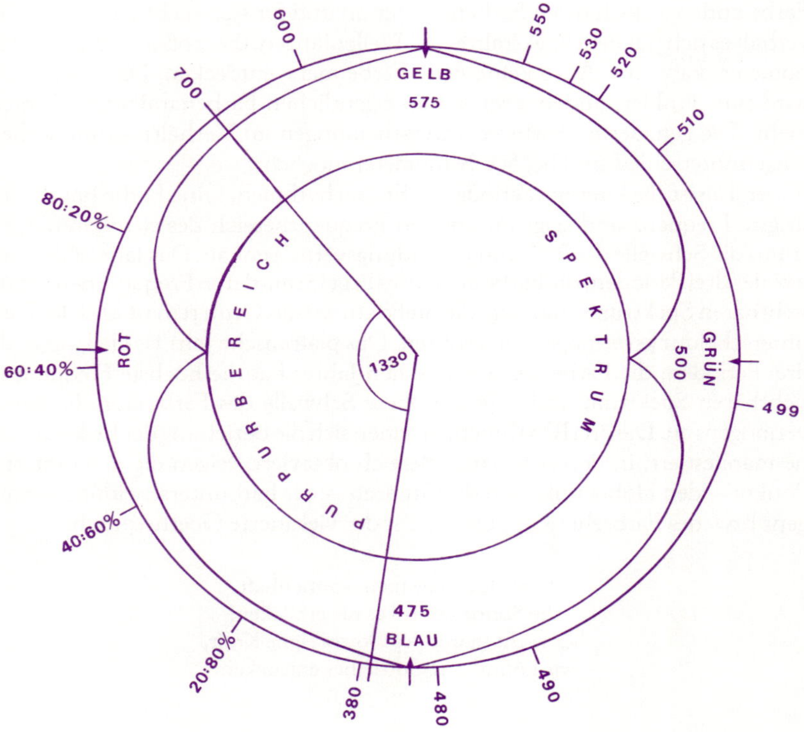

Abb. 20
Der physiologische Farbenkreis. Der physiologische Farbenkreis ist aufgebaut nach der Struktur des Farbsehens. Blau, Grün und Gelb sind die Farben, die der Mensch mittels Farbrezeptoren im Auge direkt wahrnehmen kann. Alle anderen Farben werden aus diesen drei Farbwahrnehmungen gemischt. Darum liegen in diesem Farbkreis die drei Farben Blau, Grün und Gelb jeweils in einem rechten Winkel zueinander. Blau liegt genau dem Gelb gegenüber. Dem reinen Grün liegt die Mischfarbe Rot gegenüber. Das reine Rot kann nicht als Spektralfarbe gesehen werden, da das Spektralrot noch eher als Orangerot oder als Rot mit einem leichten Gelbcharakter gesehen wird. Der Mensch empfindet ein Rot erst dann wirklich als reines Rot, wenn der Gelbcharakter durch eine Zugabe von Blau (Blauviolett) ausgeglichen wird. Die Zahlenwerte und Winkel sind hier von B. Hassenstein übernommen, es wurden lediglich noch außen die Farbwerte von Tag, Jahr und platonischem Jahr hinzugefügt. Vergleiche auch Farbtafel II nach Seite 192 [74, S. 221].

Kapitel 4

Die ägyptischen Längenmaße und die Rhythmen der Erde

Nach den Quellen von John Michell, die er unter anderem in seinem Buch »City of Revelation« darlegt, verwendeten die alten Ägypter vornehmlich drei Maße in ihrer Architektur [41, S. 125]:

das Remen	= 1,2165	feet (engl. Fuß)	≈ 37,1 cm
die königliche Elle	= 1,72	feet	≈ 52,4 cm
das megalithische Yard	= 2,72	feet	≈ 82,9 cm

Es gilt dabei folgendes Verhältnis:

$$\text{Remen zu königlicher Elle zu megalithischem Yard} = 1 : \sqrt{2} : \sqrt{5}$$

Das Einheitsmaß war das Remen. Ein Remen ist der 108millionste Teil des Erdumfanges am Äquator. Die Zahl 108 wird im Kapitel 5, Seite 77 ff. näher besprochen, sie ist eine ebenso elementare Zahl wie die 720 (siehe Kapitel 1).

Der Äquator hat einen Umfang von 40075,18 Kilometer = 40075 180 Meter. Teilt man diese Zahl durch 108 000 000, so erhält man:

$$40\,075\,180 \text{ m} : 108\,000\,000 = 0{,}371\,066 \text{ m}$$

Für das Remen erhält man so die genaue Länge von 37,1066 Zentimeter. Die königliche Elle (Kube) hat somit eine Länge von:

$$37{,}1066 \text{ cm} \cdot \sqrt{2} = 52{,}4767 \text{ cm}$$

und das megalithische Yard hat die Länge von:

$$37{,}1066 \text{ cm} \cdot \sqrt{5} = 82{,}9730 \text{ cm}$$

In der ägyptischen Architektur wurden diese Maße und ihre ganzzahligen Vielfachen häufig als Einheitsmaße verwendet. So hat die Grundkante der Cheopspyramide eine Länge von 231,92 Meter (vergleiche Kapitel 6 ab Seite 82 »Von den Maßen der Cheopspyramide und der Kathedrale von Chartres«). Die Grundkante der Cheopspyramide mißt genau 625 Remen ($625 = 5 \cdot 5 \cdot 5 \cdot 5 = 5^4$), und die Königskammer in der Cheopspyramide hat eine Länge von 20 Ellen und eine Breite von 10 Ellen. Man könnte hier viele weitere Beispiele anfügen. Eine der größten Überraschungen ergab sich jedoch bei der Betrachtung der Lichtzeit, die diesen Längen — dem Remen, der königlichen Elle und dem megalithischen Yard — entspricht. Die Lichtzeit ist die Zeitspanne, die das Licht braucht, um von einem Ende einer Strecke zum andern Ende zu gelangen. Das Licht breitet sich etwa mit einer Geschwindigkeit von 300 000 Kilometer pro Sekunde aus. (Neben dem Licht breiten sich auch alle elektromagnetischen Wellen mit dieser

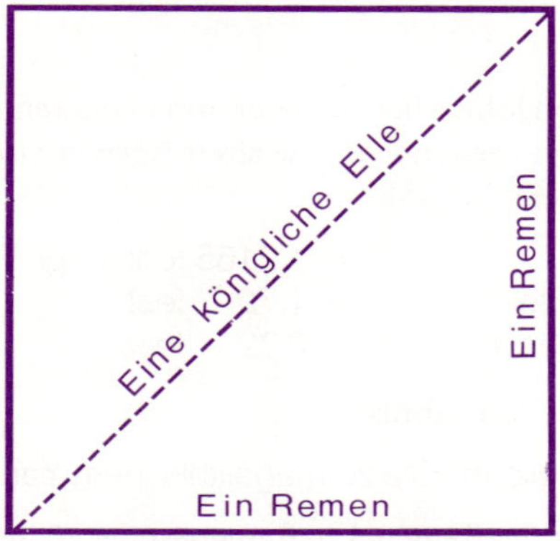

Abb. 21a
Die Diagonale eines Quadrates hat die Länge $\sqrt{2} = 1{,}414\,213\,562\ldots$. Hat die Quadratseite die Länge von einem Remen $\approx 37{,}1$ cm, so hat die Diagonale die Länge $37{,}1 \text{ cm} \cdot 1{,}414 \approx 52{,}5$ cm, was der Länge einer königlichen Elle (königlichen Kube) entspricht.

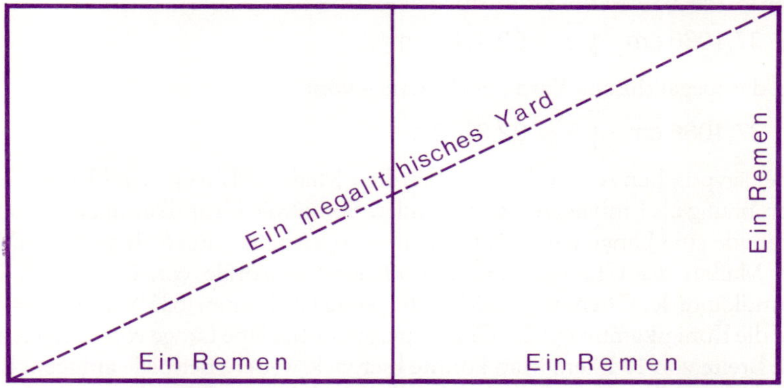

Abb. 21b
Die Diagonale eines Doppelquadrates (Rechteck mit den Seitenlängen 1 und 2) hat die Diagonale $\sqrt{5} = 2{,}236\,067\,977\ldots$. Das megalithische Yard wird von der Diagonale des Doppelquadrates abgeleitet. Hat ein Rechteck die Länge von 2 Remen $\approx 74{,}2$ cm und die Breite von einem Remen $\approx 37{,}1$ cm, dann hat die Diagonale die Länge von $2{,}236 \cdot 37{,}1 \approx 83$ cm, was dem megalithischen Yard entspricht.

Geschwindigkeit aus.) In der Physik der Elementarteilchen (Atomphysik), wie auch in der Astronomie, verwendet man die Zeit, die das Licht braucht, um eine bestimmte Strecke zurückzulegen, als Längenmaßangabe dieser Strecken. So ist ein Lichtjahr gleich der Länge von etwa 9 1/2 Billionen Kilometer, weil das Licht genau ein Jahr benötigt, um diese Strecke zurückzulegen. Ein Ereignis, zum Beispiel die Geburt eines kleinen Sternes, kann bei einer Entfernung von 9 1/2 Billionen Kilometern, erst ein Jahr später gesehen werden.

Berechnet man nun die Zeit, die das Licht braucht, um ein Remen, eine königliche Elle und ein megalithisches Yard zurückzulegen, sowie die dazugehörige Frequenz und oktaviert dann dieselbe, so stellt man eine erstaunliche Übereinstimmung der altägyptischen Maße zu den Rhythmen von Tag und platonischem Jahr sowie zu deren Obertönen und Oktavtönen fest. Die 22. Unteroktave der oktavierten Lichtzeitperiode der altägyptischen Längenmaße führt zu folgenden Frequenzen:

ein Remen	192,62 Hz	g
eine königliche Elle	136,21 Hz	cis
ein megalithisches Yard	86,14 Hz	F

Zum Vergleich die Töne der Bewegungsrhythmen der Erde:

ein Tag	194,18 Hz	g
ein Jahr	136,10 Hz	cis
ein platonisches Jahr	86,03 Hz	F

Die Differenzen in Hertz sind außerordentlich klein:

Remen — Tag	: 192,62 Hz − 194,18 Hz = −1,56 Hz
königliche Elle — Jahr	: 136,21 Hz − 136,10 Hz = 0,11 Hz
megalithisches Yard — plat. Jahr	: 86,14 Hz − 86,03 Hz = 0,11 Hz

Die genauen mathematischen Grundlagen zur Berechnung der ägyptischen Längenmaße und der dazugehörigen Töne können auf Seite 204 im wissenschaftlichen Anhang nachgelesen werden.

Kapitel 5

Die Schwingungen des Mondes

Astronomische Grundlagen

In Vollmondnächten geht der kugelrunde Mond etwa zur gleichen Zeit in östlicher Richtung auf, wenn die Sonne in westlicher Richtung untergeht. Gegen Mitternacht steht der volle Mond im Süden, und am Morgen, wenn die Sonne am Osthimmel aufgeht, versinkt der Mond am Westhorizont. Bei Vollmond stehen Sonne und Mond in Opposition zueinander, die Erde steht genau zwischen Sonne und Mond. In der Nacht nach Vollmond geht der Mond etwa 50 Minuten später auf als in der Vollmondnacht. In der Folge geht der Mond jeden Tag später auf, und sein beleuchteter Teil, den man von der Erde aus sehen kann, wird immer kleiner. Nach etwa einer Woche geht der Mond am Osthimmel erst gegen Mitternacht auf, und man sieht nur noch die Hälfte des beleuchteten Teiles, es ist Halbmond. Am Morgen, wenn die Sonne aufgeht, steht der Halbmond hoch am Himmel in südlicher Richtung. Sonne und Mond stehen bei Halbmond im Quadrat zueinander, das heißt, sie bilden von der Erde aus gesehen einen 90-Grad-Winkel. In den darauffolgenden Tagen wird die sichtbare Mondsichel immer kleiner und ist nur noch in den frühen Morgenstunden sichtbar; kurz vor Neumond ist die schmale Mondsichel nur noch kurz in der Morgendämmerung sichtbar. Bei Neumond stehen dann Sonne und Mond in Konjunktion; von der Erde aus gesehen stehen Sonne und Mond dann in der gleichen Himmelsrichtung. Der Neumond ist im allgemeinen nicht sichtbar, es sei denn, der Mond schiebt sich genau zwischen Sonne und Erde, und es findet eine Sonnenfinsternis statt. Dies ist der Fall, wenn Sonne, Mond und Mondknoten in einer Linie stehen. Die Bewegung des Mondknotens und die Finsterniszyklen werden in diesem Abschnitt noch näher erläutert.

Nach Neumond, wenn der junge zunehmende Mond als schmale Sichel des Abends wieder sichtbar ist, wird in allen Ländern, wo gläubige Moslems wohnen, von den Minaretten der Moscheen der neue Monat ausgerufen. Auch der jüdische, der indische und der chinesische Kalender richten sich nach dem Mond (wie auch manche anderen Kalender verschiedenster Kulturkreise). Im Gebiet des christlichen Kulturbereichs spricht man zwar heute noch vom Monat, doch der Lauf der Kalendermonate ist im europäischen Abendland nicht mehr im Einklang mit dem Lauf des Mondes. So deutet der Montag auch nicht mehr wie einst eine neue Phase des Mondes an. Im Rahmen der Kalenderrationalisierung — um nicht Kalenderentfremdung zu sagen — ist nur der Name Montag (von Mond-Tag) übriggeblieben.

Einst war immer dann Montag, wenn der Mond ein Viertel seines synodischen

Umlaufs vollbracht hatte; also nach Neumond, nach dem zunehmenden Halbmond, nach Vollmond und nach dem abnehmenden Halbmond. Eine Woche hatte sieben Tage, die vier Wochen des Monats hatten 28 Tage. Um den Wochenkalender wieder in Einklang mit dem Lauf des Mondes zu bringen, wurden dann jeweils bei Voll- oder bei Neumond nach Bedarf Feiertage eingeschaltet, so wie im christlichen Kalender nach Bedarf in Schaltjahren ein 29. Februar eingeschaltet wird, um den Kalender wieder an den Lauf der Sonne anzupassen.

Der Mond ändert stets seine Gestalt und seine Lage gegenüber dem Fixsternhimmel. Im Sommer sind die Vollmonde tief am Himmel im Süden in den Sternbildern des Schützen, des Steinbocks und des Wassermanns zu sehen. Im Winter hingegen sind die Vollmonde hoch am Himmel in den Sternbildern der Zwillinge, des Krebses und der Jungfrau sichtbar. Von Vollmond bis Vollmond durchwandert der Mond 13 Sternbilder. Das ist ein Sternbild mehr, als der wahre Umlauf des Mondes um die Erde ausmacht. Ebenso durchwandert der Mond von Neumond bis Neumond 13 Sternbilder. In der Zeit, in der der Mond einen Umlauf um die Erde vollendet, hat die Sonne, von der Erde aus gesehen, ebenfalls ein Sternbild durchwandert. Um die Sonne wieder einzuholen, braucht der Mond dann noch etwa 2 1/4 Tage. In dieser Zeit durchwandert der Mond das 13. Sternbild.

Die Zeit von Neumond bis Neumond nennt man einen *synodischen Monat.* Synode heißt soviel wie Zusammenkunft. Hier ist es die Zusammenkunft von Sonne und Mond bei Neumond, die den Anfang eines neuen (synodischen) Monates markiert. Ein synodischer Monat wird auch Lunation genannt, seine durchschnittliche Länge dauert 29 Tage, 12 Stunden, 44 Minuten und 2,8 Sekunden. Der synodische Monat ist auch mit ungeübten Augen leicht zu beobachten.

Der Umlauf des Mondes, gemessen am Fixsternhimmel, wird *siderischer Monat* genannt und ist die Zeitspanne zwischen zwei aufeinanderfolgenden Vorübergängen an demselben Stern (genauer: durch den Stundenkreis desselben Sterns). Er dauert durchschnittlich 27 Tage, 7 Stunden, 43 Minuten und 11,5 Sekunden. Der synodische Umlauf dauert also durchschnittlich etwa 2 Tage und 5 Stunden länger als der siderische Umlauf.

So wie das tropische Jahr gegenüber dem siderischen Jahr etwas kürzer ist, so ist auch der *tropische Monat* etwas kürzer als der siderische Monat. Analog zum tropischen Jahr, das definiert ist als die Zeitspanne von zwei aufeinanderfolgenden Sonnendurchgängen durch den Frühlingspunkt, ist der tropische Monat definiert als die Zeitspanne von zwei aufeinanderfolgenden Monddurchgängen durch den Frühlingspunkt (genauer: durch den Stundenkreis des Frühlingspunktes). Der tropische Monat ist durchschnittlich 6,8 Sekunden kürzer als der siderische Monat. Der tropische Monat dauert somit 27 Tage, 7 Stunden, 43 Minuten und 4,7 Sekunden.

Zur Veranschaulichung des Unterschiedes zwischen dem tropischen und dem synodischen Umlauf des Mondes betrachte man Abb. 22—23 auf Seiten 64 u. 65.

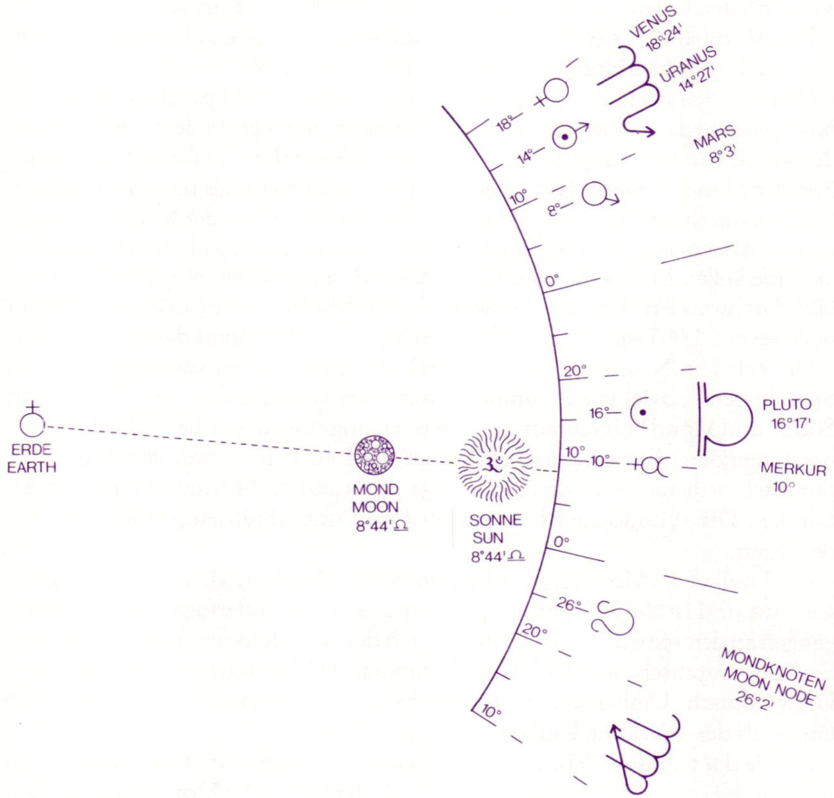

Abb. 22
Neumondstellung am 2.10.1978

Am 2. Oktober 1978 um 6h 41' Weltzeit war im Sternzeichen der Waage bei 8° 44' eine Sonne-Mond-Konjunktion, das heißt: Es war Neumond. Merkur stand nahezu mit Sonne und Mond in Konjunktion. Um 20h 47' Weltzeit des gleichen Tages fand eine Mond-Pluto-Konjunktion statt.

Nach einem tropischen Umlauf passierte der Mond wieder die 8° 44'-Marke in der Waage. Dies war am frühen Nachmittag des 29. Oktobers 1978 der Fall. Die Sonne stand jedoch bereits im Sternzeichen des Skorpions, so daß der Mond noch 2 1/4 Tage in Richtung der Ekliptik weiterwandern mußte, bis er die Sonne wieder erreichte.

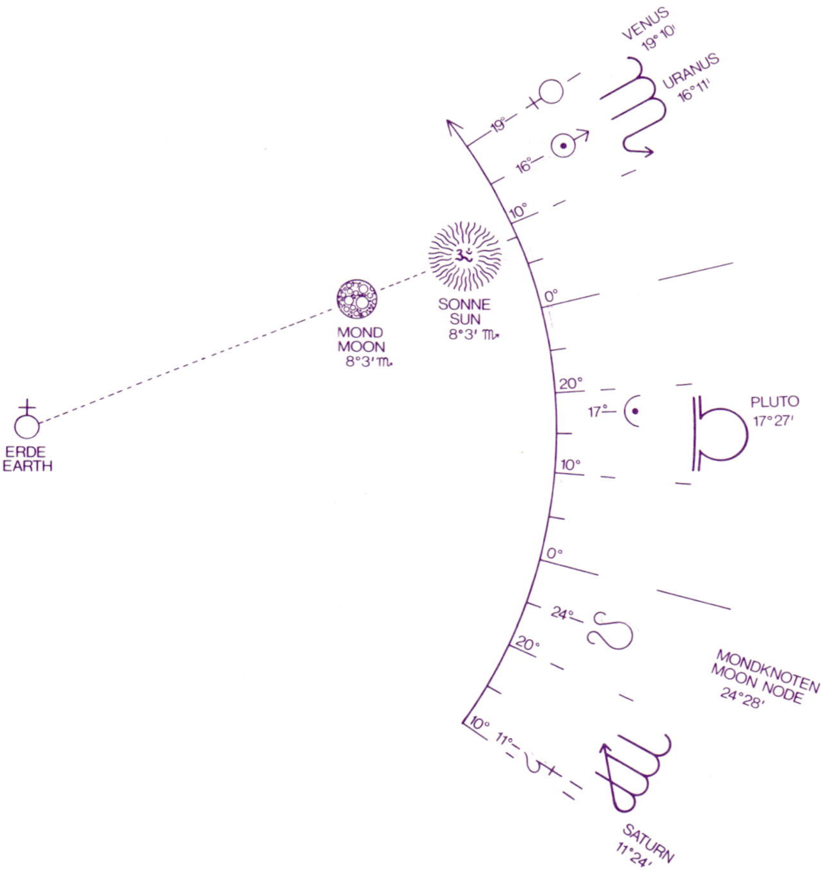

Abb. 23

Am 31. Oktober 1978 um 20h 07' standen Sonne und Mond wieder in Konjunktion, bei 8 ° 03' im Skorpion. Der Mond durchwanderte 13 Sternzeichen, um wieder mit der Sonne in Konjunktion zu sein.

In einem tropischen wie auch in einem siderischen Monat durchwandert der Mond 12 Sternzeichen, in einem synodischen Monat durchwandert der Monat 13 Sternzeichen. Der synodische Monat, die Dauer von einem Neumond bis zum nächsten Neumond, umfaßt etwa 29 1/2 Tage, etwa einen Monat — ursprünglich genau einen Monat, denn das Wort Monat ist von »Mond« abgeleitet.

Die Abbildungen 22 und 23 sind dem Heft »Farbton — Tonfarbe und die kosmische Oktave«, Band 1, entnommen [11, S. 24].

Für die Kalendermacher ist die Tatsache, daß ein Mondjahr von 12 synodischen Monaten nur etwa 354 1/3 Tage hat, während das Sonnenjahr 365 1/2 Tage dauert, eine besondere Herausforderung gewesen. Wie sollte man den Unterschied ausgleichen? Im Jahre 432 v.Chr. entdeckte der griechische Mathematiker Meton, daß 235 synodische Monate fast genau 19 Sonnenjahren entsprechen. Alle 19 Jahre ist auch nach unserem Kalender am gleichen Datum die gleiche Mondphase. Ist jemand zum Beispiel bei Vollmond geboren, so ist an seinem 19. Geburtstag wieder Vollmond. Meton teilte die 19 Jahre, die er mit 6940 Tagen bezifferte, in 235 Monate, die er so einzuteilen wußte, daß sie mit den Mondwechseln übereinstimmten und die Monatsanfänge mit den Neumonden zusammenfielen (genauer: mit den Tagen, wo der Mond als schmale Sichel am Abendhimmel sichtbar wird).

Unter den 19 Jahren eines Schaltkreises waren 7 Schaltjahre, so daß es 12 Jahre mit 12 Monaten und 7 Jahre mit 13 Monaten gab, wobei die Monate 29 oder 30 Tage hatten. Einen verbesserten Zyklus entwarf Kappillus von Kyzikos (330 v.Chr.), indem er im Hinblick darauf, daß Meton seinem Zyklus im Verhältnis zur vorausgesetzten Länge des Jahres von 365 1/4 Tagen 1/4 Tag zuviel gegeben hatte, am Schluß einer 4 mal 19 Jahre umfassenden 76jährigen Periode einen Tag ausfallen ließ. Der hervorragende Astronom Hipparch von Nikäa, der auch die Präzession entdeckte, fand indessen, daß Kappillus das Sonnenjahr immer noch um knapp 5 Minuten zu lang angenommen hatte und faßte daher vier Kappillische Zyklen zu einer Periode von 304 Jahren zusammen, die er dann wieder um einen Tag verkürzte. Der Jahresanfang, der sich nach dem Mond richtete und entsprechend wechselte, pflegte bei den Griechen zwischen Ende Juni und Ende Juli zu schwanken. Der jüdische Kalender wird heute noch nach dem Metonischen Zyklus berechnet; der 19jährige Sonne-Mond-Rhythmus war den Bewohnern Palästinas schon vor den Griechen bekannt.

Der 19jährige Metonische Zyklus ist für Berechnungen von Mondphasen schon recht genau. Zum Vergleich die Dauer von 235 synodischen Monaten und die genauen Längen von 19 siderischen und tropischen Jahren sowie von 254 siderischen und tropischen Monaten. Gleiche Sonnen- und Mondpositionen in Horoskopen zeigen stets eine ganzzahlige Anzahl tropischer Umläufe von Sonne und Mond an. Es sind:

19 Jahre siderisch	6939 Tage, 20 Stunden, 54 Minuten
254 Monate siderisch	6939 Tage, 16 Stunden, 51 Minuten
235 Monate synodisch	6939 Tage, 16 Stunden, 31 Minuten
254 Monate tropisch	6939 Tage, 16 Stunden, 22 Minuten
19 Jahre tropisch	6939 Tage, 14 Stunden, 27 Minuten

Eine besondere Bedeutung für die Erscheinung des Mondes am Himmel hat die rückläufige Bewegung des *Mondknotens*. Die Mondknoten sind die Schnittpunkte der Mondbahn mit der Ekliptik. Die Mondbahn ist etwa um 5 Grad gegenüber der Ekliptik geneigt. So befindet sich der Mond etwa einen halben Monat (in nördlicher Breite) über der Ekliptik und einen halben Monat (in südlicher Breite) unterhalb der Ekliptik.

Während eines siderischen Umlaufes überschreitet der Mond einmal die Ekliptik in süd-nördlicher Richtung beim aufsteigenen Mondknoten, auch *Drachenkopf* genannt, und etwa 14 Tage später umgekehrt in nord-südlicher Richtung beim absteigenden Mondknoten, auch *Drachenschwanz* genannt. Die Mondknoten behalten ihre Lage nicht bei, sondern verschieben sich kontinuierlich in ost-westlicher Richtung auf der Ekliptik. Eine solche Bewegung nennt man eine rückläufige Bewegung. In knapp 19 Jahren (genauer: 18 Jahre, 218 Tage, 21 Stunden und 22 Minuten) umwandern die Mondknoten einmal den ganzen Tierkreis. Die Zeitdauer von einem Durchgang durch den aufsteigenden Mondknoten bis zum darauffolgenden Durchgang durch denselben Mondknoten im Laufe des Mondes nennt man einen *drakonischen Monat*. Wegen der rückläufigen Bewegung des Mondknotens ist der drakonische Monat etwas kürzer als der siderische Monat und zwar durchschnittlich um 2 Stunden und 37 Minuten. Ein drakonischer Monat dauert durchschnittlich 27 Tage, 5 Stunden, 5 Minuten und 35,8 Sekunden.

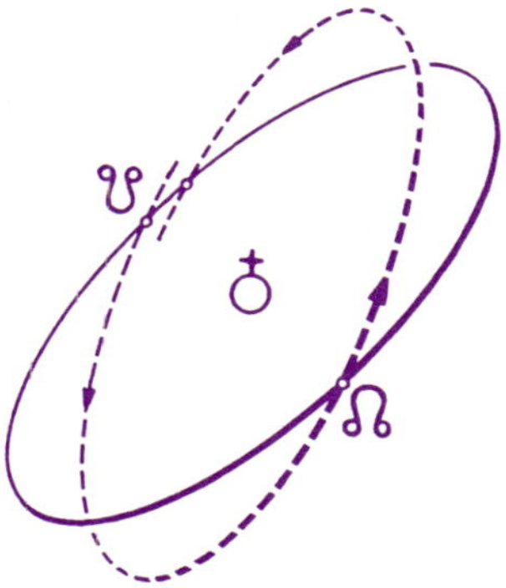

Abb. 24
Die Mondbahn ist um etwa 5 Grad gegenüber der Ekliptik geneigt. Die Schnittpunkte werden als Mondknoten bezeichnet (Ekliptik = ——— und Mondbahn = ------). Die Pfeile bezeichnen die Richtung, in welcher der Mond seine Bahn durchläuft. Die Graphik ist entnommen aus »Rhythmen der Sterne« von Joachim Schulz [52, S. 81].

Der Lage der Mondknoten kommt eine große Bedeutung zu. So finden Sonnen- und Mondfinsternisse immer dann statt, wenn die Sonne, der Mond und die Mondknoten etwa in einer geraden Linie stehen. Ist dies bei Neumond der Fall, so findet eine Sonnenfinsternis statt, ist dies bei Vollmond der Fall, so handelt es sich um eine Mondfinsternis. Ist die Konjunktion von Sonne und Mond bei Neumond direkt bei einem der beiden Mondknoten, dann handelt es sich um eine totale Sonnenfinsternis, ist der Winkelabstand etwas größer, dann tritt eine partielle Sonnenfinsternis ein. Entsprechend verhält es sich mit der Oppositionslinie von Sonne und Mond bei Vollmond und der Entstehung von Mondfinsternissen.

Außer für die Finsternisentstehung haben der Mondknoten und seine Lage noch einen weiteren sehr auffälligen und leicht beobachtbaren Einfluß auf das Erscheinungsbild der Mondbahn. Ist der aufsteigende Mondknoten bei null Grad Widder (d.h. aufsteigender Mondknoten und Frühlingspunkt fallen zusammen), dann erreicht der Mond in seinem monatlichen Lauf die höchste wie auch die tiefste Deklination, die für den Mond überhaupt möglich ist. Durchstößt der Mond nämlich beim Frühlingspunkt in süd-nördlicher Richtung, also aufsteigend, die Ekliptik, dann hat er, wenn er etwa null Grad Krebs erreicht hat, einen nördlichen Abstand von der Ekliptik von etwa 5 Grad (also 5 Grad nördliche Breite). Der Mond steht dann 5 Grad höher am Himmel als die Sonne bei Sommeranfang. Seine Deklination (Abstand von der Äquatorebene) beträgt 23 1/2 + 5 = 28 1/2 Grad.

Nach einer Woche durchstößt der dann absteigende Mond beim Herbstpunkt wieder die Ekliptik (wie auch die Äquatorebene), um eine weitere Woche später bei null Grad Steinbock seinen tiefsten Punkt zu erreichen. Dann hat der Mond 5 Grad südliche Breite, und der Wintersonnenwendpunkt (null Grad Steinbock) hat 23 1/2 Grad südliche Deklination, so daß die südliche Deklination des Mondes 23 1/2 + 5 = 28 1/2 Grad beträgt. Der Mond steht dann 5 Grad tiefer am Himmel als die Sonne in den kürzesten Wintertagen. Vom höchsten bis zum tiefsten Bogen des Mondes ist somit ein Winkel von 2 · 28 1/2 = 57 Grad zu beobachten. (Siehe auch Abb. 25 auf Seite 69, wo die mittlere, die höchste und tiefste Monddeklination zu erkennen sind, sowie auch die Deklinationsschwankung der Sonne dazu im Vergleich.)

Ganz anders verhält es sich, wenn der aufsteigende Mondknoten beim Herbstpunkt (null Grad Waage) angelangt ist. Dann hat nämlich der Mond bei null Grad Steinbock 5 Grad nördliche Breite, und seine Deklination ist 23 1/2 — 5 = 18 1/2 Grad südlich der Äquatorebene. Der absteigende Mondknoten ist dann beim Frühlingspunkt, und wenn der Mond die Null-Grad-Krebs-Marke erreicht, hat er die südliche Breite von 5 Grad, null Grad Krebs jedoch 23 1/2 Grad nördliche Deklination, so daß auch der Mond nur eine Deklination von 23 1/2 — 5 = 18 1/2 Grad hat. Der Mond erreicht die Höhe, die die Sonne im Hochsommer hat, nicht, sein höchster Bogen ist um 5 Grad geringer als derjenige der Son-

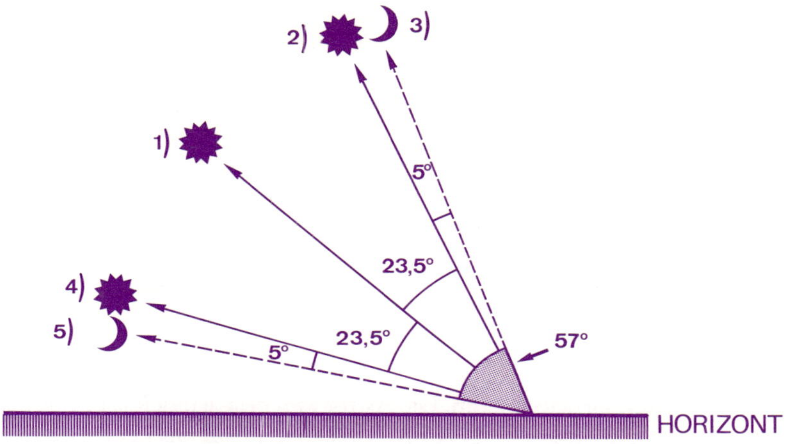

Abb. 25a
Sonnen- und Mondfeld beim aufsteigenden Mondknoten in Konjunktion mit dem Frühlingspunkt. (1) Null Grad Deklination = Sonnenposition bei Frühlings- und Herbstanfang und Mondposition beim Durchgang des Mondes durch die Mondknoten. (2) 23 1/2 Grad nördliche Deklination = Sonnenposition bei der Sommersonnenwende. (3) 28 1/2 Grad nördliche Deklination = Position des Mondes bei etwa null Grad Krebs. (4) 23 1/2 Grad südliche Deklination = Sonnenposition bei Wintersonnenwende. (5) 28 1/2 Grad südliche Deklination = Mondposition bei null Grad Steinbock.

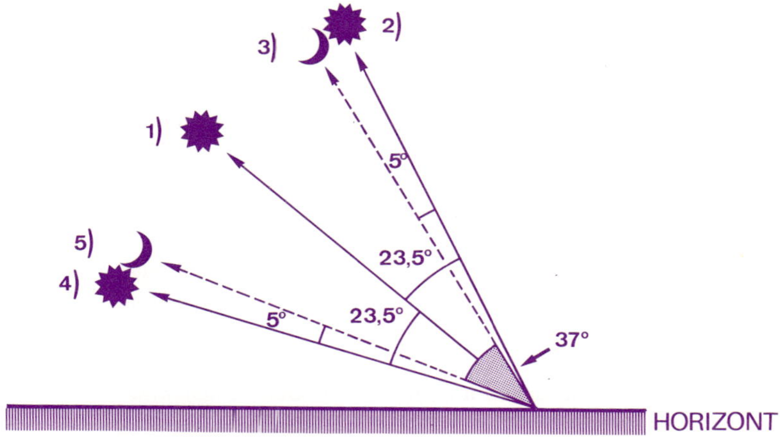

Abb. 25b
Sonnen- und Mondfeld beim absteigenden Mondknoten in Konjunktion mit dem Frühlingspunkt. (1), (2) und (4) wie oben, (3) 18 1/2 Grad nördliche Deklination = Mondposition bei null Grad Krebs. (5) 18 1/2 Grad südliche Deklination = Mondposition bei null Grad Steinbock. Das Mondfeld ist in dieser Situation, wenn der absteigende Mondknoten beim Frühlingspunkt ist, um 20 Grad kleiner, als wenn der aufsteigende Mondknoten beim Frühlingspunkt steht.

ne zur Sommersonnenwendzeit. Vom höchsten zum tiefsten Bogen des Mondes ist dann nur ein Winkel von 2 · 18 1/2 Grad = 37 Grad zu beobachten. Ist der Drachenkopf, der aufsteigende Mondknoten, beim Herbstpunkt, so ist das Feld, das der Mond am Himmel in einem Monat der Deklination nach durchwandert, um 20 Grad geringer, als wenn der Drachenkopf beim Frühlingspunkt steht. Der aufsteigende Mondknoten beim Frühlingspunkt läßt das Geschehen des Mondes am Himmel viel dynamischer erscheinen, als wenn der Drachenkopf beim Herbstpunkt steht, ja es scheint, als würde der Mond richtig aufatmen, wenn der aufsteigende Mondknoten, der Drachenkopf, beim Frühlingspunkt steht. Mit dem Umlauf der Mondknoten verändert sich die Mondbahn ganz wesentlich, und der Winkelunterschied von 20 Grad von einem Extrem zum andern läßt sich sehr gut beobachten. Darum haben die Astrologen schon immer den Mondknoten große Bedeutung beigemessen. Die Astrologen befassen sich ja bekanntlich mit der Auswirkung astronomischer Konstellationen auf das Leben auf dieser Erde. Eine solch gewaltige Veränderung der Mondbahn muß auf dieser Erde ihre Auswirkungen zeigen, und diese zu erforschen ist Aufgabe der Astrologen.

Doch für die Astronomen, die genau beobachten, wird das Pendeln der Mondbahn auch an anderer Stelle noch deutlich sichtbar. Die Erde verändert nämlich im gleichen Rhythmus, wie der Mondknoten durch die Ekliptik schreitet, ihre Lage durch die unterschiedliche Wechselwirkung der Gravitationskräfte zwischen Mond und Erde: Der Himmelspol vollzieht bei seinem kaum merklichen Fortschreiten im platonischen Jahr ein kleines Nicken in Form einer Wellenlinie in der Periode von einem Umlauf der Mondknoten. Die Amplitude dieser Welle beträgt 18 Bogensekunden. Sie ist stets auf den Ekliptikpol gerichtet und rührt von der Veränderung der Lage der Erdachse her. Darum nennt man die Umlaufzeit der Mondknoten auch Nutationsperiode (von lat. *nutatio* = Schwankung).

DIE ENTFERNUNGSWERTE DES MONDES

Die Bahn des Mondes ist nicht kreisförmig, sondern elliptisch; die Erde befindet sich in einem Brennpunkt dieser Ellipse. Dadurch ist der Mond manchmal näher an der Erde und manchmal weiter weg. Der Unterschied der geringsten und der größten Entfernung macht über zehn Prozent seiner mittleren Entfernung aus. Den erdnächsten Punkt der Mondbahn nennt man *Perigäum*, den erdfernsten Punkt nennt man *Apogäum*. Diese beiden Punkte liegen auf der großen Achse der Ellipse der Mondbahn. Diese Achse nennt man auch Apsidenlinie; sie steht nicht still, sondern führt in 9 Jahren (genauer: 8 Jahre und 310 3/4 Tage) einen Umlauf in der Ekliptik aus. Die Zeit von einem Durchgang des Mondes durch das Perigäum bis zum nächsten nennt man einen *anomalistischen Monat*. Der anomalistische Monat dauert durchschnittlich 27 Tage, 13 Stunden, 18 Minuten und 33,1 Sekunden. Die Apsidenorte Perigäum (Erdnähe) und Apogäum (Erdferne) haben für das Aussehen einer Sonnenfinsternis eine große Bedeutung. Findet eine totale Sonnenfinsternis beim Perigäum statt, dann ist der Mond erdennah und sein scheinbarer Durchmesser ist etwas größer als derjenige der Sonne, es kommt zur totalen Verfinsterung, die Sonne ist dann überhaupt nicht sichtbar. Beim Apogäum gibt es keine totale Sonnenfinsternis, sondern nur eine ringförmige, weil dann der Mond erdfern ist und sein scheinbarer Durchmesser etwas kleiner ist als derjenige der Sonne. Dann ist um den Mond, der sich genau vor der Sonne befindet (zwischen Sonne und Erde) und einen Großteil der Sonne verdeckt, ein kleiner Rand der Sonnenscheibe zu sehen, der aussieht wie ein heller Ring, der den Mond umrandet.

Sonnenfinsternisse und Mondfinsternisse sind wohl die spektakulärsten Himmelserscheinungen. Gleichartige Finsternisse kehren in regelmäßigen Abständen wieder. Diese lassen sich mittels der Sarosperiode, wie man die Finsternisperiode allgemein nennt, ausrechnen. Die Sarosperiode, die im Altertum schon den Chinesen und Chaldäern bekannt war, umfaßt einen Zeitraum von 18 Jahren, 10 Tagen, 7 Stunden, 42 Minuten und 25 Sekunden, was genau 223 synodischen Mondumläufen gleichkommt. Die Länge der Sarosperiode ist bestimmt durch den Einklang von Sonnen- und Mondrhythmus im Verhältnis zu den Mondknoten- und Apsidenumläufen. Dies ist aus der folgenden Zusammenstellung leicht ersichtlich, wobei dem Gleichklang von drakonischen und synodischen Mondumläufen die ausschlaggebende Bedeutung zukommt.

1 Sarosperiode	6585 Tage 7 Stunden 42 Minuten
19 drakonische Sonnenumläufe	6585 Tage 18 Stunden 43 Minuten
242 drakonische Mondumläufe	6585 Tage 8 Stunden 34 Minuten
223 synodische Mondumläufe	6585 Tage 7 Stunden 42 Minuten
239 anomalistische Mondumläufe	6585 Tage 12 Stunden 54 Minuten

DIE KULMINATIONSPERIODE DES MONDES

Die Kulminationen des Mondes sind ein sehr eigener und biologisch wirksamer Mondrhythmus. Der Mond geht täglich um durchschnittlich 50 Minuten später auf als am Vortag; und so durchwandert der Mond auch täglich seine Kulmination (höchster Punkt seiner täglichen Erscheinung am Himmel) etwa 50 Minuten später als am jeweiligen Vortag. Dies läßt sich sehr leicht beobachten, auch von astronomischen Laien. Der Kulminationsrhythmus wird errechnet aus der siderischen Umlaufzeit des Mondes und der wahren Rotationszeit der Erde. Von einer Mondkulmination zur nächsten sind es durchschnittlich genau 24 Stunden, 50 Minuten und 28,33 Sekunden.

Die Position des Mondes verursacht nicht nur die Gezeiten des Meeres, sondern wirkt auch stark auf alles biologische Leben. Besonders die Untersuchungen der Max-Planck-Gesellschaft für Verhaltensforschung, unter der Leitung von Dr. Jürgen Aschoff, in den unterirdischen Bunkern bei Andechs (Oberbayern) zeigten deutlich die Wirkungen des Mondstandes auf die Rhythmen der Menschen. So konnte eindeutig ein etwa 25 Stunden langer Rhythmus beobachtet werden, auf den sich Menschen einstimmen, wenn sie von allen anderen beobachtbaren Rhythmen, wie Tag und Nacht, abgetrennt werden.

Vom Klang des Mondes

Die Rhythmen des Mondes sind recht zahlreich, so daß man eine ganze Reihe von Mondschwingungen wahrnehmen kann. Es sind dies:

— die *Kulminationsperiode* des Mondes, die Zeitspanne von einer Kulmination (Meridiandurchgang) des Mondes bis zur nächsten;

— der *synodische Monat*, die durchschnittliche Zeitspanne von einem Neumond bis zum nächsten Neumond oder von einem Vollmond bis zum nächsten Vollmond;

— der *siderische Monat*, die durchschnittliche Zeitspanne eines Umlaufes des Mondes um die Erde, gemessen am Fixsternhimmel;

— die *Rotation des Mondes*, die Drehung des Mondes um die eigene Achse, die bekanntlich durch die Gravitationswechselwirkung mit der Erde an die Umlaufzeit gebunden ist, sie heißt darum auch gebundene Rotation;

— der *tropische Monat*, die durchschnittliche Zeitspanne von einem Durchgang des Mondes durch die ekliptikale Länge des Frühlingspunktes bis zum nächsten;

— der *drakonische Monat*, die durchschnittliche Zeitspanne von einem Durchgang des Mondes bis zum darauffolgenden durch den aufsteigenden Mondknoten (Schnittpunkt der Mondbahn mit der Ekliptik);

— der *anomalistische Monat*, die durchschnittliche Zeitspanne von einem Durchgang des Mondes bis zum darauffolgenden durch das Perigäum (erdnächster Punkt der Mondbahn);

— die *Metonische Periode*, die Dauer von 235 synodischen Monaten, gleich 19 Jahren, nach denen Sonne und Mond am gleichen Datum wieder den gleichen Aspekt bilden;

— der *Knotenumlauf*, die Dauer eines Umlaufes der Mondknoten (Schnittpunkte der Mondbahn mit der Ekliptik) durch die Ekliptik;

— der *Apsidenumlauf*, die Dauer eines Umlaufes von Perigäum (erdnächster Punkt der Mondbahn) und Apogäum (erdfernster Punkt der Mondbahn) durch die Ekliptik;

— die *Sarosperiode*, die Finsternisperiode, die der Dauer von 223 synodischen Mondumläufen entspricht.

Die Perioden der Rhythmen des Mondes dauern durchschnittlich wie folgt:

Kulminationsperiode	0 Tage	24 Stunden	50 Minuten	28,3 Sekunden
Synodischer Monat	29 Tage	12 Stunden	44 Minuten	2,8 Sekunden
Siderischer Monat	27 Tage	7 Stunden	43 Minuten	11,5 Sekunden
Rotation des Mondes	27 Tage	7 Stunden	43 Minuten	11,5 Sekunden
Tropischer Monat	27 Tage	7 Stunden	43 Minuten	4,7 Sekunden
Drakonischer Monat	27 Tage	5 Stunden	5 Minuten	35,8 Sekunden
Anomalist. Monat	27 Tage	13 Stunden	18 Minuten	33,1 Sekunden
Metonische Periode	6939 Tage	16 Stunden	30 Minuten	58 Sekunden
Sarosperiode	6585 Tage	7 Stunden	42 Minuten	24,4 Sekunden
Knotenumlauf	6793 Tage	9 Stunden	29 Minuten	
Apsidenumlauf	3232 Tage	16 Stunden	27 Minuten	

In den hörbaren Bereich oktaviert ergibt das folgendes Klangbild:

Art der Periode	*Oktavzahl*	*Frequenz*	*Tonbezeichnung*
Kulminationsperiode	24	187,61 Hz	Fis oder G
Synodischer Monat	29	210,42 Hz	Gis oder A
Siderischer Monat	29	227,43 Hz	B (Ais)
Rotation des Mondes	29	227,43 Hz	B (Ais)
Tropischer Monat	29	227,43 Hz	B (Ais)
Drakonischer Monat	29	228,35 Hz	B (Ais)
Anomalistischer Monat	29	225,51 Hz	B (Ais)
Metonische Periode	37	229,22 Hz	B (Ais)
Sarosperiode	37	241,56 Hz	H
Knotenumlauf	37	234,16 Hz	B (Ais)
Apsidenumlauf	36	246,04 Hz	H

Die Tonbezeichnung ist abhängig von der Frequenz des Kammertones. Wie wir bereits wissen, ist heute im allgemeinen ein Kammerton von etwa 440 Hz gebräuchlich, doch viele Orchester stimmen den Klangkörper höher ein, andere etwas tiefer. Steht also in der Spalte unter »Tonbezeichnung« Fis oder G, so bedeutet das, daß bei höherer Wahl des Kammertones diese Frequenz einem Fis entspricht, bei einem etwas niedrigeren Kammerton jedoch einem G.

Farblich erscheinen die Schwingungen des Mondes im Orangerot-, im Gelborange- und im Gelbgrün-Bereich. Die Kulminationsperiode führt zu Orangerot, einer Farbe, die nicht weit entfernt ist von der Farbe des Tages, jedoch noch etwas mehr zum Spektralrot tendiert. Die Wellenlänge dieser Farbe beträgt 726 Nanometer. Die Wellenlänge der Farbe des synodischen Monats hat 648 Nanometer, auch diese Farbe liegt im Orangerot-Bereich, tendiert jedoch schon mehr zum Orange als die Farbe der Kulminationsperiode.

Alle Perioden, die im Tonbereich bei einem B (Ais) liegen, entsprechen im Farbbereich einem Gelborange, wobei der Knotenumlauf am dichtesten beim Gelb liegt, die entsprechende Wellenlänge hat 582 Nanometer; der reine Gelbton wird bei 575 Nanometer gesehen. Die Wellenlänge der Farbe des siderischen Monats, die gleich ist mit jener der Rotationszeit wie auch des tropischen Monats, hat 559 Nanometer. Diese Wellenlänge ist schon als kräftiges Orange zu sehen, der Gelbanteil ist wesentlich schwächer als beim Knotenumlauf.

Sarosperiode und Apsidenumlauf sind im Gelbgrünbereich angesiedelt. Die zugehörigen Wellenlängen sind: Sarosperiode 565 Nanometer, Apsidenumlauf 554 Nanometer. Die Sarosperiode ist somit noch gelblicher als der Apsidenumlauf.

Ostern und der Mond

Der Mond ist der Erde nächster Himmelskörper, er ist wegen seiner sich ständig verändernden Form das Symbol der Wandlung und Unbeständigkeit. Allmonatlich zieht er seine Bahn am Himmelsgewölbe und zeigt uns durch seine Lage und Gestalt das Maß der Zeit an. Im Winter, wenn es auf Vollmond zugeht, steht der Mond hoch am Himmel, wie die Sonne in den wärmsten Junitagen; im Sommer hingegen ist der Vollmond dicht über dem Südhorizont zu sehen. Die Rhythmen des Mondes beeinflussen nicht nur Ebbe und Flut, die Gezeiten der Meere, sondern auch manch andere Gezeiten auf dieser Erde, vor allem solche von biologischer Natur. Den Frauen ist das mehr bewußt als den Männern, denn die Periode der Frauen, die Menstruation (von lat. *mensis* = Monat) zeigt regelmäßig das Zeitmaß im Rhythmus ihrer Empfänglichkeit.

Diese direkten Erfahrungen von Empfänglichkeit und Zeugung waren ausschlaggebend für die zeitliche Festlegung der Feiertage in den alten Kulturen, denn die Vereinigung von Mann und Frau im Liebesakt ist die höchste Ekstase menschlichen Daseins, und kein Mensch wäre lebendig ohne diesen feierlichen Akt!

Da die Frau, wenn sie nicht oft und lange künstlichem Licht ausgesetzt ist, zumeist gegen Vollmond empfänglich ist, feierte man am Vollmond, denn Vollmond bedeutet Steigerung der Lust und der Ekstase; die Rituale und Zeremonien beleben und fördern noch diese Energien. So feiern die Inder das Holifest im Monat Caitra — am gleichen Tag wie die Juden ihr Passahfest, am 14. des Monats Nissan, dem Vollmond nach Frühlingsanfang, das heißt am Frühlingsvollmond. Das höchste Fest der Christenheit, das Fest der Auferstehung, Ostern, wird jedoch in der weströmischen katholischen Kirche wie auch bei den reformierten und protestantischen Christen stets bei abnehmendem Mond gefeiert, denn im Jahre 325 auf dem Konzil von Nikäa wurde beschlossen, daß Ostern am ersten Sonntag nach dem Frühlingsvollmond (erster Vollmond nach dem 21. März) zu feiern sei. Fällt also zum Beispiel der Frühlingsvollmond auf den 20. März, so wird Ostern erst Ende April gefeiert, das heißt über einen Monat zu spät! Weiter wurde auf dem Konzil beschlossen: Wenn der Frühlingsvollmond auf einen Sonntag fällt, dann ist Ostern eine Woche später zu feiern, damit man nicht am gleichen Tag wie die Juden feiern muß, denn die Juden feiern ihr Passahfest am Frühlingsvollmond — und diese Regel gilt auch bis zum heutigen Tag. Diese Osterregelung hat einige schwerwiegende Folgen für die katholische und protestantische Christenheit mit sich gebracht. Zum besseren Verständnis dieser gravierenden Folgen zuvor ein paar interessante kulturhistorische Zusammenhänge.

Der Missionar Columba — heute als heiliger Columban bekannt — entstammt dem keltischen Kulturkreis. Erzogen in der beeindruckenden Einsamkeit Irlands, zwischen Meer und Fels, inmitten der Mysterien der Weisen, zieht er als Verkünder des Heils mit einer Schar Brüder nach dem Festland. Er findet Europa erschüttert von den blutigen Familienfehden der Merowinger, vom Kampf um die Macht der Krone, vom intriganten Diplomatenspiel Gregors des Großen um Roms Weltgeltung. Den glanzvollen, gewalttätigen Höfen weltlicher und geistlicher Herrscher stellt Columba den entsagenden Opferwillen, die Verinnerlichung und Strenge des irischen Mönchstums entgegen. Durch ihn entstehen eine Reihe später hochberühmter Klöster wie Luxeuil, Anegray, Bobbio und St. Gallen, eine Gründung seines Begleiters Gallus. Höher als die Macht und Tradition stellt er die letzte Wahrheit, die göttliche Ordnung der Natur.

Der Iren größtes, heiligstes Fest ist Ostern. Die Auferstehung Christi ist erfüllt vom göttlichen Licht. Zum Kosmos, dem Urquell allen Lichtes, wendet der Mönch den fragenden Sinn, wenn er den richtigen Tag für diese Feier bestimmen will. Die Sonne geht durch die Himmelsschrift des Widders, der Frühling hat begonnen, die Sonne strahlt aus dem Lamme! Die Tageshelligkeit überwiegt jetzt im Jahresbogen, doch kann die Erde auch bei Nacht erschimmern. Es wächst die Mondenschale, sie wird zum Sonnenlichtträger. Im Westen sinkt in Rot und Gold das Tagesgestirn: zur selben Stunde flammt am Osthimmel der Vollmond empor. Lichtbespült ist die Erde nun im ganzen Umkreis. Es ist Ostern!

> Eine Woche ist verflossen seit dem ersten Osterfeste, das die irischen Mönche in Gallien bei Vollmond begingen, der auf einen Sonntag fiel. Gallus, der hellblonde irische Königssohn, Columbas Schüler, hatte seither predigend das Land durchwandert. Jetzt war er zurückgekehrt. Regungslos und düster stand er im fallenden Dunkel der Nacht. Er schaute stumm nach Osten. Finsternis lagerte auf den Wäldern, die Sterne bleichten. Stunde um Stunde versank. Noch ging der Mond nicht auf. Endlich erschien er schmal über den Hügeln. Ein wildes Wort entrang sich des Jünglings Lippen. Er klopfte an Columbas Zelle.
>
> »Mein Vater, ich muß dir's sagen: Heute erst feiern sie im Frankenlande das Osterfest.«
>
> »Gallus, ich weiß!«
>
> »Mein Vater«, brach Gallus lodernd hervor, »es ist ein Sakrilegium! Mehr

denn die halbe Nacht hindurch dauerte die glanzlose Schwärze, die sich zwischen dem Untergang der Sonne und dem Aufgang des Mondes stemmte als finsterer Keil. Diese Nacht ist außerhalb des Lichtes.«

»Die Menschen verstehen die Sternenschrift nicht mehr!«

»Sie vermeinen den Sieg des Lichtes feiern zu können während der Herrschaft der Dunkelheit: sie freveln!«

(Zitat nach Maria Schindler aus »Columba« [50, S. 64 f].

Der Streit um den Ostertermin zwischen den irischen Mönchen und der römisch-katholischen Kirche dauerte Jahrhunderte, doch mit der Zeit behielt Rom die Oberhand, die Päpste setzten sich einfach autoritär durch, ohne auf das eigentliche Thema einzugehen.

DIE FOLGEN DES FALSCHEN OSTERTERMINS ODER DER MOND UND DIE SEXUALITÄT

Wie anfangs schon erwähnt, beeinflußt der Mond die Sexualität, das Geschlechtsleben und alle Regungen, die damit zusammenhängen, außerordentlich stark. Vollmondmeditationen sind die ekstatischsten!

Dynamische Tanzmeditationen in Vollmondnächten wirken belebend und fördern das Gemeinschaftsgefühl. Die sexuelle Energie entfaltet sich und erweckt die inneren Lebensgeister — das Meditationsritual kann sich zu einem überschäumenden ekstatischen Fest entfalten.

Die Auswirkung von Meditationen an bestimmten astronomisch-astrologischen Konstellationen kann man deutlich in der Entfaltung der christlichen Kirchen sehen. Die höchste christliche Meditation ist das Fest der Auferstehung, Ostern. Durch die Regel des Konzils zu Nikäa wird in der westlichen christlichen Kirche stets bei abnehmendem Mond gefeiert, astrologisch zu einer Zeit der Minderung der sexuellen und vitalen Energien. Auf die Dauer hatte das seine zwingenden Folgen: den Zölibat — denn die natürlichen Sternenrhythmen prägten auch weiterhin die Zeremonien und ihre Auswirkungen auf die katholische Kirche, ungeachtet ihrer eigenwilligen Beschlüsse auf dem Konzil zu Nikäa. Der katholische Klerus durfte sich nicht mehr vermählen und keine Kinder mehr zeugen. Er war vom schönsten Ritual, dem lebensspendenden Fest der Liebe, ausgeschlossen worden. Bezeichnenderweise wurde dem Klerus dafür eine Tonsur vorgeschrieben, das heißt, sie wurden am Kopf beschnitten und der urwüchsigen Kraft der Haare beraubt. Haben wohl die Päpste die Geschichte vom langhaarigen Samson im alten Testament nicht gelesen? — Steht doch selbst in der Heiligen Schrift der Christen eine Lobpreisung der Kraft in den Haaren, die verlorenging, als dem Samson dieselben abgeschnitten wurden, und sich erst wieder entfalten konnte, als seine Haare wieder sprossen.

Vom Mond und von der Mala

Nach der christlichen Kalenderrechnung feiern die Inder ihre Feste jedes Jahr an einem andern Datum, doch nach dem indischen Mondjahr werden die Feste stets am gleichen Kalendertag gefeiert. Das Holifest, ein ekstatisches Frühlingsfest, wird stets am Frühlingsvollmond gefeiert. Auch das Fest *Guru Purnima* wird stets bei Vollmond gefeiert. Guru Purnima ist der Tag, an dem die Jünger (Shelas, Sannyasins) ihren Meister (Guru) feiern, und dies zum Zeitpunkt, wo die Sonne im Hochsommer im Zeichen des Krebses steht und der Mond im Steinbock. Die Sonne, der Lichtbringer, steht hoch am Himmel und entspricht der Position des Meisters, und der Mond, der das Sonnenlicht widerspiegelt, steht niedrig am Himmel. Er repräsentiert die Schüler oder auch das Volk, das zum Meister hinaufschaut. Die Schüler bekommen von ihrem Meister bei der Aufnahme in die geistige Gemeinschaft eine *Mala* (wie auch die Buddhisten). Eine Mala ist so etwas wie ein Rosenkranz, eine Gebetskette. Die indische wie auch die buddhistische Mala besitzt 108 Perlen. Die Zahl 108 hat eine enge Verwandtschaft zum Mond und zeigt deutlich den Zusammenhang von religiösen Riten und dem Lauf des Mondes. So wie der Mond das Licht der Sonne empfängt und widerspiegelt, so empfängt der Schüler mit der Mala den Segen des Meisters.

In der indischen Astrologie wird der Tierkreis in 108 Mondstationen aufgeteilt. Diese Mondstationen werden *Navamsa* genannt. Ein Navamsa umfaßt einen Winkel von 3 Grad und 20 Bogenminuten, was genau dem 108ten Teil des ganzen Kreises gleichkommt. Die Mondstationen haben eine besondere Bedeutung für die Partnerwahl. Jede Perle der Mala entspricht einer Mondstation, einem Navamsa. In 6 Stunden durchwandert der Mond ein Navamsa, an einem Tag durchwandert er deren 4. Eine Mala mit 108 Perlen kann also zum Abzählen der Mondstationen verwendet werden. Die Mala hat nicht nur symbolische Bedeutung, sondern kann als astronomisches Arbeitsinstrument und astrologisches Werkzeug dienen.

Die Zahl 108 ist ein grundlegendes Element im kosmischen Zahlenkanon. Maß und Zahl bestimmen den Lauf der Dinge, in der Astronomie wie in der Physik oder in der Chemie. Wer eine Mala hat und sich auf die 108 einstimmt, der ist im Einklang mit dem Lauf der Dinge. Die Tabellen auf den folgenden Seiten mögen einen kleinen Einblick in den kosmischen Zahlenkanon geben.

Der Mond wird in der Alchemie und in der Astrologie stets dem Silber zugeordnet, und das Element Silber hat das Atomgewicht 108! Bemerkenswert ist auch, daß das Verhältnis von synodischem Monat (Vollmond bis Vollmond) zum siderischen Monat (Umlauf des Mondes um die Erde) ziemlich genau 100 zu 108 beträgt. Wenn der Mond 100mal in Opposition zur Sonne stand (Vollmond), dann hat der Mond die Erde 108mal umkreist. Das genaue Verhältnis von synodischem zu siderischem Monat ist 100 : 108,0848. Die Beziehungen des Mondes zur Zahl 108 sind wahrlich vielfältiger Natur.

1·108 =	108	— Anzahl der Perlen der Mala
		— Anzahl der Mondstationen im indischen Horoskop (108 Navamsas)
		— Atomgewicht des Silbers, des Elementes, das dem Mond zugeordnet ist
		— Frequenz des Tones A (2 Oktaven unterhalb des früheren englischen Kammertones a' mit 432 Hz, stimmt chromatisch mit Erdenjahrestonskala überein)
10·108 =	1 080	— Anzahl der Meilen des Mondradius
100·108 =	10 800	— Anzahl der Strophen (Stanzas) in den Veden (Rigveda)
1 000·108 =	108 000	— Anzahl der Jahre, die eine Kaliyuga-Jahreszeit dauert (1/4 eines Kaliyuga)
		— Anzahl der Bogensekunden eines Sternzeichens (30·60·60 = 108 000)
1 000 000·108 =	108 000 000	— Anzahl der Remen (ägyptisches Einheitsmaß), die die Länge des Äquatorumfanges der Erde ausmachen

Wie in Kapitel 1 »Die Gliederung von Raum und Zeit« gezeigt wurde, sind die Zahlen 720 und 1440 Schlüsselzahlen im alten Maßsystem. Die Zahl 108 ist ebenfalls eine solche Schlüsselzahl. Die kleinste Zahl, die durch 720, 1440 und 108 ohne Rest geteilt werden kann, ist 4 320, denn es ist

$$4320 : 720 = 6$$
$$4320 : 108 = 40$$

Die Zahl 4 320 und ihr Vielfaches sind ganz elementare Zahlen und können in vielen Mythen, Religionsbüchern und Maßsystemen nachgewiesen werden. So dauern die indischen Zeitalter:

Kali Yuga	432 000 Jahre =	4 000·108 =	600·720
Dvapara Yuga	864 000 Jahre =	8 000·108 =	1 200·720
Treta Yuga	1 296 000 Jahre =	12 000·108 =	1 800·720
Krita Yuga	1 728 000 Jahre =	16 000·108 =	2 400·720
Maha Yuga	4 320 000 Jahre =	40 000·108 =	6 000·720

4320 :	40 =	108	— Anzahl der Perlen der Mala
:	10 =	432	— Frequenz des früheren englischen Kammertones a'
:	2 =	2160	— Anzahl der Meilen des Monddurchmessers
4320 ·	5 =	21600	— Anzahl der Bogenminuten im Kreis
·	6 =	25920	— Anzahl der Jahre eines plat. Jahres
·	20 =	86400	— Anzahl der Minuten eines Tages
·	25 =	108000	— Anzahl der Bogensekunden eines Sternzeichens
·	55 =	237600	— Anzahl der Meilen des mittleren Abstandes von Erde und Mond
·	100 =	432000	— Anzahl der Jahre eines Kali Yuga
			— Anzahl der Silben im Rigveda
			— Anzahl der Jahre eines babylonischen Jahres
			— Zahl der gefallenen Krieger, die die Walküren zur Walhalla brachten
			— Radius der Sonne in Meilen
·	200 =	864000	— Anzahl der Jahre eines Dvapara Yuga
			— Anzahl der Meilen des Sonnendurchmessers
·	300 =	1296000	— Anzahl der Jahre eines Treta Yuga
			— Anzahl der Bogensekunden im Kreis
·	400 =	1728000	— Anzahl der Jahre eines Krita Yuga
·	1000 =	4320000	— Anzahl der Jahre eines Maha Yuga
·	20000 =	86400000	— Anzahl der Ellen (griech.), die die Länge des Erdäquators ausmachen
·	30000 =	129600000	— Anzahl der Fuß (griechische), die die Länge des Erdäquators ausmachen
·	1000000 =	4320000000	— Anzahl der Jahre eines indischen Kalpa (ein Tag Brahmas)

Diese Liste ist bei weitem nicht vollständig, sie gewährt nur einen Einblick in die Systematik der alten Maß- und Zahlsysteme. In den verschiedensten Kulturbereichen auf der ganzen Erde wurden jene kosmischen integralen Maße verwendet, denn der Zahlenschlüssel ist arithmetisch für den Raum wie für die Zeit kompatibel. Die Mala mit den 108 Perlen ist ein Glied in der kosmischen Kette dieser universellen Zahlenverknüpfung.

Der Leser möge mir an dieser Stelle eine persönliche Anmerkung gestatten: Die Vorläufer dieses Buches waren die Hefte »Farbton — Tonfarbe und die Kosmische Oktave« [11 und 12], die zuerst in kleinen Auflagen, fotokopiert, herausgekommen sind und in erster Linie für den engeren Freundeskreis bestimmt waren. Das Vorwort der allerersten Ausgabe des ersten Heftes lautet wörtlich:

Eine
astronomische,
mathematische,
musikalische
Betrachtung einer seligen Vision,
erschaut durch die 108 Perlen
der Kette der Harmonie, die unser
Sonnensystem zum Schwingen bringt.
Einige dieser Perlen werden in dieser
Schrift vorgestellt und erläutert.

Die selige Vision, erschaut am 2. Oktober 1978, beschrieben auf Seite 27 dieses Buches, war der Grundstein dieser Arbeit. Es war dies der erste Tag in meinem Leben, an dem ich eine Mala mit 108 Perlen trug, und sie wirkte durch ihr Schwingungsmuster — denn die ganzen Zusammenhänge waren mir damals noch unbekannt. Die Resonanz der 108 Perlen war jedoch wie ein Verstärker, und ich wurde der kosmischen Harmonie gewahr, sah das Oktavgesetz und hörte die Sphärenklänge. Die Jahre der Forschung und Anschauung, die diesem Erlebnis folgten, zeigten immer mehr den inneren Zusammenhang der 108 Perlen der Mala und die dieser Zahl innewohnende kosmische Beziehung.

In 4 Minuten (= 240 Sekunden) dreht sich die Erde um 1 Grad; ein Ton A, der 108mal in der Sekunde hin- und herschwingt, schwingt in 4 Minuten 25 920mal hin und her, das ist gleich der Zahl der Atemzüge des Menschen an einem Tag oder gleich der Zahl der Jahre eines platonischen Jahres.

Ein gesunder Mensch atmet 18mal pro Minuten ein und aus, das entspricht einer Atemfrequenz von 18 : 60 = 0,3 Hz. Der Puls des Menschen beträgt, wie an jedem Spitalbett nachzulesen ist, 72 Schläge pro Minute, das ist gleich der Frequenz 72 : 60 = 1,2 Hz. Es gelten darum folgende Beziehungen:

der Atem (0,3 Hz) verhält sich zu einem A (108 Hz) wie 1 zu 360
der Puls (1,2 Hz) verhält sich zu einem A (108 Hz) wie 1 zu 90

Es fällt sofort auf, daß 360 die Zahl des Kreises ist, 90 die Zahl der Grade des rechten Winkels. Atem und Puls verhalten sich wie 1 : 4. Bei der Rotation der Erde verhält sich das Grad des Kreises zur Zeitminute ebenfalls wie 1 : 4, denn in 4 Minuten dreht sich die Erde um 1 Grad.

Es sei hier noch eine weitere Beziehung angeführt, die deutlich zeigt, wie der Mikrokosmos ein Spiegel des Makrokosmos ist. Ein Finsterniszyklus, eine sogenannte Sarosperiode, dauert 18 Jahre. Ein platonisches Jahr, die Dauer der Präzession, dauert 25 920 Jahre. In einem platonischen Jahr gibt es somit 25 920 : 18

= 1 440 Sarosperioden. Das ist gleich der Zahl der Minuten des Erdentages. Es gilt darum folgende erstaunliche Beziehung:

platonisches Jahr : Sarosperiode : Jahr = Tag : Minute : Atemzug = 25 920 : 18 : 1

Die Werte der folgenden Tonleiter basieren auf einem A mit 108 Hz, die Intervalle sind diatonisch nach dem Gesetz der Obertonreihe aufgebaut. Zum Vergleich sind einige *Atmospherics*-Frequenzen (5 Oktaven unter dem wahren Schwingungswert in den hörbaren Bereich oktaviert) aufgelistet. (Vergleiche auch Kapitel 3, Seite 38 f, sowie die Tabellen im wissenschaftlichen Anhang auf Seite 199.) Ebenso sind die Schwingungen des Tages, des Jahres sowie des platonischen Jahres aufgeführt. Der Übereinstimmung mit physikalisch meßbaren Frequenzen ist außerordentlich hoch.

Tonbezeichnung	*Frequenz*	*Intervallfaktor*	*Sphericsfrequenz*	*Frequenzen der Erdrhythmen*
A	108	1		
Ais	112,5	25/24		
H	121,5	9/8		
c	129,6	6/5	129,71	
cis	135	5/4		136,1 Jahreston
d	144	4/3		
dis	150	25/18		
e	162	3/2		
f	172,8	8/5		172,06 platon. Jahr
fis	180	5/3		
g	194,4	9/5	194,57	194,18 mittlerer Tag 194,71 sider. Tag
gis	202,5	15/8		
a	216	2		
ais	225	25/12		
h	243	9/4		
c'	259,2	12/5	259,41	
cis'	270	5/2		272,2 Jahreston
d'	288	8/3		
dis'	300	25/9		
e'	324	3	328,28	
f'	345,6	16/5		344,12 platon. Jahr
fis'	360	10/3		
g'	388,8	18/5	389,14	388,36 mittlerer Tag 389,42 sider. Tag
gis'	405	15/4		
a'	432			

Kapitel 6

Von den Maßen der Cheopspyramide und der Kathedrale von Chartres

Es gibt eine Menge Literatur über die großen Pyramiden in Ägypten, insbesondere über die in ihre Architektur verwobenen Geheimnisse. Die folgenden Angaben über die Cheopspyramide sind weder vollständig noch ausschließlich, das heißt, es gibt gewiß auch noch andere Bezugssysteme, aus denen die Pyramidenmaße und -proportionen hergeleitet und gedeutet werden können, doch eben gerade dies macht die Cheopspyramide zu einem so interessanten und universellen Gebäude. Es sei vorweg erwähnt, daß die Cheopspyramide in den letzten Jahrtausenden gelitten hat, durch die Witterung einerseits, durch die Menschen andererseits. Sie ist heute etwas kleiner, als sie ursprünglich war, die obersten Schichten fehlen. Darum sind sich die Archäologen auch nicht einig, wie groß sie nun eigentlich war. Es gibt hierzu die verschiedensten Angaben. Was die Länge des Umfanges bzw. der Grundkanten anbelangt, so seien hier die folgenden verschiedenen Meßwerte angegeben:

Vermessung nach J.H. Coles (Regierungsauftrag von 1925):
Umfang, gemessen von Eckstein zu Eckstein
3043,7 feet = 927,72 m
927,72 m : 4 = 231,92 m (Seitenkante)
Umfang, gemessen an der Basis der Seitenkanten
3023,16 feet = 921,46 m
921,46 m : 4 = 230,36 m (Seitenkante)

Südseite	756,08 feet = 230,45 m
Nordseite	755,43 feet = 230,25 m
Ostseite	755,88 feet = 230,39 m
Westseite	755,77 feet = 230,35 m

Angaben nach Temple:
kürzeste Grundkante 230,26 m längste Grundkante 230,45 m
Angabe nach Flinders-Petrie:
durchschnittliche Grundkantenlänge 230,364 m
Angabe nach Jomard:
durchschnittliche Grundkantenlänge 230,902 m
Angabe nach Moreux:
durchschnittliche Grundkantenlänge 232,805 m

Wie die Rechnung zeigen wird, scheint die Messung zwischen den Ecksteinen von J.H. Coles die genaueste zu sein, denn der theoretisch errechnete Wert stimmt auf den Zentimeter genau mit dem gemessenen Wert überein.

Abb. 26
Die Pyramiden von Gizeh gehören zu den bedeutendsten Bauwerken auf dieser Erde. Sie zählten zu den sieben Weltwundern. Besonders die Cheopspyramide ist durch ihre Maße und Proportionen Anlaß vieler Untersuchungen und Spekulationen gewesen. Schon Isaac Newton befaßte sich intensiv mit den ägyptischen Bauwerken und Maßsystemen. Auch wenn heute keine allgemeingültige umfassende Theorie über Sinn und Zweck dieser Pyramiden vorhanden ist und auch die Wahl der Maße nur zum Teil geklärt ist, so ist doch sicher, daß die Cheopspyramide von Architekten konzipiert wurde, die tiefe Einblicke in den Bereich der Geodäsie, Astronomie und Harmonik hatten. Die Abbildung zeigt die drei großen Pyramiden von Gizeh, die Cheops-, Chephren- und Mykerinospyramide.

Bei der Vermessung der Cheopspyramide kommen verschiedene Wissenschaftler auf verschiedene Resultate. Längenangaben im Millimeterbereich sind nicht nur wegen der technisch bedingten Meßungenauigkeit unsinnig, sondern weil die Abmessungen selbst sich ändern, zum Beispiel durch Wärmeausdehnung und Aufnahme von Feuchtigkeit.

Einigkeit herrscht bei den meisten Autoren, was die Höhe in Beziehung zur Grundkante, bzw. zum Umfang der Cheopspyramide anbelangt, nämlich daß ihre Höhe und ihr Umfang (die 4 Grundkanten zusammen) ein Verhältnis von $1:2\pi$ haben, das entspricht dem Verhältnis des Kreisradius zum Kreisumfang.

Die wohl überzeugendste Ansicht, die von verschiedenen Autoren vertreten wird, ist, daß die Cheopspyramide eine symbolische Darstellung der Erdmaße im Maßstab 1:43 200 ist. Die Zahl 43 200 ist die Hälfte der Anzahl von Sekunden eines mittleren Sonnentages, der 86 400 Sekunden umfaßt. 43 200 ist auch der zehnte Teil der Maßzahl des Sonnenradius in Meilen (432 000 Meilen) oder das Hundertfache der Maßzahl des früheren englischen Kammertones (432 Hertz). Im alten Maßsystem ist dieses Teilungsverhältnis kompatibel zu einem Zeitmaß, zu einem Längenmaß wie zu einer Frequenz, wobei es sich jeweils um eine elementare Standardgröße handelt.

Um die Länge der 4 Grundkanten zusammen zu ermitteln, wird am Äquator der Mittagsstand der Sonne von einem festgelegten Ort aus genau gemessen. Der Mittagsstand der Sonne ist der Durchgang der Sonne durch den Himmelsmeridian, man sagt auch Durchgang der Sonne durch das *Medium Coeli* (MC, Himmelsmitte). Wenn die Sonne genau im Meridian steht, dann ist genau 12 Uhr Mittag, 12 Uhr Ortszeit. Nach 2 Sekunden steht dann die Sonne ein paar hundert Meter weiter westlich im Meridian, dann ist am ersten Punkt der Mes-

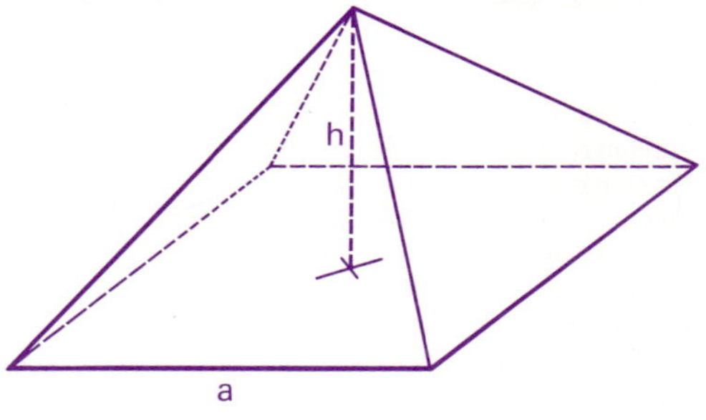

Abb. 27
Abbildung der Hauptmaßverhältnisse der Cheopspyramide. Die Grundkante (a) hat eine Länge von 231,92 m, das ist der 172 800ste Teil des Umfanges des Erdäquators. Man erinnere sich, ein indisches Krita Yuga dauert 1 728 000 Jahre. Die Höhe (h) beträgt 147,6 m. Die Höhe ist der 43 200ste Teil des Erdradius, ein Kali Yuga dauert 432 000 Jahre. Der altägyptische Zahlenschlüssel ist eng mit dem altindischen verwandt.

sung 12 h 00 min 02 sec Ortszeit und am zweiten Meßpunkt genau 12 h 00 min 00 sec Ortszeit. Der Abstand der beiden Meßpunkte ist gleich dem Umfang der Cheopspyramide. Er wird wie folgt berechnet:

$$\text{Pyramidenumfang} = \text{Erdumfang (am Äquator)} : 43\,200$$

wobei der Umfang der Erde am Äquator 40 075 180 Meter beträgt und 43 200 die Hälfte der Anzahl der Sekunden eines mittleren Sonnentages ist. Es ist hierbei nochmals erwähnenswert, daß man zur Zeit der alten Ägypter und Babylonier mit sogenannten Doppelsekunden rechnete, denn der Tag wurde früher in 12 Stunden à 60 Minuten mit jeweils 60 Sekunden eingeteilt, so daß der Tag ursprünglich 720 Minuten und 43 200 Sekunden umfaßte. Der Umfang der Cheopspyramide entsprach somit der Bewegung der Erde am Äquator in der Zeiteinheit einer Doppelsekunde, was damals die kleinste Zeiteinheit darstellte. Der Basisumfang der Cheopspyramide hat dementsprechend folgende Länge:

$$\text{Pyramidenumfang} = 40\,075\,180 \text{ m} : 43\,200 = 927{,}666 \text{ m}$$

Die Länge einer Grundkante mißt dann durchschnittlich ein Viertel dieser Länge, was mathematisch ausgerechnet folgenden Wert ergibt:

$$\text{Grundkantenlänge} = 927{,}666 : 4 = 231{,}92 \text{ m}$$

Dieser Wert entspricht genau dem Wert, den J.H. Coles an der Basis der Cheopspyramide gemessen hat. Der Längenunterschied für den gesamten Umfang zwischen dieser Messung und dem theoretisch errechneten Wert macht gerade die Länge eines Streichholzes aus (5 cm) bei einer Länge von beinahe einem Kilometer.

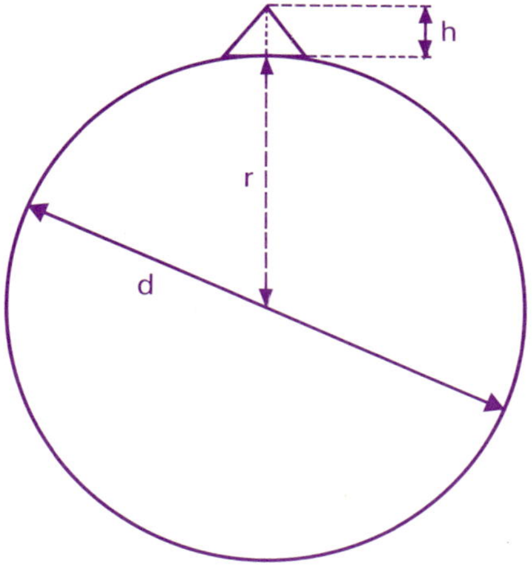

Abb. 28
Die Abbildung zeigt (nicht maßstabgetreu gezeichnet) das Größenverhältnis der Cheopspyramide zur Erde. Die Höhe der Cheopspyramide ist gleich dem 43 200sten Teil des Erdradius oder gleich dem 86 400sten Teil des Erddurchmessers. Teilt man also die Länge des Erddurchmessers durch die Anzahl der Sekunden eines mittleren Sonnentages, erhält man genau die Höhe der Cheopspyramide. Die Cheopspyramide ist ein Abbild der Erdmaße (Radius und Umfang) im Maßstab von 1:43 200.

Es gibt auch eine ganze Reihe historischer Überlieferungen zur Größe der Cheopspyramide. Der griechische Fuß, der von Taylor der Ptolomäische Fuß genannt wird, scheint der Fuß von Samos zu sein, der nach Herodot in der großen Pyramide angewendet wurde. Eine Überlieferung, die von verschiedenen alten Schriftstellern wiederholt wird, besagt, daß eine Seite der großen Pyramide 750 griechische Fuß messen soll.

Der beste Beleg für die Größe und den Wert des griechischen Fußes stammt von der Messung der rechtwinkligen Plattform des Hekatompedons oder Parthenons von Athen, die 1888 von dem peinlich genauen Landvermesser F.C. Penrose veröffentlicht wurde. Seine durchschnittlichen Maße für die vier Seiten ergaben eine Länge von 228,141 feet und eine Breite von 101,341 feet. Offenbar waren die beabsichtigten Abmessungen 225 x 100 griechische Fuß, das entspricht einem Umfang von 650 griechischen Fuß. Zitiert nach John Michell/Waltraud Wagner, »Alte Maßsysteme« [44, S. 33]. Es ist:

Länge	: 225 griechische Fuß = 228,141	engl. Fuß =	69,5373 m
Breite	: 100 griechische Fuß = 101,341	engl. Fuß =	30,8887 m
Umfang	: 650 griechische Fuß = 658,964	engl. Fuß =	200,8519 m
Länge eines griechischen Fußes:	1,01379	engl. Fuß =	0,3090 m

Gemäß dieser »Kontrollmessung« in Griechenland und der Rechnung nach klassischer Überlieferung gelangt man zu einer Pyramiden-Seitenlänge von 750 griechischen Fuß entsprechend 750 · 0,3090 m = 231,75 m. Dieser Übereinstimmungsgrad verschiedener archäologischer Messungen und historischer Überlieferungen erlaubt die Annahme, daß der griechische Fuß der Strecke einer hundertstel Bogensekunde am Äquator entspricht, denn es ist:

$$40\,075\,180 \text{ m} : 129\,600\,000 = 0{,}309\,222 \text{ m} = 1 \text{ griechischer Fuß}$$

Dieser errechnete Wert stimmt auf 0,2 Millimeter mit dem gemessenen Wert überein, was sicherlich im Rahmen der Meßgenauigkeit liegt. Die Breite des Parthenons, 100 griechische Fuß, entspricht somit genau der Länge einer Bogensekunde am Äquator, oder mit andern Worten ausgedrückt, der Erdumfang ist durch die Zahl der Bogensekunden des Kreises zu teilen, um die Breite des Parthenons zu erhalten.

Wie bereits in Kapitel 4 »Die ägyptischen Längenmaße und die Rhythmen der Erde« (ab Seite 59) angeführt, ist die Länge des Remen 37,1066 cm, was dem 108millionsten Teil des Erdumfangs am Äquator entspricht. Die Grundkante der Cheopspyramide hat die Länge von 625 Remen. ($625 = 5 \cdot 5 \cdot 5 \cdot 5 = 5^4$.) Das ägyptische Einheitsmaß, das Remen, verhält sich zum griechischen Fuß wie 6:5, was musikalisch dem Intervall der Mollterz entspricht.

625 Remen	= 625 x 0,371066 m = 231,92 m = Pyramidenseite
750 griechische Fuß	= 750 x 0,309222 m = 231,92 m = Pyramidenseite

Um die Höhe der Cheopspyramide zu berechnen, teilt man einfach den Äquatordurchmesser der Erde durch die Anzahl der Sekunden eines mittleren Sonnentages (Kalendertages zu 24 Stunden) oder den Äquatorradius durch die Hälfte der Sekunden des Tages. Der Äquatordurchmesser beträgt 12 756 326 m, und somit ist die Höhe der Cheopspyramide

$$12\,756\,326 \text{ m} : 86400 = 147{,}64 \text{ m} = \text{Pyramidenhöhe}$$

Mit dieser Pyramidenhöhe hat es noch eine ganz andere sehr auffällige Bewandtnis. Wie im wissenschaftlichen Anhang in den Abschnitten »Das dritte Keplersche Gesetz und die Gravitation« (ab Seite 207) und »Von der Gravitationslänge der Sonne und von Schwarzen Löchern« (ab Seite 211) nachzulesen ist, hat die Sonne die Gravitationslänge von 1,4766 Kilometer. Die Gravitationslänge ist ein physikalischer Grenzwert eines Körpers. Für einen Körper wie die Sonne, den man allgemein als Stern bezeichnet, bedeutet die Gravitationslänge den räumlichen Radius der Ausdehnung, ab welchem der Körper durch die eigene Gravitation in sich zusammenfällt. Mit anderen Worten ausgedrückt: Ist die Masse von der Größenordnung der Sonne auf einen kugelförmigen Raum mit einem Radius von 1,4766 Kilometer komprimiert, wird dieser Körper unsichtbar! Ab dieser Größe ist die Anziehungskraft an der Oberfläche so gewaltig groß, daß nicht einmal die Photonen — Informationsteilchen der Lichtübertragung — den Körper mehr verlassen können, sondern stets auf denselben zurückfallen. Körper mit solchen Massenkonzentrationen gibt es, man nennt sie *Schwarze Löcher*, weil man sie nicht sehen kann und sie alles in sich verschlingen, was irgendwie in ihre Nähe kommt.

Es wird jedem aufmerksamen Leser sofort auffallen, daß die Gravitationslänge der Sonne das Zehnfache der Pyramidenhöhe ist. Die mittels des 3. Keplerschen Gesetzes und der Lichtgeschwindigkeit berechnete Gravitationslänge der Sonne beträgt 1 476,6 Meter, der zehnte Teil mißt deshalb genau 147,66 Meter. Die Differenz zwischen der durch die Gravitationslänge und der durch die Raum-Zeit-Beziehung auf der Erde ermittelten Länge beträgt:

$$147{,}66 \text{ m} - 147{,}64 \text{ m} = 0{,}02 \text{ m} = 2 \text{ cm}$$

Die Abweichung dieser beiden Zahlenwerte ist geringer als 0,14 Promille. Wie auf Seite 78 gezeigt wurde, ist die Zahl 4320 eine Schlüsselzahl im alten Maßsystem, denn es ist die kleinste Zahl, die durch 1440, 720 und 108 teilbar ist, ohne daß ein Rest übrigbleibt. Man spricht dabei von einem *Modul* im Zahlensystem. Die Gültigkeit dieses Moduls, dieser Zahl 4320 als zentrales Element im Geschehen der Dinge, in den Abmessungen der Himmelskörper und in den Beziehungen derselben untereinander, bestätigt sich hier einmal mehr. Teilt man nämlich den Radius der Erde durch ebendiese Zahl, so erhält man die Gravitationslänge der Sonne, denn es ist: 6 378 163 m : 4 320 = 1 476,4 m. Die Abweichung vom errechneten Wert der Gravitationslänge der Sonne beträgt 20 cm.

Abb. 29
Der Parthenon auf der Akropolis in Athen, wohl die herrlichste Verwirklichung des griechische Tempelideals, ist für die Göttin Athena errichtet worden. Die Platte, auf der die 46 gewaltigen Säulen stehen, zu der 3 Stufen führen, mißt der Länge nach 225 griechische Fuß und der Breite nach 100 griechische Fuß. Einhundert griechische Fuß sind gleich 30,92 Meter. Teilt man den Umfang der Erde am Äquator durch die Zahl der Jahre eines Treta Yuga, 1 296 000 Jahre, so erhält man die Länge von 30,92 Meter. Dies entspricht auch der Strecke einer Bogensekunde des Kreises am Äquator der Erde. Die Breite des Parthenons ist in seiner Dimension genau auf die Erde abgestimmt, im Einklang mit dem klassischen Zahlenkanon, wie man ihn in nahezu allen alten Kulturen vorfindet.

Abb. 30
Die Kathedrale von Chartres, wohl eines der schönsten Bauwerke der Gotik, ist ebenso wie die Pyramide von Cheops oder wie der Parthenon kosmisch eingestimmt. Teilt man den Durchmesser der Erde durch die Zahl der Jahre eines Dvapara Yuga, 864 000 Jahre, so erhält man die Chorbreite der Kathedrale von Chartres sowie den Abstand der einander gegenüberliegenden Pfeiler des Mittelschiffs. Der rechnerische Wert ergibt 14,76 Meter, der gemessene Wert ist 14,78 Meter [9, S. 115]. Dies ist übrigens ein Zehntel der Höhe der Cheopspyramide. Noch genauer ist die zentrale quadratische Tafel angelegt, deren Seitenkante 23,192 Meter aufweist, das ist genau der zehnte Teil der Grundkante der Cheopspyramide. Man erhält die Länge dieser Quadratseite, indem man den Umfang des Erdäquators durch die Zahl der Jahre eines Krita Yuga teilt. Es ist eine einfache Rechung: 40 075 180 m : 1 728 000 = 23,192 m!

Es gibt auch andere Bauwerke, die mit erstaunlicher Genauigkeit auf diese Werte abgestimmt sind. In dem Buch »Les mystères de la cathédrale de Chartres« von Louis Charpentier werden die geometrischen Konstruktionen der Kathedrale abgehandelt und beschrieben wie auch Meßwerte angegeben und danach die Baupläne rekonstruiert, wobei insbesondere auf die geometrischen und harmonikalen Zusammenhänge eingegangen wird. In dem Buch, das in deutscher Sprache im Gaia-Verlag in Köln erschienen ist, wird die Architektur auf die musikalischen Proportionen hin untersucht, und es werden Parallelen zwischen den Maßen von Chartres und andern Bauwerken wie der Cheopspyramide aufgezeigt. So schreibt der Autor, der die Kathedrale selbst ausgemessen hat, über die zentrale quadratische Tafel, deren Seitenkante 23,192 Meter lang ist [9, S. 89]:

> Nun kann man aber etwas Merkwürdiges feststellen: Der Wert 23,192 m kommt dem zehnten Teil der Grundseite der Cheopspyramide auffallend nahe; die Meßwerte für diese Grundseite betragen zwischen 230,30 m und 232,80 m. Die Grundfläche der Cheopspyramide wäre also hundertmal so groß wie die Grundfläche der Tafeln von Chartres.

Die oben angeführte Rechnung zur Ermittlung der Grundkantenlänge der Cheopspyramide erbrachte einen Wert von 231,92 m, der zehnte Teil hat dann die Länge 23,192 m. Die quadratische Tafel in der Kathedrale von Chartres spielt eine wichtige und zentrale Rolle für die gesamte baugeometrische Struktur dieses Tempels. Die Länge der Quadratseite kann aus dem Umfang der Erde am Äquator und der Anzahl der Jahre eines indischen Krita Yuga, 1 728 000 Jahre, berechnet werden, es ist:

$$40\,075\,180 \text{ m} : 1\,728\,000 = 23{,}192 \text{ m} = \text{Quadratseite der Tafel},$$

was auf den Millimeter genau dem von Louis Charpentier gemessenen Wert entspricht, wie auch haargenau dem zehnten Teil der Grundkante der Cheopspyramide. Die Elle von Chartres, ein zentrales dem Tempel zugrundeliegendes Maß, hat nach den Messungen von L. Charpentier die Länge von 0,738 m. Berechnen läßt sich die Elle von Chartres aufgrund der Länge der Kante der quadratischen Tafel sehr genau, denn es ist:

$$23{,}192 \text{ m} : 10\,\pi = 0{,}7382 \text{ m} = 1 \text{ Elle von Chartres}$$

Die Elle von Chartres ist somit millimetergenau der 200ste Teil der Höhe der Cheopspyramide und der 2000ste Teil der Gravitationslänge der Sonne:

$$0{,}738 \text{ m} \cdot 2000 = 1476 \text{ m} = \text{Gravitationslänge der Sonne}$$
$$0{,}738 \text{ m} \cdot 200 = 147{,}6 \text{ m} = \text{Höhe der Cheopspyramide}$$
$$0{,}738 \text{ m} \cdot 20 = 14{,}76 \text{ m} = \text{Chorbreite der Kathedrale von Chartres}$$

Auch die Elle von Chartres kann aus Maßen der Erde und den Anzahlen der Jahre der indischen Yugas berechnet werden. Teilt man den Durchmesser der Erde durch die Zahl der Jahre eines Dvapara Yuga, 864 000 Jahre, was zahlenmäßig auch der Anzahl der Meilen des Sonnendurchmessers gleichkommt, so erhält man die Chorbreite und den Abstand der einander gegenüberliegenden Pfeiler des Mittelschiffes, der 20 Ellen beträgt (Ellen von Chartres à 0,738 Meter):

12 756 326 m : 864 000 = 14,764 m = Chorbreite von Chartres

Die Elle kann aus diesem Wert leicht errechnet werden, sie mißt: 14,764 m geteilt durch 20 gleich 0,7382 Meter. Dieser theoretisch errechnete Wert kann in der Kathedrale vielerorts als ganzzahliges Vielfaches nachgewiesen werden. So ist die Gesamtlänge des Mittelschiffes vom inneren Chorabschluß bis zu den Portalen nach den Angaben von Merlet 110,76 m, entsprechend sind 150 Ellen von Chartres 110,73 m, die Differenz beträgt 3 cm, die Abweichung ist hier bei 0,25 Promille, was sicherlich im Rahmen der Meß- und Baugenauigkeit liegt.

Weitere Grundmaße im Bauplan der Kathedrale von Chartres, deren Längen ganzzahlige Vielfache der Elle von Chartres sind [9, S. 115]:

Chorbreite	20 Ellen = 14,76 m
Chorlänge	50 Ellen = 36,91 m
Länge des Schiffes (ohne Chor)	100 Ellen = 73,82
Höhe des Gewölbes	50 Ellen = 36,91 m

Es zeigt sich, daß die Maße der Kathedrale von Chartres sehr genau auf die Größe und Eigenbewegung der Erde abgestimmt sind — wesentlich genauer, als Louis Charpentier angenommen hat! Die Übereinstimmung mit einem noch fundamentaleren Maß hat der Autor geahnt, jedoch nicht gefunden. Er schreibt [9, S. 171 f]:

> Das Modul der dritten Ordnung habe ich nicht gefunden. Aber ich bin gewiß, daß es diese Ordnung gibt. Sie hat vielleicht kein in meßbaren Längen ausdrückbares Maß, sondern ist in beiden andern Ordnungen eingefügt. Die dritte Ordnung überwindet den Widerstand, die Trägheit der Materie und führt hinüber in lebendige Bewegung, in Zeitprozesse, in die vierte Dimension . . . Die Ordnung des dritten Maßes — sie wird mit der Erdrotation zusammenhängen — ist nicht leicht zu dechiffrieren. Wahrscheinlich hat der Baumeister auch hier einen sichtbaren »Schlüssel« hinterlassen. Es wäre der Schlüssel, mit dessen Hilfe die Tore eines Königreiches geöffnet werden könnten, in dem zwischen den Bewegungen der Erde und des Kosmos Einklang herrscht. Vielleicht gäbe dieser Schlüssel sogar einen Hinweis auf eine mögliche Weltformel, nach der die moderne Wissenschaft sucht.

Kapitel 7

Exkurs zur Geschichte der Astronomie

Zumeist wird heutzutage gelehrt, daß in den alten Zeiten die Menschen glaubten, die Erde sei eine Scheibe, die sich in der Mitte des Universums befinde. Im allgemeinen wird dabei auf *Claudius Ptolemäos* verwiesen, der ca. 87 — ca. 170 n.Chr. in Griechenland lebte. Es heißt, er habe das gesamte astronomische Wissen seiner Zeit zusammengetragen und in dem Werk »Megale Syntaxis«, das auch unter dem arabischen Namen »Almagest« bekannt ist, niedergeschrieben.

Doch lange bevor Ptolemäos lebte, gab es im antiken Griechenland eine ganze Reihe Astronomen und Wissenschaftler, die ein wesentlich genaueres Bild von der Erde und dem Himmel hatten. So wußte bereits der 384 v.Chr. in Stagira in Makedonien geborene *Aristoteles*, wohl einer der einflußreichsten Denker der Antike, von der Kugelgestalt der Erde und verwies auf die Tatsache, daß der bei einer Sonnenfinsternis auf den Mond fallende Erdschatten stets kreisförmig begrenzt ist.

Aristarch von Samos, ein griechischer Astronom in der zweiten Hälfte des 3. Jahrhunderts v.Chr., wußte von der Kugelgestalt der Erde, vom Lauf der Erde um die Sonne und von der Achsendrehung der Erde. Aristarch orientierte sich am Mond, betrachtete die Winkelverhältnisse des zu- wie des abnehmenden Mondes und errechnete daraus den Abstand des Mondes von der Erde sowie die Größe des Mondes. Er gab die Größe des Mondes mit 0,36 Erddurchmessern an. Der genaue Wert nach heutigen Messungen ergibt 0,272 Erddurchmesser.

Hipparch von Nikäa wird oft der Begründer der wissenschaftlich beobachtenden Astronomie genannt. Er lebte in Nikäa in Bithynien im Nordwesten Kleinasiens von ca. 190 bis ca. 120 v.Chr. Durch Bestimmung der Äquinoktien (Frühlings- und Herbstpunkte) und der Solstitien (Sommer- und Wintersonnenwendepunkte) fand er die verschiedenen Längen der Jahreszeiten heraus, die er durch eine exzentrische Stellung der Erde in der Umlaufbahn erklärte. Er ermittelte die Exentrizität der Erdbahnellipse zu 1/24 statt 1/60 Halbmesser. Hipparch scheint jedoch der erste Astronom zu sein, von dem man weiß, daß ihm die Ellipsenform der Erdumlaufbahn bekannt gewesen ist. Erst Johannes Kepler, ca. 2000 Jahre später, beschreibt wieder diese Eigenschaft der Erdbahn! Hipparch bestimmte auch die Länge des tropischen Jahres auf etwa 6 Minuten genau und gab dieselbe mit 365 Tagen, 5 Stunden und 55 Minuten an. Der genaue Wert wäre 365 Tage, 5 Stunden, 48 Minuten und 46 Sekunden gewesen. Vor seinen Beobachtungen rechnete man mit einer Jahreslänge von 365 1/4 Tagen. Die Entfernung des Mondes, die während eines Umlaufes um ca. 10 Prozent schwankt, gab er mit 59 Erdhalbmessern an, das ergibt einen Wert von 382 700 Kilometer, die mittlere Entfernung des Mondes wird in modernen astronomischen Büchern mit 384 400 Kilometer angegeben. Die Messung des Hipparch weicht weniger als

0,5 Prozent ab! Von ihm sind auch Verzeichnisse von Sonnen- und Mondfinsternissen überliefert sowie eine Beschreibung der Präzession (Kreiselbewegung der Erdachse, die die Wanderung des Frühlingspunktes in rückläufiger Richtung in der Ekliptik verursacht).

Erastosthenes, ein griechischer Gelehrter der Alexandrischen Schule, wurde um 275 v.Chr. in Kyrene in Afrika geboren. Er war einer der größten Forscher auf dem Gebiete der exakten Wissenschaften, aber auch ein feinsinniger Dichter und ausgezeichneter Grammatiker. Er war viele Jahre lang Vorsteher der weltberühmten großen Bibliothek von Alexandria. Auf dem Gebiete der Mathematik ist er bekannt geworden durch die Entdeckung einer Methode, die Primzahlen zu finden, die nach ihm benannt wurde und »Sieb des Erastosthenes« heißt. Auf dem Gebiet der Astronomie forschte er intensiv und bestimmte die Schiefe der Ekliptik mit 23 Grad, 51 Minuten und 19 Sekunden. Nach heutigen Rechnungen hatte die Ekliptik damals eine Schiefe von 23 Grad und 45 Minuten. Seine Messung lag nur 6 Bogenminuten (1/10 Grad) neben dem heute berechneten Wert.

Besonders häufig wird die Erdvermessung des Erastosthenes erwähnt. Nahezu in jedem großen Lexikon und naturwissenschaftlichen Nachschlagewerk der Fachbereiche Astronomie, Geodäsie oder Wissenschaften in der Antike wird seine Art der Erdvermessung beschrieben.

Erastosthenes bestimmte zu diesem Zweck in Alexandria die Zenitdistanz der Sonne zur Zeit der Sommersonnenwende im Mittag auf ein Fünfzigstel des Kreises (7 Grad und 12 Minuten stand die Sonne somit südlich vom Zenit). In Syene (Assuan) war die Zenitdistanz zu jenem Zeitpunkt gleich Null, da Syene nahezu auf dem 24. Breitengrad liegt und die Sonne dort zur Sommersonnenwende am Mittag nahezu senkrecht über dem Betrachter steht. Der nördliche Wendekreis war damals etwa 20 Bogenminuten näher an Syene gelegen als heute und ging etwa 20 Kilometer südlich von Syene vorbei. Alexandria liegt bei 31 Grad und 12 Minuten nördlicher Breite, die Winkeldifferenz beträgt somit etwa 7 Grad und 12 Minuten, was dem fünfzigsten Teil des Kreises entspricht.

Nach der Überlieferung von *Plinius* ließ Erastosthenes die Strecke durch Abschreiten auf 5000 Stadien bestimmen und soll so den Erdumfang von 252 000 Stadien gefunden haben. So wird es überall angegeben. Hier muß jedoch bei Plinius offensichtlich ein Überlieferungsfehler sein, denn 5000 Stadien mit 50 multipliziert ergibt 250 000 Stadien und nicht 252 000 Stadien. Es ist kaum anzunehmen, daß ein so exakter Wissenschaftler, der die Schiefe der Ekliptik auf wenige Bogenminuten genau beobachten konnte, eine Rechnung, wie sie von Plinius überliefert wird, veröffentlicht oder mitgeteilt hätte. Es sind zudem 250 000 Stadien (à 200 Schritt je 80 cm) von der Länge zu 160 Metern, wie sie im alten Griechenland neben anderen Stadien (olympische Stadien = 192,25 m; Athener Stadien = 184,96 m) verwendet wurden, genau 40 000 Kilometer. Zur Zeit der Französischen Revolution, als der Meter bestimmt wurde, definierte man denselben als den 40 000 000. Teil des Meridianumfanges der Erde. Der wahre Wert wird heute mit 40 045,7 Kilometer angegeben. Die Zahl 252 000 hat Plinius vermutlich dem 5. Buch der Gesetze entnommen aus dem Werk von Platon, wo dieser auf die geheimen Maße der »vollkommenen Stadt« eingeht. Dort wird die Zahl 2520 sowie das Doppelte (5040 : in Meilen Summe der Radien von Erde und Mond) und das Vierfache erwähnt. Im alten Zahlenkanon spielt die Zahl 2520 in bezug zur Größe der Erde tatsächlich eine sehr bedeutende Rolle, denn es ist zum Beispiel 2520 · 22/7 = 7920. 22/7 ist der klassische Näherungswert für die Kreiszahl Pi, und 7920 ist der Durchmesser der Erde in Meilen.

Wie genau Erastosthenes die Größe der Erde nun abzuschätzen und zu messen fähig war, kann heute mit Sicherheit kaum noch festgestellt werden, es gibt allerlei Deutungen und Hypothesen in den verschiedenen Werken über alte Maßsysteme, doch mit Gewißheit kann man diesbezüglich keine Aussage machen. Jedenfalls geht aus der Überlieferung klar hervor, das Erastosthenes die Kugelgestalt der Erde erkannt hatte, von der Rotation und dem Umlauf der Erde um die Sonne wußte und die Winkelbeziehungen der Erdachse, der Erdbahn sowie die Auswirkungen auf die Erde in bezug auf Jahreszeiten, Sonnenstand und geographische Lage genau kannte.

Über das Wissen der Altägypter ist wenig bekannt, was die Astronomie anbelangt, da die großen Bibliotheken in Alexandria angezündet worden sind. Die große Bibliothek im Quartier Brucheion war mit dem Museum innerlich wie äußerlich verbunden, und der Bestand belief sich auf etwa 700 000 Buchrollen. Der Größe nach ist dieser Buchbestand absolut mit einer modernen Universitätsbibliothek zu vergleichen. Hervorragende Gelehrte wie Erastosthenes und Aristophanes waren zuweilen Vorsteher dieser Bibliothek. Im Kriege Cäsars gegen Pompejus im Jahre 47 v.Chr. ging der größte Teil der Sammlung durch das Feuer zugrunde, als der römische Kaiser mit seinen Mannen in der Stadt eingeschlossen war. Neben der großen Bibliothek gab es noch eine kleinere (42 800 Buchrollen) im Serapeum. Diese Bibliothek wurde im Jahre 391, als das Christentum im Römischen Reich zur Staatsreligion erklärt wurde, von einem Haufen fanatischer Christen angezündet und vernichtet, angeführt von dem Patriarchen Erzbischof Theophilus von Alexandria. Durch diese Brandlegung wurden Tausende von Bänden ägyptischer, römischer und griechischer Literatur, vor allem Unterrichtswerke, vernichtet und zerstört.

Das heliozentrische Weltbild (Sonne in der Mitte mit darum herumkreisenden Planeten) war sicherlich nicht nur im antiken Griechenland und bei den Babyloniern bekannt, sondern in vielen alten Kulturen. Doch dieses Wissen wurde vom geozentrischen Weltbild des *Ptolemäus* (Erde in der Mitte des Universums) verdrängt, die ptolemäische Weltanschauung war im Mittelalter offizielle Lehre. Die römisch-katholische Kirche machte sich dies zunutze und erklärte Rom zum Mittelpunkt der Welt. Jeder, der anderer Ansicht war und dies öffentlich bekundete, weil er es so gesehen habe, wurde unerbittlich verfolgt.

Das 9. und das 10. Jahrhundert zeigen die arabische Astronomie in ihrer Blüte. Namentlich verdient *Mohamed ibn Dschabir al Battani* Erwähnung, der die Präzession und die Exzentrizität der Erdbahnellipse bestimmte sowie die Länge des tropischen Jahres bis auf zwei Minuten genau ermittelte. Auch hat er große Verdienste um die Ausbildung der Trigonometrie (Mathematik der Winkelfunktionen) durch die Einführung der trigonometrischen Funktionen. Während dieser Zeit war die europäische Astronomie in einem Tiefschlaf versunken, aus der sie eigentlich erst im 15. Jahrhundert wieder erwachte, als *Regiomontanus* auf der ersten deutschen Sternwarte des Nürnberger Patriziers Bernhard Walther mit diesem astronomische Beobachtungen ausführte. Regiomontanus, der eigentlich Johann Müller hieß, wurde am 6. Juni 1436 in Königsberg in Franken geboren. Im Jahre 1475 wurde er von Papst Sixtus IV. zum Bischof von Regensburg ernannt und zugleich wegen der Kalenderreform nach Rom berufen, er starb aber dort nach kurzem Aufenthalt.

Erst *Nikolaus Kopernikus*, geboren am 12. Februar 1473 in Thorn an der Weichsel in Polen, leitete die große Wende auf dem Gebiete der Astronomie im europäischen Abendland ein. Kopernikus studierte in Krakau, Bologna und Padua die Wissenschaften der Mathematik und Astronomie, der Rechte und der Medizin, ebenso widmete er sich den humanistischen Lehren. Schon um das Jahr 1507 schrieb Kopernikus wesentliche Teile seines berühmten Werkes »De revolutionibus orbium coelestium«, das erst 36 Jahre später veröffentlicht wurde und einen Umschwung der Weltanschauung einleiten sollte. An die Stelle des geozentrischen Weltsystems des Ptolemäos, wonach Sonne, Mond und die Planeten sich um die Erde als Mittelpunkt bewegten, sollte das heliozentrische System treten, nach dem die Sonne den von der Erde und den Planeten umkreisten Mittelpunkt der Welt bildete. Angeregt wurde Kopernikus dazu durch die Lektüre antiker Schriftsteller, die auf das heliozentrische Weltbild des Aristarch von Samos hinwiesen. Im Jahre 1512 verfaßte er das Manuskript zu seinem »Commentariolus« über den Bau des Planetensystems, das er an einige ihm bekannte Persönlichkeiten versandte. Erst kurz vor seinem Tode entschloß er sich zur Veröffentlichung seines Hauptwerkes, nach jahrzehntelanger Prüfung der Beweise. So erschien das genannte Werk über die Umlaufbewegungen der Weltkreise »De revolutionibus orbium coelestium« erst im Jahre 1543. Da Kopernikus sein Werk dem Papst Paul III. gewidmet hatte, blieb es zunächst ziemlich unangefeindet, infolge der Galilei-Streitigkeiten wurde es jedoch 1616 auf den Index librorum prohibitorum (Liste von der katholischen Kirche verbotener Bücher) gesetzt. Erst im Jahre 1822 erlaubte die katholische Kirche den Druck aller Werke, die die Bewegung der Erde um die Sonne lehrten.

Tycho Brahe, ein berühmter dänischer Astronom, der am 14. Dezember 1546 in Knudstrup auf Schonen geboren wurde, erbaut die großartige Sternwarte Uranienburg auf einer Insel im Sund. Nach dem Tod des dänischen Königs Friedrich II. folgte er 1597 einem Ruf des Kaisers Rudolf II. nach Prag. Auch in

Prag errichtete er eine neue Sternwarte und beobachtete die Planeten, registrierte alle Beobachtungsdaten und stellte dieselben in großen Tabellen zusammen.

Johannes Kepler, geboren am 27. Dezember 1571 in Weil der Stadt in Württemberg, ist der Begründer der sogenannten Himmelsmechanik. In philosophischer Hinsicht ist Keplers Leistung bei der Entdeckung der Planetengesetze deswegen von größter Bedeutung, weil diese die ersten Naturgesetze in mathematischer Formulierung darstellten. Im Jahre 1600 nahm Johannes Kepler die Einladung von Tycho Brahe an, als Gehilfe zu ihm nach Prag zu kommen. Ein Jahr später starb Tycho Brahe. Durch Benutzung der Marstabellen des Tycho Brahe gelang es ihm, die beiden ersten nach ihm benannten Gesetze zu den Planetenbewegungen zu finden (vergleiche auch den Abschnitt »Das dritte Keplersche Gesetz und die Gravitation« ab Seite 207 im wissenschaftlichen Anhang). Die von ihm 1609 veröffentlichte »Astronomia nova« mit den beiden ersten Gesetzen der Planetenbewegungen (Ellipsen- und Flächensatz) ist eines der bedeutendsten Beispiele in der wissenschaftlichen Literatur für die Anwendung der induktiven Methode. Das dritte Planetengesetz entdeckte Kepler am 15. Mai 1618 und veröffentlichte es in der Schrift »Harmonices mundi« im Jahre 1619 in Linz. Seit dieser Zeit ist der Zusammenhang vom Abstand eines Planeten zur Sonne und der Zeit, die der Planet für einen Umlauf benötigt, bekannt.

Galileo Galilei, geboren am 15. Februar 1564 in Pisa, der größte Naturforscher Italiens, baute im Jahre 1609, in der Zeit, als Kepler an den Planetengesetzen forschte, sein erstes Fernrohr. Am 7. Januar 1610 entdeckte er die Jupitermonde. Hierdurch war die Tatsache festgelegt, daß auch ein sich bewegendes Zentrum Mittelpunkt anderer Bewegungen von Himmelskörpern sein kann. Im September 1610 entdeckte er die Sonnenflecken und die Achsendrehung der Sonne (Sonnenrotation), dann bemerkte er die Phasen der Venus und den Ring des Saturn. Seine Erkenntnisse veröffentlichte er Ende 1610 im »Sidereus nuntius«, dem Sternenboten. Galileis Gegner glaubten sich nun verpflichtet, das ptolemäische Weltbild zu verteidigen, wie auch die vermeintlich angegriffene Bibel. Der Dominikanerpater Caccini brachte die Angelegenheit auf die Kanzel, und sein Ordensgenosse Pater Lorini denunzierte Galilei am 15. Februar 1615 bei der römischen Inquisition. Im Jahre 1616 fand der erste Inquisitionsprozeß gegen Galilei, oder genauer gesagt, gegen die Kopernikanische Lehre statt. Elf Theologen, die sogenannten »Qualifikatoren des heiligen Offiziums«, erklärten am 23. Februar 1616 die zwei Behauptungen: »Die Sonne ist der Mittelpunkt der Welt und darum unbeweglich« und »Die Erde ist nicht der Mittelpunkt der Welt und nicht unbeweglich, sondern sie bewegt sich täglich, auch um sich selbst« für philosophisch absurd und für ketzerisch. Für die Kirchenväter war Rom im Mittelpunkt der Welt und keinesfalls die Sonne. Im Februar 1632 erschien das Hauptwerk Galileis, der »Dialogo«, mit dem Imprimatur des römischen und des florentinischen Inquisitors. Trotzdem wurde es im August 1632 verboten. Vom April bis Juni 1633 wurde ihm in Rom der Prozeß gemacht, und am 22. Juni 1633 (Sommersonnenwende) mußte er der kopernikanischen Lehre öffentlich und feierlich abschwören. Es wurde ihm untersagt, sein Wissen zu lehren, und er wurde auf sein Landhaus verbannt, wo er einige Jahre später erblindete und 1642 starb.

Sir Isaac Newton, englischer Physiker, Mathematiker und Astronom, wurde am 4. Januar 1643 in Woolsthrope geboren. Newton gehört zu den bedeutendsten Naturforschern aller Zeiten. Seine Entdeckungen bildeten einen Wendepunkt in der Naturwissenschaft und Mathematik und darüber hinaus in der gesamten Geistesgeschichte. In Anwendung der Bewegungsgesetze auf Zentripetalbewegungen untersuchte Newton die Bahnform bei verschieden wirkender Zentripetalkraft (zum Mittelpunkt strebender Kraft), wobei sich ergab, daß die Planetenbewegungen nach den Keplerschen Gesetzen nur zustande kommen, wenn die Zentripetalkraft dem Produkt der Massen proportional und dem Quadrat der Entfernungen umgekehrt proportional ist — das ist der ganze Inhalt des Gravitationsgesetzes, das Newton 1666 entdeckte und das für die Physik wie für die Astronomie in gleicher Weise grundlegende Bedeutung erlangte (siehe auch ab Seite 207 im wissenschaftlichen Anhang: »Das dritte Keplersche Gesetz und die Gravitation«).

Diese wie andere der wichtigsten physikalischen Entdeckungen veröffentlichte Isaac Newton in dem Werk: »Philosophiae naturalis principia mathematica«, das er 1684 vollendete, am 28. April 1686 der Royal Society handschriftlich vorlegte und 1687 veröffentlichte. Seit dieser Zeit werden die Planetenbahnen nach der Theorie von Newton berechnet, auch heute noch verwendet man diese Grundlagen zur Bestimmung der Planetenposition und zur Berechnung der Ephemeriden (der Bücher mit täglichen genauen Planetenpositionsangaben sowie Angaben der Position von Sonne, Mond und Mondknoten). Lediglich beim Merkur, dem sonnennächsten Planeten, konnte eine kleine Verbesserung der Bahndaten durch die Erkenntnisse der Relativitätstheorie von Albert Einstein, die Anfang des 20. Jahrhunderts veröffentlicht wurde, erzielt werden.

Genaue astronomische Beobachtungen und Berechnungen sind die Grundlage eines genauen Kalenders. Der heute in Europa gebräuchliche Kalender, der offiziell am 4. Oktober 1582 eingeführt wurde, ist der Gregorianische Kalender. Papst Gregor XIII. setzte eine Kommission ein, um den von Julius Cäsar eingeführten Kalender (Julianischer Kalender) den astronomischen Gegebenheiten wieder anzupassen, denn der Frühlingsanfang fiel nicht mehr auf den 21. März, sondern auf den 11. März. Das lag daran, daß das Jahr im Julianischen Kalender um etwas über 11 Minuten zu lange angenommen wurde, so daß der Frühlingsanfang sich jedes Jahr um durchschnittlich 11 Minuten verfrühte. Die Festlegung des Frühlingsanfangs war deshalb von großer Bedeutung, weil es einen Beschluß des Konzils von Nikäa (aus dem Jahre 325) gab, wonach der 21. März zum Frühlingsanfang erklärt wurde. Dies ist für den Ostertermin ausschlaggebend. So mußten bei der Kalenderreform 10 Tage ausgelassen werden. Der Papst verfügte, daß auf den 4. Oktober 1582 der 15. Oktober folgte.

Abb. 31
Isaac Newton gilt allgemein als der Begründer der exakten modernen Wissenschaften. Weniger bekannt ist allgemein die Tatsache, daß dieser große Naturwissenschaftler sich auch sehr intensiv mit den okkulten Wissenschaften beschäftigte. Insbesondere die Untersuchungen von Dr. K. Figala zeigen deutlich, daß Newton nicht der Rationalist war, als den ihn heute die Wissenschaft so gern darstellt [72, S. 245 f]:

»Der ‚Alchemist' Newton hat erst in jüngster Zeit die Wissenschaftstheoretiker ernsthaft beschäftigt, wobei eine genaue Analyse seiner okkulten Manuskripte immer deutlicher werden läßt, daß das Gesamtsystem des Begründers der modernen Naturwissenschaft nicht ohne seine Verwurzelung in der hermetischen Tradition zu erfassen ist . . . So wird die Relativität einer Wissenschaft offenbar, welche von ihrem Begründer und Vorbild nur dasjenige anerkennen, verwenden und weitervermitteln will, was ihrer persönlichen Meinung entspricht. Dabei bringt sie sich und den Rest der Welt um ganz wesentliche Erkenntnisse. Man fragt sich, ob es richtig ist, den einen Teil der Arbeit eines Menschen hoch zu loben, den andern aber ganz zu vergessen. Man kann sich doch unschwer vorstellen, daß jemand wie Newton, den man als Genie bezeichnet, guten Grund haben mußte, sich mit der Alchemie und verwandten Gebieten zu befassen.«

Kapitel 8

Empfindung und Messung

Dieses kleine Kapitel ist eine Abhandlung über die Temperatur und hat augenscheinlich mit dem eigentlichen Thema des Buches nichts zu tun. Es dient lediglich dazu, den Begriff der Begrenztheit in einer bestimmten Dimension etwas zu erläutern, um das Verständnis für physikalische Schranken zu fördern. Wem es klar ist, daß auch im physikalischen Sinn die Daseinsform in der materiellen Welt begrenzt ist, daß es für die uns derzeit beobachtbare Welt Schranken gibt, die nicht über- oder unterschritten werden können, der kann getrost dieses Kapitel überschlagen und sich dem Studium des folgenden Kapitels, das vom Ton der Sonne erzählt, widmen.

An dieser Stelle soll nun von einem Nordländer und einem Südländer berichtet werden, die zusammen in einem Land milden Klimas spazieren. Dem Nordländer wird es nach einer Weile warm, und er beginnt zu schwitzen. Er zieht seine dicke Wolljacke aus, um mehr Luft an seinen Körper zu lassen. Der Südländer hingegen, der die pralle, heiße Sonne gewohnt ist, beginnt zu frieren. Er freut sich, daß ihm sein Freund aus dem Norden seine Jacke überläßt, denn er will weniger Luft an seinen Körper lassen und die Körperwärme besser gegen die Außenwelt abschirmen.

Der Nordländer wird das Wetter und das Klima bei diesem Spaziergang als warm beschreiben, der Südländer hingegen als kalt, obwohl beide vom selben Klima und vom selben Wetter sprechen und auch beide ehrlich und wahrheitsgetreu ihre Empfindung und Wahrnehmung darstellen. Die Frage ist nun, ob es wirklich kalt war oder warm?

Es war wirklich warm und kalt zugleich, denn wirklich ist das, was eine Wirkung auslöst, und das Klima hat bei dem Nordländer die Auswirkung des Schwitzens hervorgerufen und bei dem Südländer die des Frierens.

»Warm« und »kalt« sind für die menschlichen Empfindung sehr relativ! Ein kleiner Versuch, von jedem leicht nachvollziehbar, soll dies veranschaulichen. Benötigt werden drei Gefäße, zum Beispiel drei Eimer oder drei Schüsseln, ferner kaltes und heißes Wasser. In den einen Eimer wird kaltes Wasser geschüttet, in den zweiten Eimer heißes Wasser und in den dritten Eimer zur Hälfte heißes und zur Hälfte kaltes Wasser, so daß darin lauwarmes Wasser ist.

Hält man nun eine Weile die linke Hand in das kalte Wasser und die rechte Hand in das heiße Wasser und zieht dann plötzlich beide Hände heraus und hält sie gleichzeitig sofort in das lauwarme Wasser, so gibt die linke Hand die Information »warm« und die rechte Hand die Information »kalt« an die Schaltzentrale Gehirn weiter, obwohl beide Hände im gleichen Wasser ruhen. Es scheint so, als wisse die linke Hand nicht, was die rechte Hand tut, obwohl beide Hände in diesem Moment mit nur einem einzigen Wasser in Berührung kommen.

Das Wasser diente den meisten Physikern der vergangenen Jahrhunderte als Eichmaß für die Wärme (oder Kälte), denn Wasser friert bei einer bestimmten Temperatur zu Eis und beginnt bei einer bestimmten Temperatur zu sieden (kochen) und zu verdampfen. Der schwedische Astronom Anders Celsius, geboren am 27. November 1701 in Upsala, setzte seine Skala beim Gefrierpunkt des Wassers an und bezeichnete diesen mit 100 Grad — ja, das ist kein Druckfehler, Celsius bezeichnete den Gefrierpunkt mit 100 Grad und den Siedepunkt des Wasser mit 0 Grad. Erst seine Nachfolger Strömer und Carl von Linné kehrten die Skala um und bezeichneten, wie das auch heute noch üblich ist, den Gefrierpunkt mit 0 Grad und den Siedepunkt mit 100 Grad Celsius.

Der französische Mathematiker, Chemiker und Physiker René Antoine de Réaumur, geboren am 28. Februar 1683 in La Rochelle, setzte ebenfalls seine Skala beim Gefrierpunkt des Wassers an und bezeichnete diesen mit 0 Grad, dem Siedepunkt ordnete er jedoch nicht 100 Grad, sondern 80 Grad zu. Wieder anders machte es der preußische Physiker Gabriel Daniel Fahrenheit, geboren am 14. Mai 1686 in Danzig, der den Gefrierpunkt mit 32 Grad und den Siedepunkt des Wassers mit 212 Grad bezeichnete.

Die Umrechnung von Celsius- in Fahrenheit- und Réaumur-Grade ist ganz einfach. Ist eine Temperatur in Celsiusgraden gleich »t«, dann ist sie gleich $4/5 \cdot t$ Réaumurgraden oder gleich 32 plus $9/5 \cdot t$ Fahrenheitgraden.

Der englische Sir William Thomson, der am 26. Juni 1824 in Belfast geboren wurde und seit 1892 Lord Kelvin of Largs hieß, setzte seine Skala so an, daß es nur positive Temperaturgrade gibt und keine Minusgrade. Er ging vom absoluten Nullpunkt aus, der 273,16 Celsiusgrade unter dem Gefrierpunkt des Wassers zu suchen ist. Diesen Temperaturpunkt, der noch nie gemessen wurde, der noch nie erzeugt wurde und von dem man weiß, daß er niemals erzeugt werden kann, bezeichnete Kelvin mit 0 Grad. Der Gefrierpunkt des Wassers hat somit eine Temperatur von 273,16 Grad Kelvin (auch »absolute Temperatur« genannt). Der Siedepunkt des Wassers hat die absolute Temperatur von 373,16 Grad Kelvin, wenn der Luftdruck genau 760 Millimeter Quecksilbersäule entspricht, was auch dem Normalluftdruck auf Meereshöhe gleichkommt.

Es gibt verschiedene Instrumente und Skalen, um die Temperatur zu messen und die Werte der Temperatur mitzuteilen. Den Gefrierpunkt als Nullpunkt festzusetzen liegt sehr nahe, da, zumindest in nördlichen Gegenden, Flüsse und Seen im Winter zufrieren und zu Fuß passierbar sind. Das Frieren des Wassers zu Eis verändert das ganze Landschaftsbild, es ist ein erlebnisnaher Wendepunkt in der Temperaturskala. Auch das Kochen des Wassers ist ein leicht beobachtbarer Vorgang, das Wasser sprudelt im Topf und wird weniger, und der Dampf in der Küche wird mehr, das Wasser ändert seinen Aggregatzustand. Zwischen diesen beiden Punkten wird eine Gradskala eingerichtet, zum Beispiel mit 100 gleichen Teilen von 0 bis 100, wie es Celsius tat. Dann kann in diesem Intervall jeder Temperatur ein Wert zwischen 0 und 100 zugeordnet werden, wird es wärmer als 100

Grad, so wird die Skala nach oben hin fortgesetzt, wird es kälter als null Grad, so wird der Wert mit Minusgraden angegeben. Null Grad Celsius kann auch ungefähr mit dem Temperatursinn der Haut empfunden werden, mittels Meßinstrumenten und mit Hilfe verschiedener Apparaturen genau beobachtet und erzeugt werden.

Der Nachteil dieser Methode ist, daß der Siedepunkt des Wassers unter anderem vom Luftdruck abhängig ist und somit gewissen Schwankungen unterliegt. Für wissenschaftliche Zwecke ist es daher unabdingbar, ein Maß für die Temperatur zu finden, das nicht von den spezifischen Eigenschaften irgendeines Stoffes abhängig ist. Darum führte Lord Kelvin ein Temperaturmaß ein, das von einem absoluten Nullpunkt ausgeht. Bei diesem Nullpunkt gibt es keinerlei ungeordnete Bewegung der Grundbestandteile eines makroskopischen Körpers. Nimmt die Temperatur zu, dann nimmt die mittlere Bewegungsenergie der sich ungeordnet bewegenden Grundbestandteile zu. Der Ausgangspunkt dieser Skala (0 Grad Kelvin) liegt jenseits des Meßbaren und Erzeugbaren. Es ist ein absoluter Nullpunkt, ein Punkt, an dem es keinerlei Wärmebewegung in der Materie mehr gibt — oder besser gesagt, gäbe, denn die Wärmebewegung ist ein wesentliches Charakteristikum der Welt, in der wir leben. Man braucht unendlich viel Energie oder unendlich viel Arbeit, um der Materie alle Wärmeenergie zu entziehen, doch den Physikern und Technikern steht nur endlich viel Energie und Arbeit zur Verfügung — darum ist dieser Punkt nicht erreichbar. Diese Tatsache ist heutzutage als sogenannter »Dritter Hauptsatz der Thermodynamik« oder als »Nernstsches Theorem« bekannt.

Ausgangspunkt für die Messung der Temperatur in der Physik ist eine Temperatur, die jenseits des Erreichbaren liegt, und doch zeigt sich, daß das Messen in Kelvingraden aus verschiedenen Gründen vernünftig ist und sich als brauchbares Informationsmittel durchgesetzt hat. Der absolute Nullpunkt ist ein echter Grenzwert im Dasein.

Auch bei der Messung der Geschwindigkeit ist man auf einen solchen Grenzwert gestoßen. Die schnellste Bewegung ist die Ausbreitung des Lichtes im luftleeren Raum, die Geschwindigkeit beträgt 299 792 500 Meter pro Sekunde. Die Lichtgeschwindigkeit ist eine Fundamentalkonstante der Natur, sie ist die Geschwindigkeit, mit der sich jede elektromagnetische Strahlung im freien Raum unabhängig von der Strahlungsfrequenz ausbreitet. Ein physikalisch meßbares Signal kann weder im Vakuum noch in der Materie mit einer Geschwindigkeit übertragen werden, die größer als die Lichtgeschwindigkeit ist. In der Quantenphysik wie auch in der Relativitätstheorie spielt die Lichtgeschwindigkeit eine grundlegende Rolle, da sie unabhängig ist von der Bewegung der Lichtquelle oder des Senders wie auch von der Bewegung des Empfängers.

Werden Atome beschleunigt, so daß sie eine Geschwindigkeit erreichen, die der Lichtgeschwindigkeit nahekommt, dann können sie sich nicht mehr chemisch zu Molekülen verbinden, sondern zerfallen in einzelne Elementarteilchen, wenn sie auf andere Materieteilchen stoßen. Nicht nur die Elektronen trennen sich dann vom Atomkern, auch der Kern selbst zerfällt dabei in verschiedene Elementarteilchen. Die Lichtgeschwindigkeit ist für die Existenz der Materie ein unüberschreitbarer und nicht erreichbarer Grenzwert, ebenso wie der absolute Nullpunkt der Kelvin-Temperatur-Skala. Diese Grenzen gelten für den derzeit physikalisch beobachtbaren und meßbaren Kosmos, das ganze heutige Weltbild der offiziell anerkannten Wissenschaften orientiert sich an diesen Grenzwerten.

Alle Teilchen im All, die sich bewegen und die man beobachtet hat — man hat noch kein Teilchen im All gefunden, das in Ruhe wäre —, bewegen sich langsamer, als die elektromagnetische Strahlung sich ausbreitet, doch die Bewegungsenergie wird nie so klein, daß ein Teilchen zu vollkommener Starre gelangen könnte, denn dann wäre der absolute Temperaturnullpunkt erreicht. Die Daseinsform in der materiellen Welt ist begrenzt, es gibt physikalische Schranken, die nicht über- oder unterschritten werden können.

Kapitel 9

Vom Ton der Sonne

Merkur ist ein kleiner Planet. Er ist nahe bei der Sonne, umkreist die Sonne in etwa 88 Tagen und bewegt sich mit etwa 48 Kilometer pro Sekunde in seiner Umlaufbahn um die Sonne. Pluto braucht für eine Sonnenumwanderung etwa 1000mal länger, nämlich etwa 248 Jahre, Pluto ist 100mal so weit weg von der Sonne wie Merkur, und seine Bahngeschwindigkeit mit durchschnittlich 4,7 Kilometer pro Sekunde ist 10mal geringer als die des sonnennahen Merkur. Alle anderen Planeten kreisen zwischen Merkur und Pluto um die Sonne, wobei das ganze Sonnensystem wiederum seine Kreise um das galaktische Zentrum zieht. Je weiter ein Planet von der Sonne entfernt ist, desto langsamer ist seine Bahngeschwindigkeit; und umgekehrt gilt, je dichter ein Planet bei der Sonne ist, desto größer ist seine Bahngeschwindigkeit. Der Grenzwert der Geschwindigkeit im Bereich der materiellen Physik ist die Lichtgeschwindigkeit. Es drängt sich somit automatisch die Frage auf, wie dicht bei der Sonne müßte ein theoretisch gedachter Planet sein, wenn seine Bahngeschwindigkeit sich der Lichtgeschwindigkeit nähern soll — oder wo ist die Schwelle in der Entfernung eines gedachten Planeten, bei der er die Lichtgeschwindigkeit überschreiten würde?

Um es vorwegzunehmen, er wäre innerhalb der Sonne, etwa 1 476,6 Meter vom Sonnenmittelpunkt entfernt. Wie man diesen Abstand ausrechnet, kann ab Seite 211 im wissenschaftlichen Anhang nachgelesen werden. Hier soll die Feststellung genügen, daß man aufgrund dieser Überlegung die Gravitationslänge der Sonne berechnen kann, und diese ist eben 1 476,6 Meter. Man erinnere sich, das ist das Zehnfache der Höhe der Cheopspyramide und das Hundertfache der Chorbreite der Kathedrale von Chartres!

Wäre die gesamte Sonnenmasse auf einen Punkt konzentriert, oder sagen wir einmal ganz willkürlich: hätte sie einen Durchmesser von 50 Meter, dann könnte diese zusammengepreßte Sonne genauso Planeten haben, wie auch unsere Sonne Planeten hat. Wenn diese Planeten die gleichen Abstände von der komprimierten Sonne hätten wie die richtigen Planeten von der heutigen Sonne, so würden diese die gleichen Umlaufzeiten und Bahngeschwindigkeiten haben, wie es die wirklich existierenden Planeten auch haben. Die Bahneigenschaften, Abstand, Bahngeschwindigkeit und tägliche Bewegung sind nicht von der Größe der Sonne abhängig, sondern lediglich von deren Masse. Für die Berechnung von Planetenbahnen ist die Lage der Himmelskörper zueinander sowie ihre Masse von Bedeutung. Die Ausdehnung der Himmelskörper ist für die Himmelsmechanik ohne Belang, in der Rechnung wird eigentlich nur die Lage oder, genauer gesagt, ein bestimmter Augenblick aus der Bahnkurve des Himmelskörpers berücksichtigt, wobei zur Positionsangabe der Schwerpunkt dieses Himmelskörpers verwendet wird.

Diese 50 Meter dicke Minisonne, die aber die gleiche Masse hat wie unsere Sonne, könnte innerhalb der Merkurbahn noch eine ganze Reihe kleiner Planeten haben, der sonnennächste Planet könnte aber höchstens bis auf etwa 1,5 Kilometer an die Sonne herankommen, denn würde er sich weiter der Sonne nähern, dann wäre seine Bahngeschwindigkeit so hoch, daß seine Eigengeschwindigkeit die Lichtgeschwindigkeit erreichte — und das wäre sein Ende, er würde zerfallen in einzelne Elementarteilchen, und diese würden sofort in (auf) die Sonne fallen. Kurz bevor solch ein gedachter Planet mit einem Sonnenabstand von genau 1,4766 Kilometer die Lichtgeschwindigkeit erreichte, würde dieser exakt 32 312,52mal in der Sekunde die Sonne umkreisen. Dies ist theoretisch die höchstmögliche Frequenz, die ein Teilchen, das eine Masse von der Größenordnung unserer Sonne umkreist, erreichen kann.

Der Abstand von 1,4766 Kilometer und die Frequenz von 32 312,52 Hz sind echte physikalische Grenzwerte in unserem Sonnensystem. Sie sind beide eigentlich unerreichbar, genauso wie der absolute Temperaturnullpunkt. Es sind jedoch Grenzwerte einer möglichen Form des Daseins. Würde man die Sonne zu einer Kugel zusammenpressen, deren Radius kleiner als 1,4766 Kilometer ist, dann wäre die Sonne unsichtbar, da dies die Schwelle ist, an der sie sich in ein Schwarzes Loch verwandeln würde. Schwarze Löcher sind, wie wir bereits aus den früheren Kapiteln wissen, Massekonzentrationen, deren Gravitation an der Oberfläche so groß ist, daß kein Teilchen dieselben verlassen kann, nicht einmal Photonen, die Informationsteilchen der Lichtübertragung. Schwarze Löcher können keine Lichtstrahlung und keine elektromagnetischen Wellen aussenden oder reflektieren, darum sind sie unsichtbar.

Die ersten Abhandlungen über Schwarze Löcher können in den Schriften des am 9. Oktober 1873 in Frankfurt geborenen Astronomen Karl Schwarzschild nachgelesen werden. Karl Schwarzschild war Direktor der Universitätssternwarte in Göttingen und später Direktor des Astrophysikalischen Observatoriums in Potsdam bei Berlin. Er postulierte die Idee des »Schwarzen Loches« als das Endstadium der Sternentwicklung: Sterne stürzen, wenn die Kernprozesse im Innern erloschen sind, unter dem Einfluß der Gravitation in sich zusammen. Man nennt dies auch Gravitations- oder Schwerkraftkollaps. Es handelt sich um ein rasches Zusammenschrumpfen großer Massen auf einen sehr kleinen Durchmesser mit extremer Dichte, so daß diesem Raum-Zeit-Kontinuum weder Licht noch magnetische Strahlung, noch Materie entweichen kann. Die Beobachtung von Schwarzen Löchern ist nur mittelbar möglich, wenn ein Schwarzes Loch Bestandteil eines Doppelsternsystems ist, da dann die Gravitationswechselwirkung zwischen dem Schwarzen Loch und einem Stern beobachtet werden kann.

Berechnet man zum Beispiel die Größe eines Schwarzen Loches von der Masse der Erde, auf der wir leben, dann kommt man zu einem Radius von etwas weniger als einem halben Zentimeter. Die ganze Erde wäre dann nicht größer als eine Glasmurmel, so wie man sie als Kind zum Spielen benutzt hat.

So unvorstellbar das auch klingen mag, es gibt solche Massekonzentrationen im Universum. Es ist absolut möglich, daß ein Teil von der Größe einer Glasmurmel im All herumschwirrt und eine Anziehungskraft auf andere Himmelskörper ausübt, die ebensogroß ist wie diejenige der Erde. Es gibt sogar Körper im Universum, die etwa einen Durchmesser von drei Kilometer haben — vom Volumen her betrachtet, könnte man diese ohne weiteres in einem Ozean auf der Erde versenken — und doch genau so schwer sind wie unser gesamtes Sonnensystem!

Der Grenzwert für ein Umkippen der Sonne vom strahlenden Körper zum sich zusammenziehenden Körper ist 1,4766 Kilometer, die dazugehörige Grenzfrequenz für eine »mögliche« Planetenumkreisung ist 32 312,52 Hertz. Die erste Unteroktave dieser Frequenz liegt bereits im Hörbereich, sie beträgt:
32 312,52 Hz : 2 = 16 156,26 Hz. Dieser Ton ist ein »c« an der oberen Grenze des vom Menschen hörbaren Frequenzbereiches. Im folgenden sind zur Originalfrequenz die mit den Sinnesorganen wahrnehmbaren Oktavfrequenzen des Sonnentones zusammengestellt:

32 312,52 Hz	Originalfrequenz — Sonnenton
16 156,26 Hz	c'''''''
8 078,13 Hz	c''''''
4 039,06 Hz	c'''''
2 019,53 Hz	c''''
1 009,77 Hz	c'''
504,88 Hz	c''
252,44 Hz	c'
126,22 Hz	c
63,11 Hz	C
31,56 Hz	$\underline{C}$
15,78 Hz	$\underline{\underline{C}}$
.	
.	
3,94 Hz	= 236,66 Anschläge pro Minute
1,97 Hz	= 118,33 Anschläge pro Minute
0,99 Hz	= 59,17 Anschläge pro Minute
0,49 Hz	= 29,58 Anschläge pro Minute

Die Farbe, die diesen Frequenzen oktavanalog entspricht, ist ein Grün mit der Frequenz von 555 Billionen Hz, entsprechend einer Wellenlänge von 540 Nanometer. Diese Wellenlänge und Frequenz liegt im gelblichen Grünbereich und kann als kräftiges Gelbgrün gesehen werden. Der Ton der Sonne, das C, ist der Ton des Tores zum Unhörbaren. Dieser Ton ist die Schwelle zu einer andern Dimension. Meditationen mit diesem Ton werden von einigen Leuten als »unheimlich« empfunden — und dies hat seine Richtigkeit, denn er zeigt die Grenze der heimischen, gewohnten Dimension.

Kapitel 10

Raum-Zeit und Bewußtsein

> Die Raum- und Zeitauffassung, die ich vor Ihnen darlegen möchte, haben ihren Ursprung in der Experimentalphysik, und darin liegt ihre Stärke. Sie sind revolutionär. Von nun an sind der Raum und die Zeit dazu verurteilt, für sich betrachtet ein Schattendasein zu führen, nur eine Vereinigung der beiden wird eine unabhängige Wirklichkeit haben.
>
> *H. Minkowski*, 1908
> (aus der Einleitung seiner Physikvorlesung)

> Die Einsteinsche Relativitätstheorie hat gezeigt, daß Raum und Zeit nicht absolut sind, wie man bis dahin angenommen hatte. Genausowenig ist die Wahrheit in der Wissenschaft absolut. Ein Wissenschaftler kann lediglich Modelle schaffen, die versuchsweise Erfahrungen beschreiben, voraussagen und erklären. Die Wissenschaft ist bloß eine magische Sammlung von Regeln und Standpunkten und funktioniert nur in einem begrenzten Erfahrungskodex. Die neue Physik beruht auf Einsteins Vision einer einheitlichen Feldtheorie, die von der traditionellen Physik vernachlässigt wird. Einer der bedeutendsten Mitbegründer der neuen Physik ist John A. Wheeler, der sich während eines Vortrages anläßlich der Relativitätskonferenz in Oxford am 16. Februar 1974 folgendermaßen äußerte:
>
> »Vielleicht gibt es den funkelnden Mechanismus im Zentrum des Universums gar nicht . . . Vielleicht läßt sich der Schatz, der uns dort erwartet, doch eher als Magie und nicht als Mechanismus beschreiben.«
>
> Die Idee, daß Realität aus einer unbegrenzten Anzahl von gleichzeitig existierenden Universen besteht, wird in der modernen Physik durch Wheelers Begriff vom Überraum ausgedrückt. Die Singularitäten des Raum-Zeit-Kontinuums sind Aus- und Eingangspunkte, die diese verschiedenen Universen verbinden. Die gegenseitige Durchdringung der Universen läßt sich als eine quantenmechanische Streuung im Überraum darstellen. Wenn nach Kant Raum-Zeit ein Gebilde menschlichen Geistes ist, dann ist der Überraum ein Gebilde des kosmischen Geistes.
>
> *Bob Toben*, »Space-Time and Beyond«
> [57, S. 125-127]

In der traditionellen Physik war es üblich, um eine Theorie zu beweisen, eine bestimmte Versuchsanordnung aufzubauen und das Verhalten bestimmter Teile dieser Versuchsanordnung zu beobachten. Mit der Beobachtung war zumeist eine Messung verbunden, und die Meßwerte wurden im Rahmen der Theorie statistisch untersucht. Setzte man die Durchschnittswerte der Meßresultate in die mathematisch formulierten physikalischen Gleichungen ein und fand dabei keinen Widerspruch, das heißt, die Gleichungen gingen auf, dann wurde die postulierte Theorie für richtig befunden. Der Physiker Werner Heisenberg konnte hingegen beweisen, daß es Fälle gibt, wo die klassische Arbeitsmethode nicht mehr hinreichend und genau genug ist, und daß der Beobachter als Teilnehmer mit in die Versuchsanordnung und in die Rechnung einbezogen werden muß, da er durch sein Beobachten den Versuch selbst bereits beeinflußt. Heisenbergs Arbeit über die Unbestimmtheitsrelation beweist, daß der Einfluß des Beobachters unvermeidbar ist.

John A. Wheeler formulierte das in dem Buch »Gravitation« folgendermaßen [61, S. 1273]:

> Kann das Universum etwa irgendwie durch die Teilnahme derer, die daran teilhaben, »ins Leben gerufen werden«?. . .
> Der wichtigste Akt ist der Akt der Teilnahme. »Teilnehmer« ist der unbestrittene neue Begriff, den die Quantenmechanik hervorgebracht hat — den Beobachter der klassischen Theorie gibt es nicht mehr. In der klassischen Theorie steht jemand hinter einer dicken Glaswand und beobachtet die Abläufe, ohne daran teilzunehmen. Die Quantenmechanik besagt, daß es so nicht geht.

Bewußtsein und Erkenntnisstand der führenden Physiker haben das gewohnte Weltbild von Raum und Zeit gesprengt. Die drei Raumkoordinaten (Länge, Breite und Höhe) und die Zeitkoordinaten reichen nicht mehr aus, um das zu beschreiben, was diese Physiker gesehen und nachvollzogen haben. Es mußten neue Begriffe eingeführt werden, die dem Raum und der Zeit übergeordnet sind. Es wurde darum ein sogenanntes vierdimensionales Raum-Zeit-Kontinuum eingeführt, in der Physik auch als Riemannsches Raum-Zeit-Kontinuum bekannt. Raum und Zeit sind voneinander abhängig, das eine ist eine Veränderliche (Variable) des andern. Die Wissenschaft der Physik lehrt heute, daß die Zeit relativ ist! Doch nicht nur die Physik. In der »Morgenlandfahrt«, nach der ersten Erleuchtung, erzählt Hermann Hesse [23, S. 33]:

> Denn mein Glück bestand tatsächlich aus dem gleichen Geheimnis wie das Glück der Träume, es bestand aus der Freiheit, alles irgend Erdenkliche gleichzeitig zu erleben, Außen und Innen spielend zu vertauschen, Zeit und Raum wie Kulissen zu verschieben.

Für Hermann Hesse, ein wahrer Meilenstein und Wegweiser in der Literatur unseres Jahrhunderts, waren die Begriffe Vergangenheit, Gegenwart und Zukunft für sich nicht fundamental. Die Vorstellung, daß man die Zeit verschieben kann wie eine Kulisse, zeigt deutlich den relativen Charakter, den Hermann Hesse der Zeit beigemessen hat.

In so manchen literarischen Werken aus alten und neuen Zeiten wie auch in so manchen Weisheitsbüchern wird der Leser an die Relativität der Zeit erinnert. Man denke zum Beispiel an den Bibelspruch: »Vor Gott ist ein Tag wie tausend Jahre« — und das ist für »jedermann« erlebbar, denn es steht auch deutlich geschrieben, daß Gott überall, auch in uns ist.

Eine Aufzählung der Werke und Abhandlungen über Raum und Zeit würde den Rahmen dieser Publikation sprengen, und es soll hier im folgenden nur auf die Arbeiten einiger bekannter Forscher auf dem Gebiete der Bewußtseinserweiterung hingewiesen werden.

John C. Lilly, amerikanischer Delphinforscher und Psychiater, der einige seiner wissenschaftlichen Forschungsergebnisse mit psychedelischen (die Seele enthüllenden und entfaltenden) Substanzen in den von ihm entwickelten Isolationstanks (auch »Samadhitank« genannt) in seinen Büchern beschreibt, glaubte nicht mehr an die alten Erklärungsmodelle der Psychologie, Medizin und Philosophie vom Menschen; er erkannte sie als einengende Grenzen des Bewußtseins, die es zu überschreiten galt — denn im Bereich des Geistes gibt es keine Grenzen. Und so entdeckte er bisher unbekannte Räume und Dimensionen, andere Zustände des Bewußtseins, die uns allen prinzipiell zugänglich sind, die unserer Entdeckung harren und uns aus dem Gefängnis, das wir uns selbst geschaffen haben, befreien werden. In seinem Buch »Das Zentrum des Zyklons« [38, S. 94 ff] schreibt er:

> Was man für wahr hält, ist entweder wahr oder nicht wahr im eigenen Geist, und zwar innerhalb der Grenzen, die vom Experiment und der Erfahrung determiniert werden. Diese Grenzen sind Überzeugungen, die transzendiert werden müssen . . .
>
> Ich bewegte mich in Universen, die Wesen enthielten, die bei weitem größer waren als ich, so daß ich ein Stäubchen war in ihrem Sonnenstrahl, eine kleine Ameise in ihrem Universum, ein einziger Gedanke in einem ungeheuren Geist oder ein kleines Programm in einem kosmischen Computer. Beim erstenmal, als ich in diese Räume eintrat, wurde ich fortgerissen, getragen, gestoßen, herumgewirbelt und in jeder Beziehung herumgeschleudert von Prozessen, die ich nicht verstehen konnte, Prozesse voller ungeheurer Energie, voller phantastischem Licht und schreckensvoller Gewalt. Mein ganzes Wesen war bedroht, als ich von unermeßlichen Wesenheiten durch diese riesigen Räume gestoßen wurde; Wellen eines Äquivalentes zu Licht, zu Ton, zu Bewegung. Wellen intensiver Emotion verliefen sich in Dimensionen jenseits meines Begriffsvermögens . . .
>
> Dann geriet ich in kleinere und kleinere Dimensionen, bis hinab zu den Quantenebenen, und beobachtete das Spiel der Atome in ihren eigenen unermeßlichen Universen, in ihren weiten, leeren Räumen, mit den phantastischen Kräften, die jedem der entfernten Kerne innewohnten, mit ihren orbitalen Wolken von Kraftelektronen und den Primärteilchen, die von äußeren Räumen in dieses System eindrangen. Es war wirklich furchterregend, die Tunneleffekte und die anderen Phänomene der Quantenebene stattfinden zu sehen. Als ich von diesem Trip zurückkam, wurde mir klar, was für eine Menge von leerem Raum ich in mir hatte und welch unermeßliche Energien in der Substanz meines eigenen Körpers eingeschlossen waren.
>
> Nachdem ich vor meinen eigenen Augen die Kernzertrümmerung und das Freiwerden phantastischer Strahlungsenergien auf mikroskopischer Ebene hatte stattfinden sehen, empfand ich eine neue Achtung für das, was ich in mir her-

> umtrug und was ich in einem gewissen Sinne auf diesen Ebenen des Denkens und Funktionierens war . . .
>
> Man schwingt tatsächlich im Kosmos mit all seinen unendlichen Erscheinungsformen mit. Als ich die grundlegende Überzeugung erlangt hatte, daß die Möglichkeit bestand, mich in jede der unendlichen Variationen im Universum einzustimmen, entstand in mir ein außerordentliches Hochgefühl, ich wurde extrem heiter und stürzte mich in weitere Forschungen . . .
>
> Das Wunder besteht darin, daß das Universum einen Teil seiner selbst geschaffen hat, um den Rest seiner selbst zu studieren, und daß dieser Teil, indem er sich selbst studiert, den Rest des Universums in seinen eigenen, natürlichen inneren Wirklichkeiten findet.

Es scheint, daß die Erfahrungen, die unter anderem namhafte, weltbekannte Wissenschaftler und Forscher mit psychedelischen Substanzen wie Psilocybin, Ololiuqui, Meskalin, LSD (Lysergsäurediäthylamid) und anderen gemacht haben, sich mit den Erkenntnissen der modernen relativistischen Physik decken. So schreibt der Entdecker der Substanz LSD, der Basler Chemiker Albert Hofmann, von seinen Erfahrungen mit dieser Substanz [26, S. 32]:

> Alle Anstrengungen meines Willens, den Zerfall der äußeren Welt und die Auflösung meines ICHs aufzuhalten, schienen vergeblich . . . Ich war in eine andere Welt geraten, in andere Räume mit anderer Zeit.

Das Zitat stammt aus Hofmanns Buch »LSD — Mein Sorgenkind«. In dem Buch wird auch der bekannte Basler Professor Rudolf Gelpke zitiert, der von einem Psilocybinversuch am 6. April 1961 schreibt [26, S. 135]:

> Dieser Rausch war ein Weltraumflug nicht des äußeren, sondern des inneren Menschen, und ich erlebte die Wirklichkeit einen Augenblick von einem Standort aus, der irgendwo jenseits der Schwerkraft der Zeit liegt.

Der Schriftsteller Ernst Jünger schreibt über seine LSD-Erfahrung [26, S. 176f]:

> Die Strahlen und Götter der Wunderblumen schwenkten in neue Ebenen, in neue Felder ein. Myriaden von Molekülen beugten sich der Harmonie. Hier wirkten die Gesetze nicht mehr unter dem Schleier der Erscheinung, der Stoff war so fein, so ohne Schwere, daß er sie offen spiegelte. Die Zahlen, Maße und Gewichte traten aus der Materie hervor. Sie warfen ihre Gewänder ab. Kühner und freier konnte keine Göttin sich dem Eingeweihten mitteilen. Die Pyramiden reichten mit ihrer Schwere an diese Offenbarung nicht heran. Das war pythagoreischer Glanz.

Eine der bekanntesten Persönlichkeiten, die oft mit dem Begriff Bewußtseinserweiterung in Verbindung gebracht wird, ist der amerikanische Professor Timothy Leary. Das folgende Zitat möge seine Erfahrungen bezüglich der Raum-Zeit-Erfahrung und des Erlebens der Dimensionen veranschaulichen. Es ist dem Buch »The Politics of Ecstasy« entnommen. Zum Verständnis des Zitats sei hier noch der Begriff Ontologie erläutert. Die Ontologie ist die Wissenschaft, die die

Grundlagen des reinen Seins abhandelt, der Teil der Metaphysik, der die Natur und das Wesen der Dinge behandelt; die Ontologie ist die Lehre vom Sein und besonders von den Bestimmungsgründen des Seienden [35, S. 197 f].

> Ich will das Problem umreißen, wie ich es sehe. Zunächst möchte ich es ontologisch, im wissenschaftlichen Sinne definieren. Ontologisch gibt es eine unendliche Zahl an Realitäten, von denen jede durch die besondere, gebräuchliche Raum-Zeit-Dimension definiert ist. Aus der Sicht einer Realität kann man glauben, daß die andern Realitäten halluzinatorisch oder psychotisch oder geheimnisvoll sind, aber das erscheint uns nur so, weil wir auf der Ebene einer einzigen Raum-Zeit-Dimension gefangen sind.
>
> Es ist seit Jahrtausenden bekannt, daß der Mensch sein Bewußtsein und die inneren Ebenen der Energie und Weisheit verändern und erfahren kann, was manchmal Offenbarung genannt wird — das heißt direktes, persönliches Erlebnis. In jeder Kultur gab es Menschen, die das Bewußtsein studierten. Man nannte sie Schamanen oder Alchimisten oder Gurus. Diese Menschen haben die Wissenschaft der Bewußtseinserweiterung studiert. Den meisten Menschen ist nicht klar, daß die Bewußtseinserweiterung ein ebenso kompliziertes Problem ist wie das Studium der Physik, weil das Nervensystem und die für den Menschen erreichbaren Bewußtseinsebenen in ihrer Kompliziertheit unendlich sind. Und die Techniken und Methoden, mit denen man den Bewußtseinsstrom und seine Energien anturnt [lies: »antörnt«, was soviel heißt wie Fühlung mit den Sinnesorganen aufnehmen, mit der zellularen Weisheit, mit dem inneren Universum] und kontrolliert, mit denen man aufzeichnet, wohin man gegangen ist, und mit denen man anderen zu diesen Entdeckungen verhilft, sind dem Gebrauch des Mikroskops sehr ähnlich, denn das Mikroskop turnt uns für Energieebenen an, die für das bloße Auge unsichtbar sind. Das Anturnen erfordert eine Veränderung der Physiologie des menschlichen Körpers. Man kann sich nicht mit dem Verstand anturnen, man kann sich nicht mit der Arbeit anturnen . . .
>
> Heute turnen wir uns mit Chemikalien an, weil wir in einer chemischen Gesellschaft leben. In zehn oder fünfzehn Jahren werden Chemikalien wie LSD veraltet sein . . .

John Lilly schreibt in seinem Buch »Der Scientist« [40, S. 112f]:

> Grenzenlose Kräfte der Evolution peitschen mich durch farbige Lichtströme, die sich materialisieren, während die Materie zu Licht wird. Aus dem Licht bilden sich Atome, aus den Atomen bildet sich Licht. Diese Transaktionen werden von einem unermeßlichen Bewußtsein gelenkt . . . Die mich umgebenden Vorgänge durchdringen mein Sein, bedrohen meine eigene Integrität, versuchen mein Sein in der Zeit zu stören. Es gibt keine Zeit. Dies ist ein unendlicher Platz. Hier entstehen unendliche Prozesse . . . Es gibt keine Existenz, kein Sein außer diesem in allen Zeiten. Es gibt keinen Platz, an den man zurückkommen kann. Es gibt keine Zukunft, keine Vergangenheit, nur dies.

Kapitel 11

Die Töne der Planeten

Die Planeten

Tagsüber, wenn es hell ist, kann man alles auf der Erde in den hellsten Farben erblicken, jede Blüte zeigt sich in einer ihr eigenen Farbe, jeder Busch, jeder Baum zeigt sich in einem andern Grün. Eine unendliche Vielfalt von Farben und Formen wird uns geboten — hingegen des Nachts erkennt man nur die Umrisse all dieser schönen Gewächse, vom Gebirge sieht man gerade noch die Bergspitzen, die sich vom Himmel abzeichnen. Und doch sieht man des Nachts viel weiter als tagsüber. Am Tag sieht man gerade bis zur Sonne, etwa 150 Millionen Kilometer weit, alles was dahinter ist, verbirgt sich im Blau des Himmels, wie die Farben der Blumen sich des Nachts in der Dunkelheit verbergen. Nachts erblicken wir Tausende von Lichtern, die teilweise viele Millionen mal weiter weg sind als unsere Sonne — kaum zu glauben, aber nachts sieht man viel weiter als tagsüber!

Es gab Zeiten, da arbeiteten die Menschen nicht so viel wie heute und hatten mehr Zeit und Muße. Und so betrachteten sie das Firmament und freuten sich an all diesen glitzernden und leuchtenden Punkten. Die einen sind silbern, die andern golden, und wieder andere sind rötlich oder bläulich, andere wieder pulsieren rhythmisch und werden heller und dunkler. So beim Betrachten des Himmels fiel dem einen oder andern ziemlich bald auf, daß es da sehr helle und leuchtende Sterne gab, die manchmal abends gut sichtbar waren und dann auf einmal verschwanden. So begannen sich die ersten Menschen zu Astronomen zu verwandeln, denn sie freuten sich nicht nur am Himmel mit all seinen Lichtern, sondern schenkten einigen Himmelslichtern ihre besondere Aufmerksamkeit und begannen dieselben zu beobachten. Und tatsächlich — es gab Sterne, die manchmal da waren und manchmal nicht, die am Himmel umherwanderten, vor und zurück und wieder vor, ja sie zeichneten über die Monate und Jahre hinweg richtige Lotusblüten an den Himmel. Es waren ganz wenige, die so umherwanderten, die meisten hatten ihren festen Platz. Darum unterschied man die einen von den andern und gab ihnen Namen. Die mit den festen Plätzen nannte man Fixsterne, die andern Wandelsterne. Die Griechen nannten die Wandelsterne Planeten, was soviel heißt wie die Umherziehenden. Das Wort Planet wird heute noch allgemein als Bezeichnung für die Wandelsterne gebraucht.

Planeten sind gar keine richtigen Sterne, sie spiegeln eigentlich nur das Sonnenlicht wider, so wie es auch der Mond tut. Zwischen der Sonne und der Erde ziehen zwei Planeten ihre Kreise (Ellipsen). Der sonnennächste ist recht klein und nur selten als Morgen- oder Abendstern zu sehen, zumeist nur, wenn es dämmert; er wird Merkur genannt. Außer dem Merkur kreist die Venus noch innerhalb der Erdbahn um die Sonne. Die Venus ist nur geringfügig kleiner als die Erde und kommt uns näher als irgendein anderer Planet, sie ist darum auch zuweilen das hellste Nachtgestirn (außer dem Mond natürlich). Auch die Venus ist abwechselnd Morgen- und Abendstern. Die Venus ist oft der erste sichtbare Stern am Himmel nach dem Sonnenuntergang, bzw. der noch am letzten sichtbare in der Morgendämmerung. Merkur und Venus sind nur morgens und abends sichtbar, niemals mitten in der Nacht, da sie, von der Erde aus gesehen, sich immer in der Nähe der Sonne befinden. Es gibt keine Sonne-Venus-Oppositionen oder Sonne-Merkur-Quadrate.

Im Gegensatz zu den inneren Planeten, die zwischen der Erde und der Sonne ihre Umlaufbahn haben, umkreisen die äußeren Planeten die Sonne in einem größeren Abstand als die Erde. Je nach gegenseitiger Lage von Sonne, Erde und anderen Planeten sind die äußeren Planeten die ganze Nacht über sichtbar. Von den äußeren Planeten ist der Mars derjenige, der am nächsten an unsere Erde herankommt, er ist wesentlich kleiner als die Erde, so daß er knapp siebenmal Platz in der Erde finden würde. Der Mars erscheint in einem Rhythmus am Himmel, der etwas über zwei Jahre dauert, und wenn er gen Mitternacht im Süden steht, sticht sein fast rötliches Leuchten aus der funkelnden Schar der Sterne hervor.

Jupiter ist der Größte! Weit über tausend Erden haben in einem Ball von der Größenordnung des Jupiter Platz. Das gelbweißliche Leuchten des Jupiter überstrahlt zuweilen alle Sterne in seiner Umgebung, obwohl der Jupiter, wenn er am hellsten ist, immer noch etwa viermal weiter weg von der Erde ist als die Sonne, doch seine gewaltige Ausdehnung spiegelt so viel Sonnenlicht wider, daß er prächtig und majestätisch seinen Glanz zu uns sendet.

Saturn ist der äußerste Planet, den man ohne Fernrohr noch gut erkennen kann. Sein Licht ist eher silbern und scheint mild, es gleicht schon eher dem Strahlen eines echten Sterns. Saturn ist auch viel größer als die Erde, über 700 Erden haben darin Platz. Wenn Saturn um Mitternacht im Süden steht und in seiner hellsten Phase ist, ist der Weg zu ihm etwa achtmal weiter als der Weg zur Sonne.

Merkur, Venus, Mars, Jupiter und Saturn waren schon im Altertum bekannt. Wegen ihrer wechselnden Erscheinungsweise und unterschiedlichen Ausstrahlung, die sich stets wandelte, hielt man die Planeten für beseelt und erhob sie zu Göttern. Es gab — und gibt — richtige Sternenreligionen. In verschiedenen Kulturen des Altertums wurden die Götter mit den Planeten in Verbindung gebracht. Vor allem die Mythen der alten Griechen, Italiker und Römer legen bis heute davon Zeugnis ab.

Wegen der engen Beziehung der Götter zu den Planeten benannte man die erst in den letzten Jahrhunderten entdeckten Planeten auch nach griechischen Gottheiten. Uranus, Neptun und Pluto kann man nur mit optischen Hilfsgeräten beobachten. Uranus wurde 1781, Neptun 1846 und Pluto 1930 entdeckt. Ob es noch weitere Planeten gibt, kann man nicht mit Sicherheit sagen, das steht in den Sternen geschrieben!

Es gibt jedoch allerlei astrologische Systeme, die zum Teil mit einem weiteren, zum Teil mit mehreren Planeten arbeiten, die noch nicht entdeckt sind. So veröffentlichte Rudolph Witte (Hamburger Schule) lange vor der Entdeckung des Pluto eine ganze Liste von sogenannten »transneptunischen Planeten«, doch der Pluto, den man dann 1930 entdeckte, war nicht dabei. . .

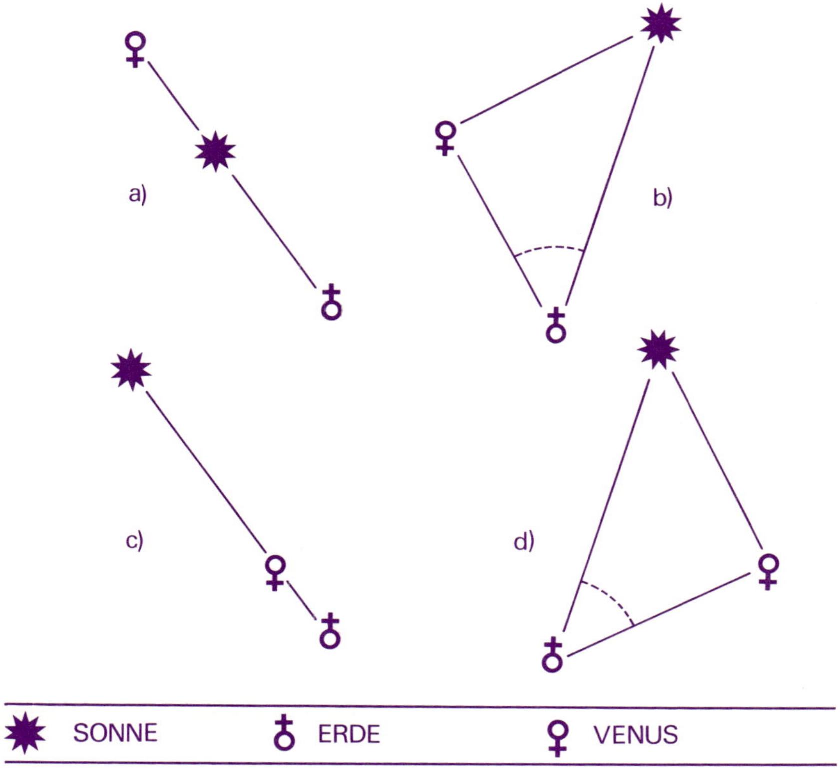

Abb. 32
Die Phasen der Venus im synodischen Umlauf:
a) Obere Sonne-Venus-Konjunktion, die unsichtbare Venus ist hinter der Sonne.
b) Östliche Elongation, die Venus ist als Abenstern sichtbar.
c) Untere Sonne-Venus-Konjunktion, die Venus ist zwischen der Sonne und der Erde, sie ist unsichtbar und hat die größte Erdnähe erreicht.
d) Westliche Elongation, die Venus ist als Morgenstern sichtbar.

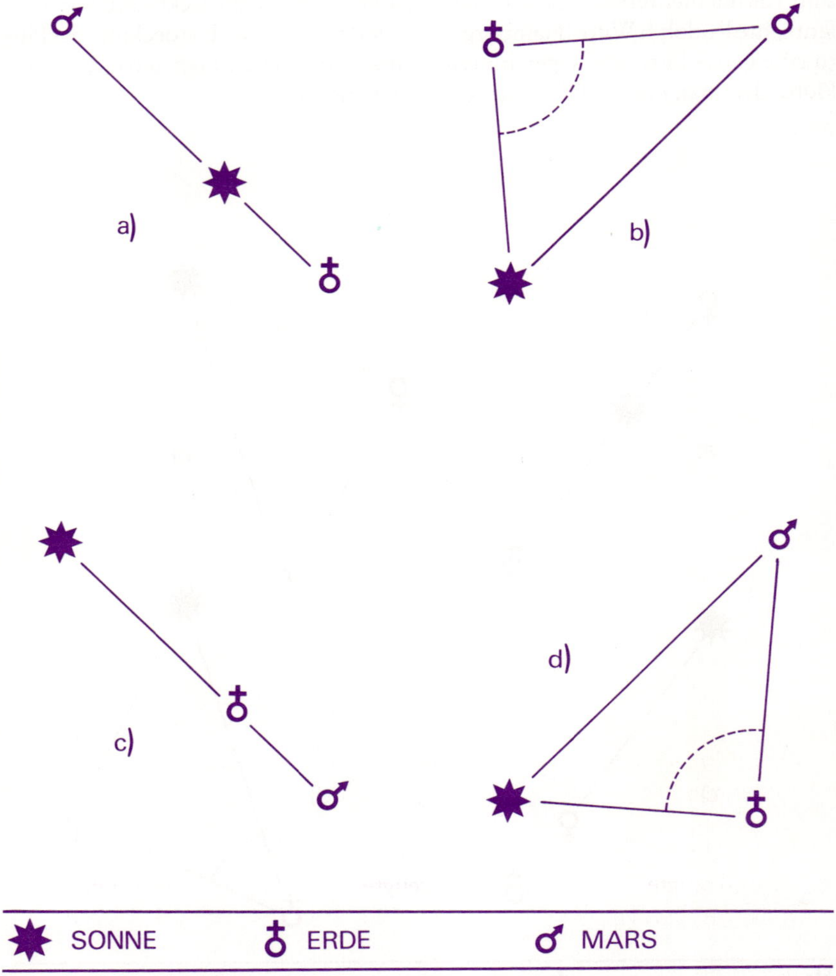

Abb. 33
Die Phasen des Mars im synodischen Umlauf:
a) Sonne-Mars-Konjunktion, der unsichtbare Mars ist hinter der Sonne.
b) Sonne-Mars-Quadrat, der Mars ist nach Sonnenuntergang im Süden zu sehen, gegen Mitternacht geht der Mars unter.
c) Sonne-Mars-Opposition, gegen Mitternacht ist der Mars im Süden, er hat die größte Erdnähe erreicht, jetzt ist der Mars am hellsten.
d) Sonne-Mars-Quadrat, gegen Mitternacht geht der Mars auf, wenn die Sonne aufgeht, steht der Mars im Süden.

MYTHOLOGISCHER EXKURS

Die Namen der Planeten, die wir heute verwenden, stammen aus dem römischen und antiken griechischen Kulturkreis. Darum wird in diesem Exkurs — zum näheren Verständnis dieser Namen und in Ergänzung zur reinen naturwissenschaftlichen Betrachtung — die verwandtschaftliche Beziehung der Planetengötter im mythologischen Zusammenhang kurz erklärt und erläutert.

Der göttliche Stammbaum der Planeten nach der Überlieferung des antiken Griechenlands:

Am Anfang war das Chaos
und
gebar aus sich
Gäa. die Erde.
Gäa gebar wiederum aus sich
Uranos.
Uranos
vermählte sich mit
Gäa.
Uranos und Gäa zeugten
Kronos (Saturn).
Kronos vermählte sich mit Reha.
Kronos und Reha zeugten

Pluto. Pluto vermählte sich mit Persephone.	Zeus (Jupiter). Zeus vermählte sich mit	Poseidon (Neptun). Poseidon vermählte sich mit Amphitrite.
Dione und zeugte Aphrodite (Venus).	Hera und zeugte Ares (Mars).	Maia und zeugte Hermes (Merkur).

Merkur ist der handeltreibende Gott (von lat. *mercari* = Handel treiben). Mercurius fand als Kaufmannsgott im alten Rom Eingang. Sein griechischer Name ist Hermes. Hermes ist der Herold und Bote von Zeus. Hermes ist der Sohn des Zeus, seine Mutter ist die Maia. Hermes ist der Beschützer der Kaufleute und der Diebe, er ist der Gott der gewandten Rede, gilt als erfinderisch und verschmitzt. Es wird überliefert, daß Hermes gleich nach seiner Geburt die Kinder des Apollo stahl und sie rückwärts in eine Höhle zog, so daß die Spuren nach auswärts zeigten. Als er dann von Apollo entdeckt wurde, versuchte er sich durch geschickte Lügen aus dem Spiel zu ziehen. Er rückte erst auf Befehl seines Vaters Zeus die Kinder wieder heraus und versöhnte Apollo durch das Geschenk einer Leier, die er eben zuvor gefunden hatte. Venus ist eigentlich die Anmutige, eine altitalische Gartengöttin, deren römischer Kult wahrscheinlich aus der latinischen Stadt Ardea stammt. Später wurde die Venus im Rahmen der Hellenisierung mit der griechischen Göttin Aphrodite gleichgesetzt. Aphrodite soll die Tochter des Zeus und der Dione sein. Andererseits wird berichtet, sie sei aus den Wellen des Meeres geboren. Als Kronos dem Uranos das Zeugungsglied abschnitt, warf er es ins Meer; aus dem Schaum, der sich darum anhäufte, ging die Aphrodite hervor. Die Aphrodite ist so etwa das Gegenteil der »unbefleckten Maria Mutter Gottes«, wie sie von den Katholiken verehrt wird. Aphrodite ist die Göttin der üppigen Fruchtbarkeit, der Liebe, des Reizes und der Anmut. Ihr Gemahl war der Hephästos, aber sie hatte auch eine Liebschaft mit Ares (Mars) und eine Verbindung zu Adonis, dem schönen Jüngling. Der Name Adonis ist ziemlich sicher vom Semitischen abgeleitet und identisch mit *Adonai*, was soviel heißt wie: mein Herr. Der jüdische Gott wurde auch mit Adonai angeredet. Hermes und Aphrodite ergeben zusammen das Zweigeschlechtliche, den Hermaphroditen.

Mars war der Hauptgott der alten Italiker. Er ist der Gott der Krieger und der Gott des Frühlings. Der Frühling fängt im Monat März an, März kommt von *Martius*, der Mars-Monat, der Frühlingsmonat. Die Römer stellten später den Gott Mars dem griechischen Gott Ares gleich. Ares ist der Sohn des Zeus und der Hera und war der Liebhaber der Aphrodite (Venus). Der Mars ist Sinnbild des Mannes, die Venus dasjenige der Frau. Jupiter ist der italische Gott des lichten Himmels, auch *Lecitus*, der Lichtbringer, genannt. Ihm waren die Vollmondtage geweiht. Als Gott der Witterung wurden für ihn die Winzerfeste gefeiert. Als Gott des Gewitters war er der allesschauende Himmelsgott und Beschützer von Recht und Treue. Jupiter wurde dann im alten Rom dem griechischen Zeus gleichgestellt. Der Name Zeus kommt aus dem Sanskrit von *djaus*. Djaus ist in der vedischen Literatur und Mythologie der Gott des Himmels, der aber schon im Rigveda, ebenso wie die ihm zur Seite stehende Göttin Prithivi, die Vergöttlichung der Erde, in den Hintergrund tritt. Djaus ist der höchste und ein sehr, sehr alter Gott der Indogermanen. Sein althochdeutscher Name war Ziu, der altnordische Name war Thyr, der urgermanische Name Tiwaz, sprachlich verwandt mit *devas*, altindisch für Götter, heute noch gebräuchlich als *deva* = göttlich. Auch das lateinische *deus* leitet sich davon ab. Das althochdeutsche Wort *Ziestac* lebt in der Schweiz als »Zischtig« für Dienstag weiter. Zeus wohnte auf dem Berge, auf dem Olymp, so wie Shiva (wohl der gleiche Name wie Tiwaz) auf dem Kailashberg im Himalaya daheim ist. Zeus wird von Homer »der Wolkensammler« genannt, weil er auf dem Berge wohnt. Wie der Fürst auf der Burg thront Zeus auf dem Berge, umgeben von seiner Gefolgschaft, den übrigen Göttern. Zeus ist der jüngste Sohn von Kronos und der Reha, er wurde auf dem Ida, dem höchsten Berg Kretas, geboren. Kein Gott wird so verehrt wie Zeus, die Könige heißen bei Homer die Zeusgeborenen *(diogenes)*.

Saturn ist ein altrömischer Gott. Ihm zu Ehren wurden am 17. Dezember die Saturnalien gefeiert, ein großes Fest, bei dem die Herren die Sklaven bewirteten. Dem römischen Saturnus entspricht der griechische Gott Kronos. Kronos ist der Sohn des Uranos und der Gäa und vermählte sich mit der Reha. Er hatte viele Kinder: Hestia, Demeter, Hera, Hades, Poseidon, Pluto, Zeus und andere mehr. Da dem Kronos geweissagt war, er werde durch eines seiner Kinder die Herrschaft verlieren, verschlang er sie alle nach der Geburt, doch den jüngsten Sohn Zeus versteckte die Mutter Reha. Später zwang Zeus den Vater Kronos, die verschlungenen Kinder wieder auszuspeien, dann entthronte Zeus Kronos, entmachtete ihn, so daß er seine Herrschaft verlor und warf ihn in den Tartaros, einen tiefen finsteren Abgrund, der so weit unter der Unterwelt ist wie der Himmel über der Erde.

Uranos ist der vergöttlichte Himmel, Sohn und Gemahl der Erde, der Gäa. Aus Haß verbarg Uranos seine Kinder gleich nach der Geburt in der Tiefe der Erde. Diese aber rächten sich dafür, auf Wunsch und Veranlassung der Mutter. Gäa, die Erde, gab dem Kronos eine Sichel, womit er dem Uranos das Zeugungsglied abschnitt. Er warf es ins Meer, die letzten Tropfen des Lebenssaftes des Uranos vermischten sich mit den Wellen zu Schaum, und daraus ging die anmutige Aphrodite, die schöne Venus, hervor.

Neptun ist ein altitalischer Gott des fließenden Wassers. Das Fest des Neptunus wurde am 23. Juli gefeiert, ihm wurden Opfer dargebracht, auf daß die Quellen und Flüsse nicht versiegen mögen. Das griechische Pendant zu Neptun war Poseidon, der Gott der Meere und der Gewässer. Poseidon ist der Sohn von Kronos und Reha, seine Gattin ist die Amphitrite. Poseidon wird zumeist mit dem Dreizack dargestellt. Im Erechtheion in Athen konnte man die Spur seines Dreizacks sehen. Bei einem Streit mit Athene um Attika hatte er ihn in den Felsen gestoßen. Dadurch hatte er dort eine sprudelnde Quelle hervorgerufen. Neben dem Dreizack sind noch der Fisch und der Delphin seine Sinnbilder. Poseidon hatte als Gott in der Antike eine sehr wichtige Stellung. Da die Griechen sich den Übergang ins Totenreich als eine Wasserfahrt vorstellten, wußten sie, wie wichtig es war, daß der Gott des Meeres, Poseidon, ihnen wohlgesonnen war. Einige Altertumsforscher nehmen an, daß Poseidon der Hauptgott der Urgriechen war, so wie Shiva, der ebenfalls immer mit einem Dreizack dargestellt wird, ein Hauptgott und der älteste Gott in der vorvedischen Induskultur gewesen ist.

Pluto ist der Gott der Unterwelt, sein römischer Kollege ist der Hades. Pluto ist ein Sohn von Kronos und Reha, er ist der Bruder von Zeus und Poseidon. Seine Gemahlin ist Persephone. Pluto galt als furchtbar und unerbittlich. Pluto entriß dem Orpheus seine Gemahlin Eurydike und verschleppte sie in die Unterwelt. Orpheus war ein außerordentlich begabter Zitherspieler und Sänger. Sein Gesang war so überwältigend schön, daß Orpheus sogar den unerbittlichen Pluto bewegen konnte, ihm seine Gemahlin Eurydike wiederzugeben, als er in die Unterwelt hinabstieg und Pluto mit seinem Gesang beehrte.

Die synodischen Töne der Planeten

Der Rhythmus der Wandlung des Erscheinungsbildes eines Planeten am Himmel ist bestimmt von der Dauer seines synodischen Umlaufs. Der synodische Umlauf ist die Zeitspanne von einer Konjunktion eines Planeten mit der Sonne bis zur nächsten. Zu Zeiten der Konjunktion eines Planeten mit der Sonne ist der Planet nicht sichtbar, da die Sonne denselben überstrahlt. Die äußeren Planeten sind am besten sichtbar, wenn sie in Opposition zur Sonne stehen, das ist etwa nach einer halben synodischen Periode. In diese Zeit fällt auch die sogenannte Rückläufigkeit wie auch die größte Erdnähe. Wenn ein Planet rückläufig ist, dann hat er natürlich nicht seinen Rückwärtsgang eingeschaltet, sondern bewegt sich kontinuierlich auf seiner Bahn. Die Rückläufigkeit ist ein rein optischer Effekt, der durch die höhere Bahngeschwindigkeit der Erde und die damit verbundene Verschiebung der Projektion des Sichtstrahles Erde-Planet gegenüber dem Fixsternhimmel verursacht wird.

Die inneren Planeten Merkur und Venus sind, von der Erde aus gesehen, manchmal wirklich rückläufig, nämlich wenn diese sich zwischen der Erde und der Sonne befinden. Die inneren Planeten haben auch zwei Konjunktionen mit der Sonne im Lauf einer synodischen Periode, eine untere, wenn sie zwischen Erde und Sonne sind, und eine obere, wenn sie sich, von der Erde aus gesehen, hinter der Sonne befinden. Wenn ihr Abstand von der Sonne (von der Erde aus gesehen) am größten ist, spricht man von der Elongation, dann sind sie auch gut sichtbar. Nach einer unteren Konjunktion sind die inneren Planeten als Morgenstern sichtbar, nach einer oberen Konjunktion sind sie als Abendstern sichtbar (siehe auch Abbildungen 32 und 33 auf Seiten 113 und 114).

Die beiden Nachbarplaneten der Erde, Venus und Mars, haben die längsten synodischen Perioden, die des Mars dauert weit über zwei Jahre, die der Venus gut anderthalb Jahre. Merkur, der sonnennächste Planet, ist der einzige, dessen synodische Periode kürzer als ein Jahr ist, sie dauert nur etwa vier Monate.

Bei den Planeten Merkur und Venus kann man sehr gut die Phasen beobachten, vor allem die Venus erscheint im Fernrohr oft als eine Sichel, wie der zu- oder abnehmende Mond. Die Entstehung der Planetenphasen ist genau gleich wie beim Mond, von der Erde ist einfach nur ein Teil der beleuchteten Partie des Planeten sichtbar, der andere Teil, der von der Erde aus gesehen werden kann, ist in diesem Fall nicht beleuchtet.

Die Daten der Tabelle mit den synodischen Umlaufzeiten sind im wesentlichen den »Rhythmen der Sterne« von Joachim Schulz entnommen [52, S. 216]. Die genauen mittleren Werte von Uranus, Neptun und Pluto wurden durch neuere Beobachtungsdaten verbessert und ergänzt.

Da der Pluto derzeit, Mitte der achtziger Jahre, bereits näher an der Sonne ist als der Neptun, ist die synodische Umlaufzeit des Pluto derzeit auch geringfügig länger als diejenige des Neptun. Periheldurchgang des Pluto ist 1989, das heißt,

Die mittleren synodischen Umlaufzeiten

Planet	*runder Wert*	*mittlerer Wert*	*Schwankung*
Merkur	etwa 4 Monate	115,8774 Tage	104—132 Tage
Venus	1 Jahr, 7 Monate	583,9205 Tage	577—592 Tage
Mars	2 Jahre, 2,5 Monate	779,9382 Tage	764—810 Tage
Jupiter	1 Jahr, 1 Monat	398,8864 Tage	395—404 Tage
Saturn	1 Jahr, 0,5 Monate	378,0928 Tage	376—380 Tage
Uranus	1 Jahr, 0,5 Wochen	369,66 Tage	1 Tag
Neptun	1 Jahr, 0,5 Wochen	367,49 Tage	1 Tag
Pluto	1 Jahr, 2 Tage	366,74 Tage	1 Tag

dann erreicht der Pluto seine sonnennächste Position, danach entfernt er sich wieder von der Sonne, um nach etwa 124 Jahren den sonnenfernsten Punkt zu durchlaufen (Apheldurchgang). Darum ist genaugenommen der synodische Ton des Pluto in diesen Jahren etwas tiefer als derjenige des Neptun. Die angegebenen synodischen Perioden, wie auch die dazugehörigen Töne, basieren auf langjährigen Mittelwerten. Damit man sich diese Schwankungen musikalisch auch vorstellen kann, wurden zu den mittleren synodischen Tönen immer zusätzlich der jeweils höchste und tiefste Ton hinzugefügt, der im Extremfall bei einer besonders kurzen bzw. langen Synode entsteht.

Planet	*Tonfrequenz*	*Oktavzahl*	*Tonbezeichnung*	*Schwankung*
Merkur	214,5 Hertz	31	a	239—188 Hz
Venus	170,3 Hertz	33	f	172—168 Hz
Mars	127,5 Hertz	33	c	130—123 Hz
Jupiter	124,6 Hertz	32	h/c	126—123 Hz
Saturn	131,5 Hertz	32	c	135—131 Hz
Uranus	134,5 Hertz	32	cis	1/3 Hz
Neptun	135,3 Hertz	32	cis	1/3 Hz
Pluto	135,6 Hertz	32	cis	1/3 Hz

Die synodischen Perioden des Merkur haben den größten Schwankungsbereich, so daß der synodische Oktavton zwischen einem g und einem h hin und her pendelt. Das a ist ein Mittelwert. Das f der Venus ist schon wesentlich konstanter und schwankt nur um etwa 2 Hz nach unten und nach oben. Mars hat wiederum einen Bereich von etwa einem Halbton, in welchem sein synodischer Ton hin- und herschwankt. Der Schwankungsbereich der äußeren Planeten ist geringer, Neptun hat den synodischen Ton mit der größten Konstanz.

Das Mandala der Venus

Die siderische Umlaufzeit der Venus dauert etwa 225 Tage, die der Erde etwa 365 Tage. Die synodische Umlaufzeit der Venus dauert etwa 584 Tage. Berechnet man die Verhältnisse dieser Zahlen zueinander, dann kann man eine auffallende Proportion feststellen. Es ist 225:365 = 0,62 und 365:584 = 0,62, und somit ist 365 der Goldene Schnitt von 225 und 584. Der genaue Wert des Goldenen Schnittes ist 0,618 033 988 74... und wird wie folgt ermittelt: Man berechnet die Quadratwurzel aus 5, zieht davon 1 ab und teilt das Resultat durch 2. Ist eine Strecke von 100 cm Länge in zwei Abschnitte aufgeteilt, wovon der eine 61,803... cm und der andere 38,196... cm lang ist, dann verhält sich die ganze Strecke zum großen Abschnitt wie der große Abschnitt zum kleinen, denn es ist 100:61,803... = 1,618033... und ebenso 61,803...:38,196... = 1,618 033.... Es gelten weiter folgende interessanten mathematischen Beziehungen:

$$1:0{,}618\,033\,988... = 1{,}618\,033\,988... = 1 + 0{,}618\,033\,988...$$
$$1{,}618\,033\,988 \cdot 1{,}618\,033\,988... = 2{,}618\,033\,988... = 2 + 0{,}618\,033\,988...$$
$$1 - 0{,}618\,033\,988... = 0{,}381\,966\,011... = 1 : 2{,}618\,033\,988...$$

Der Goldene Schnitt wird auch göttliche Teilung *(sectio divina)* genannt und spielt in der Geometrie eine große Rolle. Die göttliche Teilung zeichnet sich durch Stetigkeit aus, darum wird sie auch stetige Teilung genannt.

Teilt man den Radius eines Kreises im Goldenen Schnitt, dann ist der größere Abschnitt dieser göttlichen Teilung gleich der Seite des in den Kreis einbeschriebenen Zehnecks. Auch der Fünfstern ist Ausdruck des Goldenen Schnitts, denn letzterer zeigt sich dort in allen Ecken und Enden. Fünfeck und Fünfstern sind wahrlich intensiver Meditation wert, in diesen einfachen Figuren zeigen sich nach längerer Betrachtung tiefste Geheimnisse kosmischer Strukturen. Durch die Stetigkeit aller Teilungen ist der Fünfstern ein Mandala, das den innern Energiefluß zum Strömen bringt wie kein anderes! Die Meditation beginnt mit Zirkel und Lineal (Winkel) und endet im völligen Einklang mit der universellen, kosmischen Energie.

Wer lang an den Himmel schaut und dem Weg der Venus folgt, der sieht wie dieser Planet im Zeitraum seiner fünf Erdannäherungen jeweils ein zehnblättriges Mandala, einen zehnblättrigen Lotus am Firmament zeichnet, je ein Blütenblatt als Morgen- und als Abendstern. Die Sonne-Venus-Konjunktionen (vom Planeten Erde aus gesehen) finden ziemlich genau in Fünfeckpunkten in der Ekliptik statt. In acht Jahren wiederholt sich der Sonne-Venus-Konjunktions-Zyklus, wobei die Verschiebung in diesem Zeitraum durchschnittlich etwa 1,5 Grad ausmacht. Nach etwa acht Jahren findet etwa am selben Punkt der Ekliptik eine gleichartige Sonne-Venus-Konjunktion statt, das heißt entweder eine obere Konjunktion (Venus hinter der Sonne) und nach acht Jahren dann wieder eine solche an der gleichen Stelle oder eine untere Konjunktion (Sonne hinter der Venus) und dann nach acht Jahren wieder eine ebensolche. Nach jeweils vier Jahren findet am gleichen Ort eine andersgeartete Sonne-Venus-Konjunktion statt. Dort wo eine obere Sonne-Venus-Konjunktion stattfindet, kann man 4 Jahre später eine untere Sonne-Venus-Konjunktion feststellen und natürlich auch umgekehrt: Dort wo eine untere stattfindet, kann man nach vier Jahren eine obere konstatieren.

Die Venus beschreibt in acht Jahren einen zehnblättrigen Lotus am Himmel, die geozentrische Entfernungswertebahn zeigt indes im gleichen Zeitraum ein fünfblättriges Mandala.

Tabelle der Sonne-Venus-Konjunktionen von 1984 bis zum Jahr 2000

Zyklus (Jahre)		*Art der Konjunkt.*	*Datum*	*Position im Tierkreis*	*Winkeldifferenz*
		obere	15. Juni 1984	25° Zwillinge	
		untere	3. April 1985	14° Widder	71°
	4	obere	19. Januar 1986	29° Steinbock	75°
		untere	5. Nov. 1986	13° Skorpion	76°
		obere	23. August 1987	30° Löwe	73°
8		untere	13. Juni 1988	22° Zwillinge	68°
		obere	4. April 1989	15° Widder	67°
	4	untere	18. Januar 1990	29° Steinbock	76°
		obere	1. Nov. 1990	9° Skorpion	80°
		untere	22. August 1991	29° Löwe	70°
		obere	13. Juni 1992	23° Zwillinge	66°
		untere	1. April 1993	12° Widder	71°
	4	obere	17. Januar 1994	27° Steinbock	75°
		untere	2. Nov. 1994	10° Skorpion	77°
		obere	20. August 1995	27° Löwe	73°
8		untere	10. Juni 1996	20° Zwillinge	67°
		obere	2. April 1997	13° Widder	67°
	4	untere	16. Januar 1998	26° Steinbock	77°
		obere	30. Oktober 1998	7° Skorpion	79°
		untere	20. August 1999	27° Löwe	70°
		obere	11. Juni 2000	21° Zwillinge	66°

Aus den aufgeführten 21 Sonne-Venus-Konjunktionen können 20 Winkeldifferenzen berechnet werden. Da jede Sonne-Venus-Konjunktion um etwa 1/5 des Kreises in rückläufiger Folge auf der Ekliptik stattfindet, liegt der durchschnittliche Winkelabstand zwischen zwei Sonne-Venus-Konjunktionen bei etwa 360 Grad : 5 = 72 Grad. Die Summe der 20 Winkeldifferenzen ergibt 1444, ein Zwanzigstel ist dann gleich 72,2 Grad oder 72 Grad und 12 Minuten.

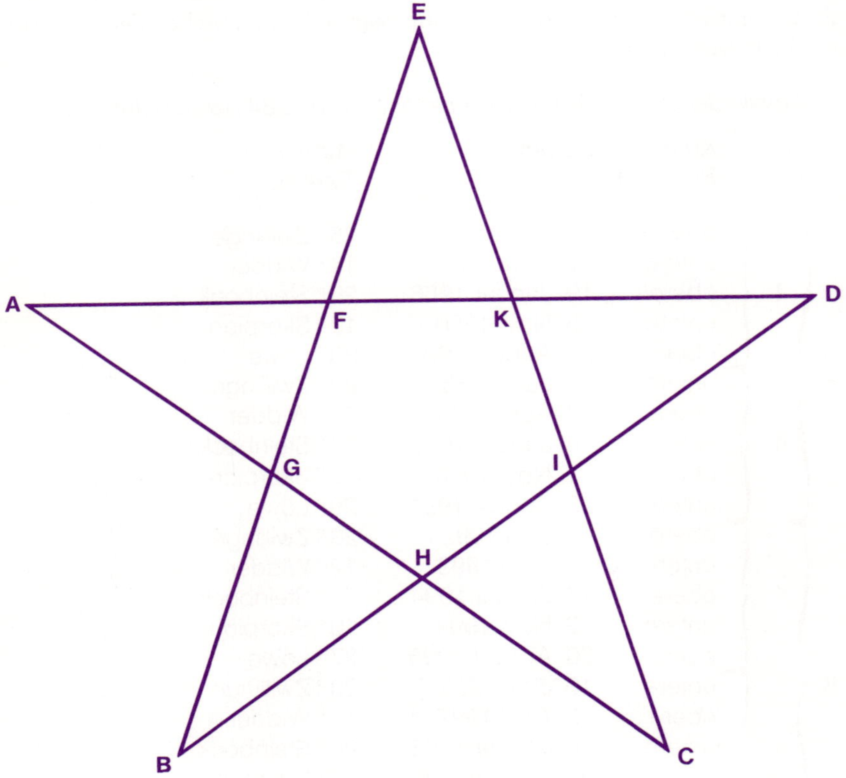

Abb. 34

Die Proportionen im Fünfstern. Streckenabschnitte werden in Klammern angegeben: (AD) heißt soviel wie die Strecke von A nach D. Es gelten folgende Verhältnisse:

(AD):(AK) = (AK):(AF) = (AF):(FK) = 1:0,618 033 988 74...

Das entspricht folgenden Zahlenwerten:

(AD) = 2,618 033 988...
(AK) = 1,618 033 988...
(AF) = 1,000 000 000
(FK) = 0,618 033 988...

Abb. 35
Die geozentrische Venusbahn. In der Mitte befindet sich die Erde, die kreisförmige gestrichelte Linie zeigt die Sonnenbahn, der Entfernungswert ist eine Astronomische Einheit (1 AE = 150 Millionen Kilometer). Die durchgezogene Linie zeigt die Bahn der Venus im Verlaufe von 8 Jahren. Die 5 Bögen innen Richtung Erde zeigen die 5 unteren Sonne-Venus-Konjunktionen an. Am äußeren Rand ist die jeweilige Sternzeichenrichtung angegeben. Diese Zeichnung wurde gefertigt nach dem Vorbild der Tafel X aus dem Buch »Rhythmen der Sterne« von Joachim Schulz [52].

Die siderischen Töne der Planeten

Die Umläufe der Planeten um die Sonne, gemessen am Fixsternhimmel, werden siderische Planetenumläufe genannt. Ausgangspunkt der Betrachtung ist hierbei nicht die Erde, wie bei den synodischen Umläufen, sondern die Sonne. Nach dem Keplerschen Rechenmodell bewegen sich die Planeten auf Ellipsen um die Sonne, wobei sich die Sonne in einem Brennpunkt dieser Ellipsen befindet. Für die sonnennahen und kleinen Planeten Merkur, Venus, Erde und Mars stimmt die Theorie von Kepler mit den Beobachtungsdaten recht genau überein, das heißt, die mittleren Bahnelemente (langfristige Durchschnittswerte) und die wahren beobachtbaren Bahnelemente unterscheiden sich nur geringfügig.

Die großen Planeten Jupiter, Saturn, Uranus und Neptun haben weitaus größere Abstände von der Sonne und auch wesentlich größere Massen als die kleinen sonnennahen Planeten, dadurch beeinflussen sie sich gegenseitig wesentlich mehr. Die Bahnelemente dieser Planeten unterliegen wesentlich größeren Veränderungen, die durch die Gravitationswirkung der andern Planeten verürsacht werden. Diese Elementänderungen sind teils periodisch, teils mit der Zeit fortschreitend. Sie bewirken Abweichungen von den reinen Zweikörperbewegungen in den Keplerschen Ellipsenbahnen und werden als Bahnstörungen bezeichnet.

So wurde zum Beispiel die Position und Bahn des Neptun aufgrund der Bahnstörungen des Uranus berechnet, bevor der Neptun am Himmel entdeckt worden war. Es zeigte sich nämlich, nachdem genaue Beobachtungsdaten von Uranus vorlagen, daß die Position des Planeten beträchtlich vom berechneten Kurs abwich, obwohl man die Störungen aller bekannten Planeten berücksichtigt hatte. Hierbei handelte es sich vornehmlich um die von Jupiter und Saturn verursachten Bahnstörungen. Sowohl Adams in Cambridge (England) als auch Leverrier in Paris berechneten unabhängig voneinander die Bahndaten des damals noch unbekannten Neptun. Da die französischen Astronomen und Sternwarten sich weigerten, nach dem Neptun zu suchen, schrieb Leverrier dem an der Berliner Sternwarte angestellten Johann Gottfried Galle, er möge nach dem Planeten Ausschau halten. Wenige Tage später, am 23. September 1846, fand Galle mit seinem Assistenten d'Arrest den Planeten unweit von der vorausberechneten Position.

Heute weiß man, daß Johann Gottfried Galle jedoch nicht der erste Mensch war, der den Neptun gesehen hat, obwohl er der erste war, der ihn als solchen erkannte, denn bereits etwas über einen Monat früher beobachtete aufgrund der Rechnungen von Adams der in Cambridge ansässige Astronom Challis am 4. und am 12. August 1846 den Planeten. Aber weil er die verschiedenen Beobachtungen noch nicht miteinander verglichen hatte, erkannte er ihn unter den zahlreichen Sternen noch nicht durch seine Ortsveränderung als Planeten. Vor ihm hatte schon viele Jahre früher, 1612, Galileo Galilei den Neptun mit seinem selbstgebastelten Fernrohr beobachtet, ihn jedoch für einen Fixstern gehalten. Die mittleren Bahnelemente enthalten bereits die mit der Zeit fortschreitenden »säkularen« Störungen und sind so gewählt, daß die periodischen Störungen möglichst klein bleiben. Die mittleren Bahnelemente stellen in Wirklichkeit zu keiner Zeit die wahren Planetenbahnen dar, sie charakterisieren nur fiktive Bahnen der Planeten und beschreiben einen mittleren Zustand des Planetensystems. Die wahren Bahnelemente oskulieren (von lat. *osculare* = sich küssen) um diese mittleren Elemente und werden darum auch »oskulierende Elemente« der Planeten genannt. Die oskulierenden Elemente der Planeten werden nicht mit den Gleichungen von Johannes Kepler, sondern mittels der integralen Gravitationstheorie von Isaac Newton berechnet.

Der im Herbst 1846 gefundene Planet Neptun hat nach seiner Entdeckung noch keinen ganzen siderischen Umlauf vollendet, dies wird erst im Jahre 2011 geschehen sein. Darum sind die mittleren Bahnelemente stets mit einem gewissen Unsicherheitsfaktor verbunden. Daher kann man in verschiedenen astronomischen Lehrwerken und Jahrbüchern diesbezüglich auch verschiedene Angaben finden. Bei Pluto ist es noch schwieriger, mittlere Bahnelemente zu ermitteln, da dieser seit seiner Entdeckung noch nicht einmal ein Viertel eines siderischen Umlaufes vollendet hat. Die Angaben bei Pluto unterscheiden sich deshalb auch um einiges mehr voneinander als die Angaben aller andern Planeten, zumal die Plutobahn gegenüber der Ekliptik einen Neigungswinkel von über 17 Grad hat, im Gegensatz zum Beispiel zur Bahn des Uranus, dessen Inklination (Inklination = Winkel einer Bahnebene eines Planeten zur Ekliptik) nur 46,4 Bogenminuten ausmacht, oder zu der des Neptun, die einen Inklinationswinkel von 1 Grad und 46,3 Bogenminuten aufweist.

Bei den synodischen Umläufen weisen die sonnennahen Planeten die größeren Schwankungen auf als die sonnenfernen, bei den siderischen Umläufen ist dies genau umgekehrt. Die sonnennahen Planeten haben recht konstante siderische Umläufe, und die Übereinstimmung mit den Keplerschen Bahnen ist sehr groß, bei den sonnenfernen Planeten hingegen ist bei den siderischen Umläufen die Übereinstimmung mit den Keplerschen Bahnen etwas geringer und der Schwankungsbereich etwas größer. Mit andern Worten: Bei den sonnennahen Planeten ist der Unterschied zwischen mittleren und oskulierenden Bahnelementen sehr gering, bei den äußeren, sonnenferneren Planeten jedoch etwas größer. Der Schwankungsbereich der siderischen Umläufe ist jedoch wesentlich geringer als bei den synodischen Umläufen, so daß im folgenden nur die Töne der mittleren Bahnelemente angegeben werden. In der Tabelle sind die Umlaufzeiten in Jahren und in Tagen angegeben, die Oktavzahl, die genaue Frequenz des Planetentones im hörbaren Bereich sowie die Tonbezeichnung. Es fällt sofort auf, daß unser Sonnensystem, von Merkur bis Pluto, einen Tonumfang von genau 10 Oktaven hat. Merkur erklingt in der 30. Oktave mit 141,27 Hz, Pluto in der 40. Oktave mit 140,25 Hz.

Die Töne der siderischen Planetenumläufe werden nach dem bekannten Verfahren berechnet: Es wird der Kehrwert der in Sekunden umgerechneten Umlaufzeit so oft mit 2 multipliziert (oktaviert), bis man im hörbaren Bereich in der gewünschten Tonlage ankommt. Hier wurde die Oktave zwischen der 32. und 33. Oberoktave des Erdenjahres gewählt, also der Frequenzbereich zwischen 136 Hz und 272 Hz. (Nähere Angaben zu den mittleren und oskulierenden Bahnelementen der Planeten können im wissenschaftlichen Anhang auf Seiten 216 und 217 nachgelesen werden.)

Planet	*Siderische Umlaufzeit*		*Oktav-*	*Frequenz*	*Ton-*
	in Jahren	*in Tagen*	*zahl*	*in Hz*	*bez.*
Merkur	0,240 82	87,9690	30	141,27	D
Venus	0,615 21	224,7008	32	221,23	A
Erde	1,000 04	365,2564	32	136,10	CIS
Mars	1,880 89	686,9804	33	144,72	D
Jupiter	11,862 23	4 332,588	36	183,58	FIS
Saturn	29,457 74	10 759,21	37	147,85	D
Uranus	84,015 29	30 685,93	39	207,36	GIS
Neptun	164,788 30	60 187,64	40	211,44	A
Pluto	248,430 1	90 737,2	40	140,25	D (CIS)

Die siderische Umlaufzeit der Planeten ist angegeben in tropischen Jahren zu 365,2422 Tagen (mittlere Sonnentage zu 24 Stunden). Die Umlaufzeiten sind entnommen aus dem »Kalender für Sternenfreunde 1984« von Paul Ahnert [1], mit Ausnahme von Pluto, dessen Umlaufzeit dem »Himmelsjahr 1983«, Periodikum der schweizerischen astronomischen Gesellschaft, entnommen wurde.

Die Tonbezeichnungen sind bezogen auf ein a' mit 432 Hz, wobei der Bereich der Tonbezeichnung chromatisch berechnet wurde. Tonbezeichnungen sind immer relativ zu einem gegebenen Kammerton. In Klammern steht die Tonbezeichnung für ein a' mit 435 Hz (Altpariser Kammerton), wenn diese von der Tonbezeichnung basierend auf einem a' mit 432 Hz abweicht.

In der Oktave, in der die Planetentöne angegeben sind, umfassen die Tonbezeichnungen folgende Frequenzbreiten (alle Angaben in Hz):

A	104,93—111,16
B	111,16—117,77
H	117,77—124,78
C	124,78—132,20
CIS	132,20—140,06
D	140,06—148,39
DIS	148,39—157,21
E	157,21—166,56
F	166,56—176,46
FIS	176,46—186,96
G	186,96—198,07
GIS	198,07—209,85
A	209,85—222,33
B	222,33—235,55

Die Farben der Oktavschwingungen der siderischen Planetenumläufe

Planet	*Siderische Umlaufzeit in Tagen*	*Oktavzahl*	*Frequenz in Billionen Hz*	*Wellenlänge in Nanometer*	*Farbbezeichnung*
Merkur	87,9690	72	621,3	482,5	Blau
Venus	224,7008	73	486,5	616,2	Orangerot
Erde	365,2564	74	598,6	500,9	Grün
Mars	686,9804	75	636,5	471,0	Blau
Jupiter	4332,588	77	403,7	742,6	Rot
Saturn	10759,21	79	650,2	461,1	Blau
Uranus	30685,93	80	456,0	657,5	Orangerot
Neptun	60187,64	81	465,0	644,8	Orangerot
Pluto	90737,2	82	616,8	486,0	Blau

Vergleiche auch die Farbtafeln nach Seite 192. Auf Tafel VII sind die Spektrallinien der siderischen Umläufe der Planeten eingezeichnet.

Kapitel 12

Himmlische Rhythmen und kosmische Pendel

Als Rhythmus bezeichnet man allgemein die Gliederung sinnlich wahrnehmbarer Vorgänge. Ob diese optischer, akustischer oder anderer Natur sind, spielt dabei keine Rolle. Musik, Tanz und Lightshow, wie man sie intensiv und lustbetont in der Disko erleben kann, sind typische Vorgänge rhythmischer Art. Atem und Pulsschlag sind rhythmische Vorgänge biologischer Natur, wie zum Beispiel auch die Menstruationsperiode. Der Wandel von Tag zu Nacht, von Frühling zu Sommer, Herbst und Winter, von einer Phase des Mondes zur nächsten sind Rhythmen astronomischer Natur. Wie auf Seite 80 im Kapitel 5 (»Die Schwingungen des Mondes«) gezeigt wurde, stehen astronomische und biologische Rhythmen in enger Beziehung zueinander.

So wie man die Schwingungsverhältnisse der astronomischen Perioden durch Oktavieren in den hörbaren Bereich transponieren und sich dann diese auf akustischer Basis vergegenwärtigen kann, so ist es auch möglich, die Schwingungsverhältnisse der himmlischen Rhythmen in den Bereich des musikalischen Taktes (Tempos) zu transponieren und so die rhythmischen Verhältnisse der Planetenperioden zu erleben.

Als Normalzeitmaß für das musikalische Tempo gilt seit alters der Pulsschlag mit etwa 72 Schlägen pro Minute, das entspricht in der Musik einer ruhig schreitenden Bewegung und wird *Andante* oder *Moderato* genannt. Langsame, getragenen musikalische Sätze nennt man *Largo, Lento, Adagio* oder *Sostenuto* — will man das Heitere darin betonen, spricht man von einem *Larghetto* oder *Adagietto.* Ein schnelles Zeitmaß nennt man *Allegro* oder *Allegretto,* ein sehr schnelles *Vivace, Presto* oder *Prestissimo.* Innerhalb dieser Tempoangaben sind erhebliche Abweichungen möglich. Man hat daher versucht, die Zählzeiten für das musikalische Tempo genauer zu definieren. Musiker legen das Zeitmaß in Anschlägen pro Minute fest, und der übende Musikschüler kann dann mit Hilfe eines Mälzelschen Metronoms die Taktimpulse einstellen und akustisch wahrnehmen. Ein Metronom ist ein Taktgeber oder Tempogeber, der eine gewünschte Anzahl von Anschlägen pro Minute angibt.

Die Umrechnung astronomischer Perioden in hörbare Rhythmen erfolgt analog der Berechnung der Töne — mit dem einzigen Unterschied, daß die Periode nicht in Sekunden, sondern in Minuten umgerechnet wird. Von der in Minuten angegebenen Periodendauer wird der Kehrwert berechnet (mit einem Taschenrechner ist hierfür die Taste »1/x« zu betätigen), und diese Frequenz wird so oft mit 2 multipliziert (oktaviert), bis man im gewünschten Tempobereich angelangt ist. Auf den Seiten 130 und 131 sind eine Reihe astronomischer Perioden aufgeführt, von denen die Tempoangaben, wie auch die zugehörige Oktavzahl, in jeweils drei Oktaven angegeben sind.

Als Metronom kann man auch ein Fadenpendel verwenden. Ein Fadenpendel, auch mathematisches Pendel genannt, ist einfach herzustellen. Man benötigt ein Gewicht mit einer Aufhängemöglichkeit und einen dünnen, möglichst leichten Faden. Das Gewicht wird am Faden befestigt und der Faden mit dem Gewicht so aufgehängt, daß das Pendel frei schwingen kann. Die Schwingungsperiode des Pendels ist nur abhängig von der Länge des Fadens, nicht vom Gewicht, das daran aufgehängt ist. Die Lage auf der Erde (Nähe der Pole oder des Äquators) wie auch die Höhe über dem Meeresspiegel spielen für die Pendelfrequenz ebenfalls eine Rolle, doch ist dieser Faktor so gering, daß er für meditative und musikalische Zwecke vernachlässigt werden kann. Die Berechnungsgrundlagen für die Pendellängen können im wissenschaftlichen Anhang auf Seite 218 nachgelesen werden.

Pendel wurden zur Zeitmessung schon von den Arabern im 12. Jahrhundert verwendet. In Europa benutzte vermutlich als erster der Schweizer Mathematiker Jost Bürgi (lat. Justus Byrgius), geboren am 28. Februar 1552 in Lichtensteig bei St. Gallen, das Fadenpendel zur Zeitmessung. Jost Bürgi war von 1579 bis 1603 Hofuhrmacher beim Landgrafen Wilhelm IV. von Hessen in Kassel, dann Kammeruhrmacher bei Kaiser Rudolf II. in Prag. In Prag kam Jost Bürgi mit Johannes Kepler zusammen. Dort beschäftigten sich beide mit astronomischen Messungen und mit der Berechnung von Logarithmen. Im Jahre 1920 gab Bürgi die »Progreßtabula« heraus, die ersten Logarithmentafeln auf der Basis der Zahl »e«. Neben der Kreiszahl »pi« ist die Zahl »e« die wichtigste transzendente Zahl in der Mathematik. Die Zahl »e« ist die Basis der natürlichen Logarithmen, die in der gesamten Mathematik und Physik eine bedeutende Rolle spielen. Bürgi gebrauchte als Zeitmesser für astronomische Beobachtungen große Pendel. Die Unveränderlichkeit der Schwingungsdauer, welche nicht vom Pendelausschlag abhängig ist, machte das Pendel zu einem genaueren Zeitmesser als die damals herkömmlichen Sanduhren. Unabhängig von den Arbeiten Bürgis mit Pendeln bemerkte der italienische Universalforscher Galileo Galilei im Jahre 1583 die Eigenschaften des Pendels und entdeckte kurze Zeit später die Pendelgesetze.

In der Zusammenstellung der planetarischen Rhythmen auf den Seiten 130 und 131 sind den Frequenzen, die in Anschlägen pro Minute angegeben sind, jeweils noch die zugehörigen Pendellängen beigefügt, so daß man sich diese kosmischen Rhythmen auch optisch vergegenwärtigen und dieselben beobachten kann. Die angegebenen Pendellängen sind für eine ganze Schwingung — hin und her — berechnet. Will man zum Beispiel zu Meditationszwecken oder zum Musizieren jeden Pendeldurchgang durch den Tiefpunkt der Bahnkurve des Gewichtes als Tempogrundlage nehmen, so ist einfach die Pendellänge der nächsttieferen Oktave zu gebrauchen, beziehungsweise das Vierfache der angegebenen Pendellänge, denn ein Pendel mit der vierfachen Länge (Fadenlänge) braucht genau die doppelte Zeit, um hin- und herzuschwingen (siehe auch Abb. 36 und 37 auf Seiten 132 und 133).

Tabelle zu »Himmlische Rhythmen und kosmische Pendel«

Art der Periode	*Periodendauer in Tagen*	*Oktav-zahl*	*Frequenz in Anschlägen pro Minute*	*Pendellänge in cm*
ERDE				
Mittlerer Tag	1	16	45,51	43,2
Sterntag	0,997 27	16	45,64	43,0
Tropisches Jahr	365,242 20	24	31,90	87,9
Platonisches Jahr	9 467 078	39	40,33	55,0
MOND				
Kulminationsperiode	1,035 05	16	43,97	46,3
Synodischer Monat	29,530 59	21	49,32	36,8
Siderischer Monat	27,321 66	21	53,30	31,5
Tropischer Monat	27,321 58	21	53,30	31,5
Drakonischer Monat	27,212 22	21	53,52	31,2
Anomalistischer Monat	27,554 55	21	52,85	32,0
Metonische Periode	6 939,688 17	29	53,72	31,0
Sarosperiode	6 585,321 12	29	56,61	27,9
Knotenumlauf	6 793,395	29	54,88	29,7
Apsidenumlauf	3 232,685	28	57,67	26,9
PLANETEN SIDERISCHE UMLÄUFE				
Merkur	87,969 0	22	33,11	81,6
Venus	224,700 8	24	51,85	33,3
Mars	686,980 4	25	33,92	77,8
Jupiter	4 332,588	28	43,03	48,3
Saturn	10 759,21	29	34,65	74,5
Uranus	30 685,93	31	48,60	37,9
Neptun	60 187,64	32	49,56	36,4
Pluto	90 737,2	32	32,87	82,8
SONNE				
Sonnenton	$3{,}581\,92 \cdot 10^{-10}$	−15	59,17	25,6

Oktavzahl	Frequenz in Anschlägen pro Minute	Pendellänge in cm	Oktavzahl	Frequenz in Anschlägen pro Minute	Pendellänge in cm
17	91,02	10,8	18	182,04	2,7
17	91,27	10,7	18	182,54	2,7
25	63,80	22,0	26	127,60	5,5
40	80,65	13,8	41	161,31	3,4
17	87,94	11,6	18	175,88	2,9
22	98,63	9,2	23	197,27	2,3
22	106,61	7,9	23	213,22	2,0
22	106,61	7,9	23	213,22	2,0
22	107,04	7,8	23	214,07	2,0
22	105,71	8,0	23	211,41	2,0
30	107,45	7,7	31	214,90	1,9
30	113,23	7,0	31	226,46	1,7
30	109,76	7,4	31	219,52	1,9
29	115,33	6,7	30	230,66	1,7
23	66,22	20,4	24	132,44	5,1
25	103,70	8,3	26	207,40	2,1
26	67,84	19,4	27	135,68	4,9
29	86,05	12,1	30	172,10	3,0
30	69,30	18,6	31	138,61	4,7
32	97,20	9,5	33	194,40	2,4
33	99,11	9,1	34	198,22	2,3
33	65,74	20,7	34	131,48	5,2
−14	118,33	6,4	−13	236,66	1,6

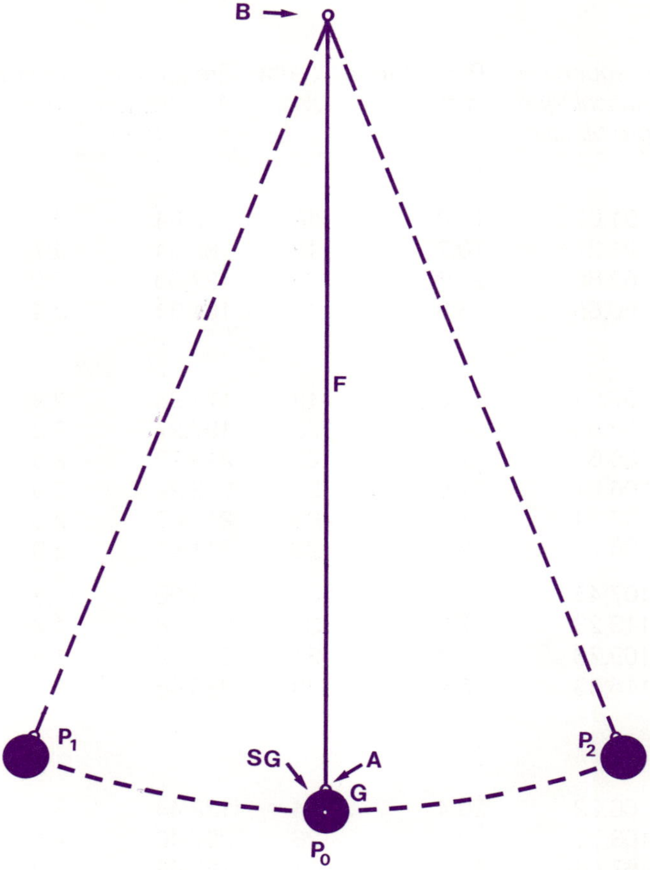

Abb. 36
Das Fadenpendel, auch mathematisches Pendel genannt, besteht aus einem Gewicht (G), einer Aufhängevorrichtung am Gewicht (A), einem Faden (F). Das ganze Pendel wird an einem Balken oder einem Ast oder einer Zimmerdecke befestigt, so daß es frei schwingen kann. Vom Befestigungspunkt (B) bis zum Schwerpunkt des Gewichtes (SG) wird die Länge (L) des Pendels gemessen.

Wird das Pendel angestoßen und zum Schwingen gebracht, dann bewegt sich das Gewicht auf der Bahnkurve von (P1) über (P0) nach (P2) und dann wieder von (P2) über (P0) nach (P1) zurück. (P0) ist der Tiefpunkt der Bahnkurve der Pendelbewegung des Gewichtes. Während einer vollen Schwingung passiert das Gewicht zweimal den Punkt (P0).

Will man die Durchgänge des Pendelgewichtes durch (P0) als Zeitmaßangabe nehmen, so ist die Pendellänge um den Faktor 4 zu vergrößern, im Vergleich zu einem Pendel, das im gleichen Zeitmaß eine ganze Schwingung hin und her vollzieht.

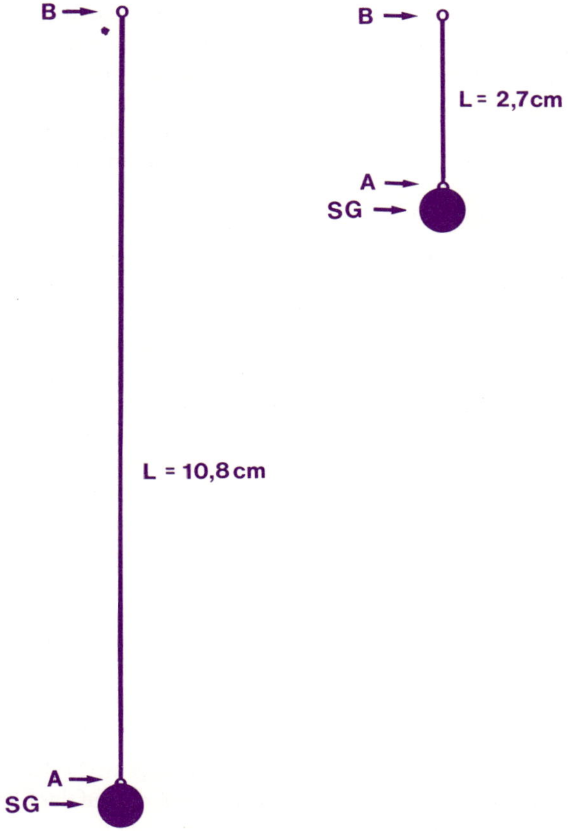

Abb. 37
Das Pendel, das auf der linken Seite abgebildet ist, hat eine Länge von 10,8 cm und schwingt 91,02mal pro Minute hin und her. Dies entspricht der 17. Oktave des Erdentages. Das Pendelgewicht eines Pendels dieser Länge passiert 182,04mal pro Minute den Tiefpunkt der Bahnkurve.

Das Pendel, das auf der rechten Seite abgebildet ist, hat eine Länge von 2,7 cm, also genau viermal weniger als das Pendel auf der linken Seite. Es schwingt darum 182,04mal pro Minute hin und her. Das Pendelgewicht dieses Pendels passiert 364,08mal pro Minute den Tiefpunkt der Bahnkurve.

Kapitel 13

Meditationen

Die alten Tempel, die von freien Maurern erbaut wurden, die echte Meister der Kunst und Zierde waren, stimmen in ihrem Maß und ihrer Zahl mit dem Lauf der Erde, des Mondes und zuweilen auch der Planeten überein und sind in sich musikalisch abgestimmt. Ob diese Einstimmung nun mathematisch-physikalisch-wissenschaftlich erfolgte, also nach der Methode, die hier angewendet wurde, oder ob die Baumeister aus dem innern Gefühl heraus ihre Wahl getroffen haben, entzieht sich weitgehend unserer heutigen Kenntnis. Letztendlich ist es auch vollkommen gleichgültig, auf welchem Weg sie zu diesen kosmischen Maßen gefunden haben.

Alles auf der Erde ist den Schwingungen der Erde unterworfen, auch der Mensch — es sei denn, er gehe gerade auf dem Mond spazieren — ja und selbst dort ist er, wie auch sonst überall im All stets mit den Schwingungen der Erde verbunden, denn der Mensch, wie alle Lebewesen auf diesem Globus, trägt diese Schwingungen in sich. Da die biologische Entwicklung aller irdischer Inkarnationen auf dieser Erde stattgefunden hat, sind alle Inkarnationen geprägt von den Schwingungen der Erde wie auch von den Schwingungen, die auf die Erde einwirken (Sonne, Mond, Planeten und Sterne).

Das Meditieren in einem Tempel, wie zum Beispiel in der Kathedrale von Chartres, wo die Umgebung durch die Wahl von Form, Maß und Zahl den Schwingungen des Ganzen entspricht, ist ein Hilfsmittel, um sich selbst bewußt einzuschwingen. Zusätzlich zum optisch-architektonischen Einflußbereich kann auch das Medium Akustik verwendet werden, um sich kosmisch einzustimmen.

Das Stimmen, Singen und Musizieren beeinflußt nicht nur das Gehör, das ästhetische Empfinden und das Gemüt, sondern wirkt sich auf den ganzen Körper aus. Töne und Klänge erheitern nicht nur die Seele, sie beeinflussen den gesamten psychophysischen Ablauf im Menschen. So wird bei der Akupunktur und der Akupressur (zwei medizinischen Behandlungsmethoden) heutzutage für Heilzwecke mit bestimmten Frequenzen gearbeitet, die auf das Gewebe übertragen werden. Dies wird im allgemeinen im Rahmen einer therapeutischen (heilenden) Behandlung gehandhabt. Als prophylaktische Behandlung hingegen bezeichnet man eine vorbeugende Methode, die das allgemeine Wohlbefinden steigert und die Abwehrkräfte gegenüber Krankheitserregern stärkt.

Eine Beschäftigung mit den nachfolgend aufgeführten Tönen hat somit eine integrale Wirkung auf das Wohlbefinden. Für alle diejenigen, die in sich diese Töne — alles reine Oktavtöne kosmischer Schwingungen — nicht von innen heraus vernehmen können, empfiehlt es sich, mit Stimmgabeln oder elektronischen Stimmgeräten sich diese Töne zu vergegenwärtigen, sie wahrzunehmen, zu singen und auf diese Töne zu meditieren, musikalische Tonleitern (wenn möglich diatonische) darauf aufzubauen und einfach mit diesem Tonmaterial zu spielen.

Die Instrumente danach zu stimmen und gemeinsam auf diesen Grundtönen zu musizieren und zu meditieren bringt dich in Einklang mit dem großen Ganzen. Stimmgabeln mit diesen Frequenzen können als akustische Krücken bezeichnet werden und brauchen nur so lange verwendet zu werden, bis der Einklang wieder hergestellt ist. Eine längere Beschäftigung mit den Stimmgabeln, die kosmisch abgestimmt sind, macht dieselben überflüssig, wie ein Gipsverband nach Heilung des Knochenbruches überflüssig wird und nur noch Ballast ist. Nach vielen Meditationen mit den angegebenen Frequenzen sind einem die himmlischen Töne wieder allgegenwärtig, und man schwingt bewußt mit im kosmischen Klang.

Töne und Klänge können genauso zu therapeutischen Zwecken eingesetzt werden wie Farben und Licht in der Farbtherapie. Insbesondere Stimmübungen haben einen stark sensibilisierenden Charakter.

Wer eine Meditation musikalisch untermauern will oder spezielle Meditationsmusik komponieren möchte (zum Beispiel eine Vollmond-Party-Musik), der sei auf die den Tönen zugehörigen Rhythmen (Tempi) verwiesen, die auf Seiten 130 und 131 abgedruckt sind. Eine Kombination von Rhythmus, Ton und Farbe verstärkt die im folgenden angegebene Wirkung ganz wesentlich. Die angegebenen Wirkungen sind weder vollständig noch ausschließlich, sondern sollen in erster Linie Anregungen zum künstlerischen Schaffen und zur Gestaltung von Meditationsübungen wie auch von Festen geben.

Bei einem Fest oder einer Feier spricht man von der »Stimmung«, die dort herrscht. Nach einer gelungenen Fete sagen die Beteiligten häufig: »Da war eine gute Stimmung.« In der Szene der jüngeren Generation kann man nach einem schönen Open-Air-Festival oder Rockkonzert häufig Aussprüche hören wie: »Wow, die Vibrations waren so high!« (Wahrlich, die Schwingungen waren so herrlich) oder auch: »Das war echt der Wahnsinn, die Schwingungen waren so abgehoben!«

Der übliche Sprachgebrauch zeigt deutlich, daß bei der Beschreibung von Feierlichkeiten, geselligen Anlässen oder Konzerten von Stimmung und Schwingung die Rede ist. Die folgenden Meditationen in Verbindung mit den kosmischen Tönen dienen dazu, sich dieses Phänomen von Stimmung und Schwingung bewußtzumachen.

ALL-EIN-SEIN heißt eins sein mit dem All! Die Schwingungen des Alls wahrzunehmen und sich auf diese Schwingungen einzustimmen heißt, sein Leben oder einfach sich selbst mit dem All in Einklang zu bringen. Ist die Person (von *personare* = zum Erklingen bringen) im Einklang mit dem Kosmos, so resoniert der Kosmos in ihr, der Kosmos findet seinen Widerhall in der Person. Wird man sich dessen bewußt, hat das Bewußtsein kosmische Dimensionen erreicht!

Die irdischen Töne

DER TAGESTON G 194,18 Hz
Orangerot

Ein Grundton, der am besten morgens angewendet wird, da diese Schwingung einen stark vitalisierenden Charakter hat.

Physiologisch (das griechische Wort Physiologie bedeutet die Wissenschaft von den Leistungen und der Arbeitsweise der Zellen, Gewebe und Organe) hat diese Schwingung einen stark ausgeprägten Charakter und eine markante Wirkung, vor allem eine tonisierende Wirkung auf das Muskelgewebe (Erhöhung der Muskelspannkraft) und eine stimulierende Wirkung auf die Meristeme, insbesondere beim Mann (Meristeme sind Teilungsgewebe wie zum Beispiel die männlichen Geschlechtsorgane, die laufend neue haploide Zellen produzieren. Haploide Zellen sind Zellen mit nur einem Chromosomensatz, die, wie im Fall des männlichen Spermas, erst bei der Vereinigung mit der weiblichen Eizelle zusammen wieder eine diploide Zelle mit doppeltem Chromosomensatz bilden).

Meditationen, die auf diesen Ton eingestimmt sind, wirken dynamisierend, vertreiben die Müdigkeit und regen zu körperlicher Tätigkeit an.

Es ist, als erwache die Seele. —

DER JAHRESTON Cis/Des 136,10 Hz
Grün

Ein Grundton, der immer angewendet werden kann, da seine Wirkung allgemein entspannend, beruhigend und krampflösend ist.

Physiologisch hat der entspannende Charakter oft eine schmerzlindernde Funktion, insbesondere bei Kopfschmerzen. Bei starker Migräne muß man einfach die Stimmgabel mit 136,10 Hz auf die Schädeldecke halten, am besten beim Schnittpunkt der Fontanellen. Hält man eine schwingende Stimmgabel dieser Frequenz auf das Brustbein, so löst das bei verschleimter Lunge oft einen spontanen Hustenreiz aus. Besonders starke Raucher können die schleimlösende Wirkung nutzen, um Lunge und Atemwege zu befreien. Meistens genügt eine kurze Anwendung der Stimmgabel, so etwa drei- bis viermal für jeweils 1-2 Minuten auf dem Brustbein, danach kann man kräftig Schleim ausspucken, und die Lunge ist davon befreit. Danach kann man auch wieder besser inhalieren, und der Körper nimmt die gewünschten Wirkstoffe des Rauches schneller und intensiver auf.

Meditationen, die auf diesen Ton eingestimmt sind, haben einen entspannenden Charakter, vertreiben Streß und Gereiztheit und sind dem seelischen Frieden sehr förderlich.

Es ist so, als befreie sich die Seele von der Diktatur des Intellektes und erkenne die Grenzen des Verstandes. Die Mauern der Ratio verwandeln sich in dahinschwebende weiße Wolken. —

DER TON DES PLATONISCHEN JAHRES F 172,06 Hz
Purpurrot

Ein Grundton, der mehr psychologische als physiologische Entsprechungen hat. Als Symbol des großen Kreislaufes kommt ihm mehr metaphysische als rein medizinische Bedeutung zu, obwohl sich bei Gemütsverstimmungen dieser Ton als Regulativ schon öfters bewährt hat.

Meditationen, die auf diesen Ton eingestimmt sind, haben einen ausgesprochen feierlichen, heiteren und lieblichen Charakter.

Es ist so, als hebe die Seele ab und reise unbeschwert durch weite neue Welten, deren bewegte Dimensionen die alltäglichen Vorstellungen wie erstarrt zurücklassen, echt: »spaced out«. —

Die Töne des Mondes

DER TON DES SYNODISCHEN MONATS Gis/As 210,42 Hz
Orange

Ein Grundton, der vor allem bei Vollmond seine volle Wirkung entfaltet und bei Vollmondmeditationen angewendet werden kann. Vollmond ist die Zeit der ausgelassenen Feste und des fröhlichen Beisammenseins. Vollmond treibt die Menschen zusammen, es ist die beste Zeit für die Konzeption (Befruchtung der weiblichen Eizelle durch den männlichen Samen). In der natürlichen Geburtenregelung spricht man sogar von Lunarzeption. [Lit.: »Bewußt fruchtbar sein«, von Samsara Amato-Duex, 3]

Physiologisch beeinflußt der Mond das Geschlechtsleben und alle Regungen, die damit zusammenhängen. Medizinische Indikation für den Mondton ist für Frauen darum immer dann gegeben, wenn es zu Regel- und Menstruationsstörungen kommt. Eine Stimmgabel mit dem Mondton kann zur Unterstützung einer Therapie (zum Beispiel bei Lichttherapien, die bei Regelstörungen seit vielen Jahren mit gutem Erfolg durchgeführt werden) am Ende des Steißbeins oder an den Leistenbändern aufgesetzt werden, um die Schwingungen auf die weiblichen Geschlechtsorgane zu übertragen.

Meditationen, die auf diesen Ton eingestimmt sind, besonders Gruppen- oder Tanzmeditationen in Vollmondnächten, wirken belebend und fördern das Gemeinschaftsgefühl. Die sexuelle Energie entfaltet sich und erweckt die innern Lebensgeister — das Meditationsritual kann sich zu einem überschäumenden ekstatischen Fest entfalten!

Es ist so, als könne die Seele nicht mehr alleine verweilen, als fliege sie wie ein bunter Schmetterling umher, um sich im Tempel dieser oder jener duftenden Blume niederzulassen und von ihrem Nektar zu kosten. —

DER TON DES SIDERISCHEN MONATS Ais/B 227,43 Hz
Gelborange

Ein Grundton, über dessen medizinisch-physiologische Wirkung bisher wenig Erfahrung gesammelt worden, obwohl dieser Ton nahezu mit den Tönen der Sonnenrotation identisch ist. Für die Sonnenrotation kann jedoch nicht ein Ton angegeben werden, sondern man kann hier nur von einem Tonraum sprechen, da sie am Sonnenäquator schneller verläuft als an den Polen.

Meditationen, die auf diesen Ton eingestimmt sind, besonders alleine zur Neumondzeit, bringen die Wogen der Gefühle zur Ruhe und lassen einen feinen Strom aus dem stetigen Urquell des Geistes in die klaren Gewässer der Seele fließen.

Es ist so, als ob die Seele sich zum Gefäß des Geistes verwandle, aus dem das Licht der Schöpfung zu strahlen beginnt. —

Die Töne der Planeten und der Ton der Sonne

Eine Hymne für SHIVA, den kosmischen Tänzer, eine Hymne, die SHIVA selbst komponiert und kreiert hat. SHIVA MAHADEVA, Meister des Atems, Meister des Lautes, Meister der Bewegung. Seine Anrufung:

»OM SHIVA!«

Seit Tausenden von Jahren, immer und immer wieder, kreist die heilige Glut ihm zu Ehren und verbindet die Menschen und erleuchtet ihre Seelen, wie die Sterne am Himmelsgewölbe ohne Unterlaß ihre Bahnen ziehen und mit der Sonne, den Monden und Planeten ihren Reigen spielen und das Universum erleuchten. Der irdische Betrachter sieht am Himmel das bewegte Bild der Sphärenharmonie und des kosmischen Tanzes.

Wer das Schwere und das Leichte in sich zu trennen vermag und alles Schwere in seinem Körper läßt, so daß der Körper wie ein Stein zurückbleibt, während die Seele leichter und leichter wird, leichter als das Leichteste, das man sich überhaupt nur vorstellen kann — der möge mit abheben zur kosmischen Wanderung durch die Sphären.

Die Reise führt in die Weiten des Universums, weiter, immer weiter — weiter als die weitesten Planeten, in die unendliche Weite zwischen Sternen und Milchstraße. Die Wahrnehmung gewöhnt sich an die neuen Dimensionen, weit Entferntes scheint nah zu sein, und lange Perioden werden zu Augenblicken, Rhythmen wie Monate und Jahre erklingen als hohe, helle Töne, so dicht scheinen ihre Schwingungen aufeinanderzufolgen.

Da erscheint ein wunderschönes Mandala, in vielen Farben leuchtend und vielen Tönen klingend. Die Farben beginnen zu klingen, und die Töne beginnen zu strahlen, eine wahre Lichtersymphonie mit trauten Klangbildern. Außen ein ganz tiefer Baß, der mit seinem klaren blauen Ton das ganze Bild einzurahmen scheint, doch dieser Rahmen ist nicht kreisrund. Er gleicht eher einem Ei oder einer Ellipse, und an der flachsten Seite dieser Ellipse dringt der zweite Baß mit seinem leuchtend orangenen Ton bis hinaus ins unendliche Lichtermeer. Den tiefsten Baß in diesem himmlischen Chor singt Pluto, sein blauer Ton ist eine Quinte tiefer als der orangene Ton des Neptun, der hier die zweite Baßstimme intoniert.

Die Baritonstimme erklingt aus der Kehle des Uranus, sein strahlender orangener Ton erklingt nahezu eine Oktave höher als der Baß des Neptun. Zum tiefsten Ton des Chores, dem Blau des Pluto, bildet das uranische Orange das Intervall einer Duodezime: einer Oktave und einer Quinte. Wie wunderbar ist der Chor gestimmt, wie herrlich sind die Farben abgemischt!

Zwei kräftige Tenöre erklingen da, der tiefere Tenor schwingt sich drei Oktaven über dem tiefsten Baß ein, sein Blau ist voller und kräftiger noch als dasjenige des Pluto — saturnisches Preußisch-Blau. Eine Oktave und eine große Terz höher erklingt die zweite Tenorstimme, prächtig ist ihr leuchtendes Rot, das warm und majestätisch strahlt. Die Tenöre scheinen die Wuchtigsten im planetarischen Chor zu sein, so kräftig erklingen ihre Töne, und so intensiv schwingen ihre Farben, wobei das Rot des Jupiter das Blau des Saturn an Glanz noch übertrifft.

Die Töne von Pluto, Neptun, Uranus, Saturn und Jupiter verschmelzen zu einem wuchtigen, kräftigen, prächtigen Dur-Dreiklang, der das Fundament bildet für die fröhlichen, heiteren Stimmen inmitten des Chores. Um das Zentrum gliedern sich die hellen, hohen, leuchtenden Stimmen ein. Die Altstimme wie auch die Sopranstimme ertönen in einem köstlichen Blau, klarer als der Himmel an den schönsten Sommertagen. Sieben Oktaven sind es von der tiefsten Baßstimme bis zum Blau der Altstimme, die der Mars intoniert, und nochmals sind es drei Oktaven bis zum merkurischen Sopran, der höchsten und hellsten Stimme in diesem kosmischen Chor.

Mezzo-Sopranstimmen gibt es in diesem Chorus gleich zwei, eine orangefarbene, die etwa acht Oktaven höher strahlt als die obere Baßstimme und von Frau Venus gesungen wird. Etwa eine Sexte tiefer erklingt das volle Grün der zweiten Mezzo-Sopranstimme von der Erde. Alle Sänger jubeln vor Freude und jauchzen mit voller Lust.

Inmitten des Chores ist es hell und licht, ein Sprühregen glänzender Teilchen durchwebt die leuchtenden farbigen Ringe der Planetenklänge. Die feinen glänzenden Teilchen lassen sich von dieser leuchtenden Mitte in allen Himmelsrichtungen auf ganz kleinen Wellen tragen, so wie die Seele des Meditierenden auf den Schwingungen der heiligen Mantras getragen wird und sich ausweitet.

Das Strahlen der Sonne gleicht einem langgezogenen Ausatmen, immerzu strömen unendlich viele kleine glänzende Teilchen von der Sonne ins All, so wie der Hauch aus dem Munde des Betenden strömt und sich im Tempel ausbreitet.

Überall, wo es ein *Yin* gibt, gibt es auch ein *Yang*. Ist das Yin die Ausdehnung und Ausstrahlung, dann ist das Yang die Zusammenziehung und Aufsaugung. So strahlt und singt der kosmische Chor die herrliche Hymne genauso lange, wie eine Yin-Periode der Sonne andauert, solange sie strahlt und leuchtet. Folgt dann die Yang-Periode, die Zeit, in der die Sonne nicht mehr strahlt und leuchtet, sondern sich zusammenzieht und alles aufsaugt, so wie der Mensch nach dem Ausatmen wieder einatmet, so ist auch in dieser kosmischen Dimension vom ganzen Chor nichts mehr zu sehen, vom ganzen Mandala und all seinen Farben nichts mehr zu hören — das einzige, was bleibt, ist ein kleines schwarzes Loch . . .

SHIVA MAHADEVA!
ERBAUER UND ZERSTÖRER ALLER WELTEN!

Alles wird von diesem Schwarzen Loch angezogen, kein einziger glühender Funke, der nur in die Nähe des Schwarzen Loches kommt, kann dem jähen Sturz in dieses Loch entrinnen.

Auch die Seelen der Reisenden werden stärker und immer stärker von diesem kleinen schwarzen Loch angezogen — und so führt die kosmische Reise in eben dieses kleine schwarze Loch — ein Loch mit ganz anderer Raum-Zeit-Struktur, ein Loch mit ganz anderen Dimensionen, ein Loch, in dem soviel Materie ist, wie keiner der Reisenden je zuvor auf so engem Raum gesichtet hatte.

Dieses Schwarze Loch ist so klein, daß man es ohne weiteres in einem Ozean der Erde hätte versenken können — und wollte man dem Loch die gesamte Materie der Erde entnehmen, so hätte die zusammengezogene irdische Substanz, in einem Gefäß von der Größenordnung eines Fingerhutes Platz.

Die Reisenden merken in der Enge und Dichte dieser neuen Welt, daß an ihren Seelen noch allerlei Schweres haftet. Ja, bis hierher war die Reise mit Vorstellungen verbunden, die den irdischen Vorstellungen noch in gewissen Beziehungen ähnelten, doch hier im innersten Kern des Schwarzen Loches, der Sonne in der Yang-Periode, muß man, um frei zu sein, alles was die Seele belastet, vor allem jede Vorstellung, jede Idee, einfach alles von sich lassen — völlig alles loslassen. Dann ist die Seele auch im Schwarzen Loch frei und kann ihre Kreise ziehen wie die Möwen über den Wellen des Meeres. Die seelische Befreiung hat eine neue Dimension erreicht, nichts bindet die Seele, nichts haftet an ihr, sie ist durch das Tor im Hier und Jetzt hindurch, jenseits von Raum und Zeit!

DER TON DER SONNE G 126,22 Hz
Grün (Wiesengrün)

Der Sonnenton, wie in Kapitel 9 erläutert, entspricht einem echten Grenzwert in unserem Sonnensystem. Er wird berechnet auf Grund der Vorstellung, daß ein fiktiver Planet mit Lichtgeschwindigkeit um den Schwerpunkt der Sonne, wo man sich ihre ganze Masse vorstellt, herumkreist. Dieser Planet hätte eine Umlauffrequenz von 32 312,5 Hz, die achte tiefere Oktave hat dann die Frequenz von 126,22 Hz. Die zugehörige Länge in unserem Sonnensystem ist die Gravitationslänge der Sonne: 1,4766 km. Dieser Ton und diese Länge sind beide Ausdruck eines Grenzwertes, was die Manifestation des Daseins in unserem Sonnensystem anbelangt. Dieser Ton ist die Schwelle zwischen Ausdehnung und Zusammenziehung, zwischen Ausstrahlung und Aufsaugung, zwischen Yin und Yang! In diesem Ton kommen Dimensionen zusammen.

Physiologisch löst dieser Ton so etwas wie Nervenkitzel aus, wenn man verspannt ist. Er läßt einen dann schaudern. Vielen ist dieser Ton fremd, unheimlich, manche finden ihn bedrohlich. Es empfiehlt sich, vor der Anwendung des Sonnentones sich zuerst mit den Tönen der Erde, des Mondes und der Planeten vertraut zu machen.

Ein kleines Kind lernt zu Hause und im Garten laufen. Erst, wenn es sicher gehen kann, verläßt es den vertrauten Bereich und wandert in der weiteren, ihm noch unbekannten Umgebung herum. So ist es auch ratsam, sich zuerst auf die Schwingungen der näheren Umgebung — Erde und Mond — einzustimmen.

Wenn man dann erst einmal sensibilisiert ist und im Einklang mit dem Lauf der Erde resoniert, wenn man die Fähigkeit erlernt hat, sich kosmisch einzustimmen, dann kann man auch unbeschadet die bekannten Dimensionen verlassen und über die Schwelle von Yin und Yang schreiten, so wie das Kind, wenn es erst einmal laufen gelernt hat, auch unbeschadet durch das Gartentor gehen kann und in die weite Welt pilgert.

Meditationen, die auf diesen Ton eingestimmt sind, sprengen alle Vorstellungen und führen einen in neue Dimensionen. Meditationen mit diesem Ton sind nur Menschen zu empfehlen, deren Seele von Heiterkeit und deren Geist von Klarheit erfüllt ist und die sich ohne Wehmut von allem, was da ist, lösen können. Meditationen mit diesem Ton führen in Bereiche jenseits des Baumes der Erkenntnis von Gut und Böse, jenseits von Scham und Schuld, jenseits von Raum und Zeit, jenseits von Wissen und Weisheit, jenseits von Tun und Nichttun, jenseits von Sein und Nichtsein. Meditationen mit diesem Ton führen einen in Bereiche, wo das Wesen keinen Namen hat, wo das All-Eine und das All-Viele sich nicht mehr unterscheiden und in ihrem Ursprung zusammenkommen und man selbst zu diesem Ursprung wird.

Dieser Ton ist das Tor des Unhörbaren. —

Abb. 38
SHIVA, der kosmische Tänzer

Kapitel 14

Materialien zur Horoskopvertonung

Das Horoskop ist die Botschaft, die im Augenblick der Geburt in leuchtender Schrift am Himmel geschrieben steht. Ein Kind wird an dem Tag und zu der Stunde geboren, da die Strahlen der Gestirne mit mathematischer Genauigkeit seinem individuellen Karma entsprechen. . .

Die Wissenschaft der Astrologie beschäftigt sich mit der Reaktion des Menschen auf die planetarischen Einflüsse. Ob du daran glaubst oder nicht, hat wenig zu bedeuten. Man muß sich zu wissenschaftlichem Denken erziehen und feststellen, ob eine Sache wahr ist. Das Gesetz der Schwerkraft wirkte zum Beispiel vor Newtons Entdeckung mit derselben Präzision wie danach. Der Kosmos würde sich in einem ziemlichen Chaos befinden, wenn seine Gesetze erst dann zur Wirkung gelangen könnten, wenn sie vom menschlichen Glauben sanktioniert würden.

Swami Shri Yukteswar [62]

Obertonreihe und Intervall

Zupft man die Saite eines Instrumentes kräftig an oder bringt man eine Stimmgabel zum Schwingen, so hört man außer dem Grundton, der am lautesten erklingt, noch eine Reihe höherer Töne. Diese Töne bezeichnet man als Obertöne. Diese Obertöne sind in dem Klang jeder natürlichen Tonquelle vorhanden und prägen im wesentlichen die Klangfarbe des Instrumentes oder Tonerzeugers. Die Frequenzen der Obertöne sind immer ganzzahlige Vielfache der Schwingungszahl des Grundtones. Die Folge von Grundton und Obertönen nennt man zumeist Teiltonreihe. Der Grundton ist der erste Teilton, der erste Oberton ist der zweite Teilton, der zweite Oberton ist der dritte Teilton usw.

Hat ein Grundton zum Beispiel die Frequenz von 108 Hz, ein A, so hat der erste Oberton (2. Teilton) die Frequenz von 108 Hz · 2 = 216 Hz. Dieser Ton mit der doppelten Frequenz bildet zum Grundton das Intervall einer Oktave und wird in diesem Fall a genannt. Der zweite Oberton (3. Teilton) hat die Frequenz von 108 Hz · 3 = 324 Hz und bildet zum ersten Oberton das Intervall einer Quinte und zum Grundton das Intervall einer Duodezime (Oktave plus Quinte). Dieser Ton ist in unserem Beispiel ein e'.

Die folgenden Obertöne haben dann die 4-, 5-, 6-, 7-, 8-, 9- usw. fachen Frequenzen des Grundtons. Auf der nebenstehenden Seite 145 sind die ersten 16 Teiltöne des Grundtons A mit 108 Hz aufgelistet.

In der ersten Spalte ist die Nummer des Teiltons aufgeführt, was auch dem Frequenzfaktor gleichkommt. Der 9. Teilton zum Beispiel hat auch die neunfache Frequenz des Grundtons, in unserem Beispiel 108 Hz · 9 = 972 Hz. In der zweiten Spalte ist jeweils die zugehörige Frequenz aufgeführt, in der dritten Spalte der entsprechende Tonnamen.

In der vierten Spalte sind die Intervalle zum Grundton angegeben, daneben in der fünften Spalte die Intervalle, die zwischen zwei aufeinanderfolgenden Teiltönen gebildet werden und gleich daneben in der sechsten Spalte die dazugehörigen relativen Schwingungsverhältnisse.

In der siebten Spalte sind die Intervalle aufgeführt, die nicht von zwei aufeinanderfolgenden, sondern von zwei weiter auseinanderliegenden Teiltönen gebildet werden, und daneben in der achten Spalte die dazugehörigen relativen Schwingungsverhältnisse.

Intervall heißt eigentlich: Zwischen-Tal. Ein Intervall ist kein Ton, sondern gibt lediglich den zwischen zwei Tönen liegenden Raum an. Ein Intervall bezieht sich immer auf einen bestimmten Grundton. Die Quinte zum Beispiel entspricht dem Tonabstand von sieben Halbtönen oder auch von einer kleinen und einer großen Terz. Vom C aus ist der Ton G die Quinte, der Ton E die große Terz. Vom E zum G sind es noch drei Halbtöne, was einer kleinen Terz entspricht. Die große Terz wird auch Dur-Terz, die kleine Terz Moll-Terz genannt. Dur entspricht dem Schöpferischen, Moll dem Empfangenden.

Tabelle zur Bestimmung der Intervalle aus der Teiltonreihe

Teil-Ton	*Frequenz*	*Tonname*	*Intervall zum Grundton*	*Intervalle mit Schwingungsverhältnissen*		
1	108	A	Prim	Oktave	1 : 2	
2	216	a	Oktave	Quinte	2 : 3	
3	324	e'	Duodezime	Quarte	3 : 4	gr. Sexte 3 : 5
4	432	a'	Bioktave	gr. Terz	4 : 5	
5	540	cis''	Bioktave gr. Terz	kl. Terz	5 : 6	kl. Sexte 5 : 8
6	648	e''	Bioktave Quinte			
7	756		Bioktave nat. Sept.			
8	864	a''	Trioktave	großer Ganzton	8 : 9	gr. Sept. 8 : 15
9	972	h''	Trioktave gr. Ganzton	kleiner Ganzton	9 : 10	
10	1080	cis'''	Trioktave gr. Terz			
11	1188					
12	1296	e'''	Trioktave Quinte			
13	1404					
14	1512					
15	1620	gis'''	Trioktave gr. Sept	Halbton	15 : 16	
16	1728	a'''	Quadrooktave			

Vom 5. bis zum 9. Teilton oder zuweilen auch vom 9. bis zum 16. Teilton wird das Intervall der kleinen Septime gebildet. Mit Ausnahme des Tritonus, des Intervalls, das dem Tonabstand von 3 Ganztönen entspricht und schon bei den Griechen als teuflisch galt, können alle 12 Intervalle der diatonischen Tonleiter aus den ersten 16 Teiltönen gebildet werden. Dem klassischen griechischen Tritonus entspricht das Schwingungsverhältnis von $512 : 729 = 2^9 : 3^6$. Später verwendete man häufiger ein Verhältnis von 45 : 64 oder auch 32 : 45.

Bei einem Saiteninstrument, wie zum Beispiel der Geige, der Bratsche, dem Cello, dem Kontrabaß, der Gitarre oder auch der Sitar und vielen anderen mehr, kann man die Reihe der Teiltöne nacheinander gut erzeugen und anhören. Dies geschieht mittels der sogenannten Flageolettöne, helle, weiche, flötenartige Töne, die durch Teilschwingungen der Saite entstehen. Sie werden dadurch erzeugt, daß man mit dem Finger die Saite an bestimmten Teilungspunkten (Hälfte, Drittel, Viertel, Fünftel der Saite), die die Knotenpunkte der Teilschwingungen sind, leicht berührt, ohne die Saite auf das Griffbrett zu drücken. Mit der anderen Hand wird die Saite leicht angeschlagen oder gezupft oder auch mit einem Geigenbogen gestrichen.

Bei der Hälfte der Saite erklingt die Oktave, bei einem Drittel der Saite erklingt die Duodezime, bei einem Viertel der Saite die Bioktave. Es zeigt sich, daß das Teilungsverhältnis der Saite sich umgekehrt proportional (dem Kehrwert entsprechend) zur Frequenz verhält. Dies gilt nicht nur für Flageolettöne, sondern auch für die abgegriffenen Töne. Greift man zum Beispiel 1/3 der Saite ab und zupft die restlichen 2/3 an, so erklingt die Quinte zum Grundton, und die Quinte hat die anderthalbfache Frequenz des Grundtons. Auf der nebenstehenden Seite 147 sind die zwölf diatonischen Intervalle der Tonleiter aufgelistet. Dazu sind die Teilungsverhältnisse auf der schwingenden Saite angegeben, wobei der abgegriffene und daneben der freischwingende Teil notiert ist. Ebenso sind auch die entsprechenden Frequenzverhältnisse aufgeführt, der Übersicht halber und des leichteren Verständnisses wegen in Bruchwerten wie auch in Dezimalzahlen.

Die Teilungsverhältnisse der Intervalle waren schon im antiken Griechenland bekannt. Besonders die Pythagoreer, Schüler des altgriechischen Philosophen Pythagoras, befaßten sich intensiv mit dem arithmetischen Aspekt der Musiktheorie. Schon ihnen war bekannt, daß die diatonische, natürliche Stimmung gewisse Nachteile hat, die das Modulieren von einer Tonart in eine andere Tonart erheblich beeinträchtigen. Dies rührt im wesentlichen daher, daß 12 Quinten und 7 Oktaven nur ungefähr und nicht genau zum gleichen Intervallverhältnis führen. Hat ein Grundton die relative Schwingungszahl 1, so hat die zwölfte Quinte die Schwingungszahl $(3/2)^{12} = 129{,}764$, die siebte Oktave hingegen nur $2^7 = 128$. Der Quotient dieser beiden Zahlen (1,013 64) wird in der Musiktheorie »pythagoreisches Komma« genannt.

Zur Berechnung der Schwingungszahlen, die hier angeführt sind, sei noch folgendes erklärt: Eine Quinte ist ein Intervall, dessen Grundton eine Frequenz hat, die um den Faktor $3/2 = 1{,}5$ geringer ist als die Frequenz des Intervalltones. Der Intervallfaktor der Quinte beträgt 1,5. Bildet man nun 12 Quinten hintereinander, so wird mathematisch-physikalisch effektiv die Grundfrequenz 12mal mit 1,5 multipliziert. Statt daß man nun eine Produktreihe mit 12 Faktoren, die alle den Wert 1,5 haben, hinschreibt, verwendet man die Kurzform der Exponentform und schreibt $(3/2)^{12}$ (lies: drei Halbe hoch zwölf). Das heißt nichts anderes, als daß die Zahl 3/2 zwölfmal mit sich selbst multipliziert wird.

Tabelle zur Bestimmung der Saitenteilung zur Erzeugung der Intervalle

Intervall	*Intervallfaktor der Frequenzen*		*Teilungsverhältnis der Saitenlänge* Freischwingender Teil		Abgegriffener Teil	
Prime	1/1	1,000000	1/1	1,000000	0/0	0,000000
Halbton	16/15	1,066667	15/16	0,937500	1/16	0,062500
kl. Ganzton	10/9	1,111111	9/10	0,900000	1/10	0,100000
gr. Ganzton	9/8	1,125000	8/9	0,888889	1/9	0,111111
kl. Terz	6/5	1,200000	5/6	0,83333	1/6	0,166667
gr. Terz	5/4	1,250000	4/5	0,800000	1/5	0,200000
Quarte	4/3	1,333333	3/4	0,750000	1/4	0,250000
gr. Tritonus	45/32	1,406250	32/45	0,711111	13/45	0,288889
kl. Tritonus	64/45	1,422222	45/64	0,703125	19/64	0,296875
Quinte	3/2	1,500000	2/3	0,666667	1/3	0,333333
kl. Sexte	8/5	1,600000	5/8	0,625000	3/8	0,375000
gr. Sexte	5/3	1,666667	3/5	0,600000	2/5	0,400000
kl. Septime	16/9	1,777778	9/16	0,562500	7/16	0,437500
kl. Septime	9/5	1,800000	5/9	0,555556	4/9	0,444444
gr. Septime	15/8	1,875000	8/15	0,533333	7/15	0,466667
Oktave	2/1	2,000000	1/2	0,500000	1/2	0,500000

Es gibt in der diatonischen Stimmung zwei verschiedene Ganztöne und zwei verschiedene kleine Septimen. Das rührt daher, daß der Tonabstand von einer Quarte zu einer Quinte zum Beispiel einen großen Ganzton ausmacht, hingegen von der kleinen Terz zur reinen Quarte nur einen kleinen Ganzton.

Da die Quinte nach der Oktave das Intervall mit dem größten Harmonizitätskoeffizienten ist (das heißt, nach der Oktave klingt die Quinte zum Grundton am harmonischsten), verwendet man zum Stimmen von Instrumenten, beispielsweise des Klaviers, zumeist Quinten und Duodezimen (Quinten in der ersten Oberoktave). Da die Aufeinanderreihung von Quinten im Verhältnis zu den Oktaven nicht aufgeht und der Quintenzirkel das Restintervall eines pythagoreischen Kommas beinhaltet, begann man nach einer Lösung zu suchen.

Doch nicht nur die Quinten, auch die Terzen bereiten den Musiktheoretikern und Instrumentenstimmern größere Schwierigkeiten. Drei natürliche große Terzen ergeben beispielsweise keine ganze Oktave, sondern sind um eine sogenannte kleine Diesis tiefer, denn $(5/4)^3 = 1{,}953\,125$, das Oktavverhältnis erfordert aber eine genaue 2. Es ist $2 : 1{,}953\,125 = 1{,}024\,000$, was dem Intervallfaktor der kleinen Diesis entspricht.

Mit den kleinen Terzen sieht es nicht anders aus, auch sie sind nicht oktavkompatibel. Vier kleine natürliche Terzen ergeben zusammen ein Intervall, das etwas höher als eine Oktave klingt, denn $(6/5)^4 = 2{,}073\,600$, und da das Oktavverhältnis den Faktor 2 erfordert, sind die 4 kleinen natürlichen Terzen um den Faktor $2{,}073\,600 : 2 = 1{,}036\,800$ zu groß. Dieses Intervall nennt man eine große Diesis.

Die Intervallfaktoren von einer diatonisch gestimmten Tonstufe zur nächsten unterscheiden sich beträchtlich voneinander. Dies ist sehr ungünstig, wenn man polyphone und stark modulierte Musik spielen will.

Wie vielfältig die verschiedenen Intervallfaktoren sind, zeigt die nebenstehende Auflistung auf Seite 149.

In der ersten Spalte ist die Intervallbezeichnung vom Grundton aus notiert, in der zweiten Spalte das relative Schwingungsverhältnis, in der dritten Spalte das Schwingungsverhältnis zweier aufeinanderfolgender Intervalle, in der vierten Spalte deren Name, in der fünften Spalte einige Schwingungsverhältnisse von nicht direkt aufeinanderfolgenden Intervallen, und in der sechsten Spalte steht wiederum deren Name.

Es zeigt sich, daß das natürliche Stimmungssystem einige recht komplizierte Eigenheiten aufweist, für die man eine Lösung suchte, wie schon beim Quintenzirkel erwähnt. Man wollte ein Stimmungssystem erhalten, bei dem es möglich ist, jede Tonart von jedem beliebigen Grundton aus zu spielen, ohne jeweils die Instrumente umstimmen zu müssen.

Man führte darum die sogenannte »wohltemperierte Stimmung« ein, die den Oktavraum in 12 genau gleiche Tonabstände einteilt. Die so erhaltenen Tonstufen sind eine beste Näherung, eine Art Mittelwert für die mathematisch genauen diatonischen Schwingungsverhältnisse. In diesem chromatischen Zwölftonsystem, in dem jeder Ton zum folgenden Ton im gleichen Schwingungsverhältnis steht, kann jede Melodie von jeder Tonstufe aus begonnen werden und in jede beliebige Tonart transponiert werden. Die Akkorde sind, außer der Oktave, alle unrein, doch alle Akkorde aller Tonstufen weisen genau den gleichen relativen Reinheitsgrad (oder Unreinheitsgrad) auf. Die Unreinheit der Intervalle und Akkorde führt zu Schwebungen. Da der Unreinheitsgrad im Verhältnis zur Tonstufe bei allen Tonstufen derselbe ist, ist das Ton-Schwebung-Verhältnis stets gleich. Darum nennt man die wohltemperierte Stimmung auch »gleichschwebende Temperatur«.

Tabelle zur Bestimmung der diatonischen Tonabstände

Intervall	*Intervallfaktor der Frequenz*	*Intervallfaktoren der Tonstufen zueinander*			
Prime	1/1				
		> 16/15	Halbton		
Halbton	16/15				
		> 25/24	kl. Chroma		
kl. Ganzton	10/9			135/128	gr. Chroma
		> 81/80	synt. Komma		
gr. Ganzton	9/8			27/25	gr. Limma
		> 16/15	Halbton		
kl. Terz	6/5				
		> 25/24	kl. Chroma		
gr. Terz	5/4				
		> 16/15	Halbton		
Quarte	4/3				
		> 135/128	gr. Chroma		
kl. Tritonus	45/32			16/15	Halbton
		> 2048/2025	Diaschisma		
gr. Tritonus	64/45			16/15	Halbton
		> 135/128	gr. Chroma		
Quinte	3/2				
		> 16/15	Halbton		
kl. Sexte	8/5				
		> 25/24	kl. Chroma		
gr. Sexte	5/3				
		> 16/15	Halbton		
kl. Septime	16/9			27/25	gr. Limma
		> 81/80	synt. Komma		
kl. Septime	9/5			135/128	gr. Chroma
		> 25/24	kl. Chroma		
gr. Septime	15/8				
		> 16/15	Halbton		
Oktave	2/1				

Das große Chroma ist das Intervall zwischen Halbton und großem Ganzton, das große Limma ist das Intervall zwischen kleinem Ganzton und kleiner Terz. Da die Intervalle sich jeweils zu einer Oktave ergänzen (Halbton/große Septime oder kleine Terz/große Sexte oder Quarte/Quinte) ist die ganze Tonstufenstruktur symmetrisch. Spiegelachse ist der chromatische Tritonus gleich der Quadratwurzel aus zwei. Dieser liegt genau zwischen dem kleinen und dem großen Tritonus.

Der Intervallfaktor von Halbton zu Halbton ist bei der gleichschwebenden Temperatur 1,059 463 094. Dies ist die zwölfte Wurzel aus zwei, das heißt, diese Zahl, zwölfmal mit sich selbst multipliziert, ergibt zwei.

Der Vorteil der wohltemperierten Stimmung ist die Möglichkeit, frei zu modulieren, von einer beliebigen Tonart in eine beliebige andere Tonart. Der Nachteil allerdings ist auch unüberhörbar, die Intervalle sind nicht mehr rein, sie klingen nicht mehr schwebungsfrei.

In der chromatischen, wohltemperierten Stimmung geht allerdings der Quintenzirkel auf, hier sind nun 12 Quinten gleich 7 Oktaven, ebenso ergeben 3 chromatische, wohltemperierte große Terzen genau eine Oktave, und 4 chromatische, wohltemperierte kleine Terzen ergeben ebenfalls genau eine Oktave.

Die Oktave ist in der wohltemperierten Stimmung das einzige Intervall, das absolut rein gestimmt wird. Alle andern Intervalle werden eigentlich ein wenig verstimmt.

Die Quarten und die Quinten haben dabei die geringste Abweichung vom reinen diatonischen Intervall, die Abweichung liegt bei etwa einem Promille, bei den Terzen und Sexten ist sie schon wesentlich größer und beträgt fast ein Prozent, beim kleinen Ganzton und der kleinen Septime ist die Abweichung sogar größer als ein Prozent.

Im mittleren Bereich des Klaviers führt das bei Terzen und Sexten zu mehreren Schwebungen pro Sekunde. Darum haben diese Intervalle beim Klavier so eine Art trillernden Charakter.

Auf der nebenstehenden Seite 151 sind die genauen diatonischen und chromatischen Intervallfaktoren aufgelistet, wie auch der Quotient aus den Faktoren. Mit Hilfe dieser Tabelle kann man leicht einen Überblick bekommen über den Übereinstimmungsgrad der chromatischen, wohltemperierten und der diatonischen Tonleiter.

Die wohltemperierte Stimmung wurde im europäischen Abendland im Jahre 1691 von Andreas Werkmeister, geboren am 30. November 1645 in Beneckenstein, eingeführt. In China wurde die diatonische Reihe schon 50 Jahre vor Werkmeisters Geburt errechnet. Prinz Chu Tsai Yü berechnete bereits 1595 die Exponenten der Reihe zwölfte Wurzel aus zwei auf 9 Stellen genau.

Durch das Stimmungssystem von Andreas Werkmeister wurde Johann Sebastian Bach zur Komposition seines berühmten Werkes »Das Wohltemperierte Klavier« angeregt. Die Sammlung enthält 24 Fugen und Präludien in allen Tonarten (1722 beendet). Die als zweiter Teil des »Wohltemperierten Klaviers« bekannte Sammlung ist von Bach selbst als »Vierundzwanzig neue Präludien und Fugen« betitelt worden (veröffentlicht im Jahre 1744).

Chromatik heißt ursprünglich nur der Ersatz, die Verfärbung (aus griech. *chroma* = Farbe) einer diatonischen Tonstufe. Die Notennamen zeigen heute noch, daß die chromatischen Tonstufen durch Veränderung *(Alteration)* diatonischer Stufen entstanden sind.

Umrechnungstabelle diatonischer und chromatischer Intervalle

Intervall	*Frequenzverhältnis diatonisch*		*Frequenzverhältnis chromatisch*		*Quotient*
Prime	1/1	1,000000	$\sqrt[12]{2^0}$	= 1,000000	1,000000
Halbton	16/15	1,066667	$\sqrt[12]{2^1}$	= 1,059463	1,006799
kl. Ganzton	10/9	1,111111	$\sqrt[12]{2^2}$	= 1,122462	0,989887
gr. Ganzton	9/8	1,125000	$\sqrt[12]{2^2}$	= 1,122462	1,002261
kl. Terz	6/5	1,200000	$\sqrt[12]{2^3}$	= 1,189207	1,009076
gr. Terz	5/4	1,250000	$\sqrt[12]{2^4}$	= 1,259921	0,992126
Quarte	4/3	1,333333	$\sqrt[12]{2^5}$	= 1,334840	0,998871
kl. Tritonus	45/32	1,406250	$\sqrt[12]{2^6}$	= 1,414214	0,994369
gr. Tritonus	64/45	1,422222	$\sqrt[12]{2^6}$	= 1,414214	1,005663
Quinte	3/2	1,500000	$\sqrt[12]{2^7}$	= 1,498307	1,001130
kl. Sexte	8/5	1,600000	$\sqrt[12]{2^8}$	= 1,587401	1,007937
gr. Sexte	5/3	1,666667	$\sqrt[12]{2^9}$	= 1,681793	0,991006
kl. Septime	16/9	1,777778	$\sqrt[12]{2^{10}}$	= 1,781797	0,997744
kl. Septime	9/5	1,800000	$\sqrt[12]{2^{10}}$	= 1,781797	1,010216
gr. Septime	15/8	1,875000	$\sqrt[12]{2^{11}}$	= 1,887749	0,993247
Oktave	2/1	2,000000	$\sqrt[12]{2^{12}}$	= 2,000000	1,000000

Die Weltharmonik des Johannes Kepler

Johannes Kepler ist den meisten Menschen heute als der Entdecker der Planetengesetze bekannt. Darum glauben viele, er sei Physiker und Astronom gewesen. Dies war er gewiß, studiert aber hat er Theologie an der Universität zu Tübingen. Für den Kirchendienst in Württemberg hielten ihn seine Lehrer jedoch nicht geeignet, dies vor allem wegen seiner abweichenden Ansichten hinsichtlich des heiligen Abendmahles. Vor Beendigung seiner Studien wurde er 1594 auf die Stelle eines Landschaftsmathematikus der protestantischen Stände von Steiermark berufen, mit der das Lehramt für Mathematik an der Stiftsschule in Graz verbunden war. Hier veröffentlichte er 1596 sein »Geheimnis des Weltbaus«, das sogenannte »Mysterium cosmographicum«. Es ist die erste Abhandlung von Kepler über den Bau des Planetensystems, und er vergleicht darin die regulären platonischen Körper mit den Entfernungen der Planeten von der Sonne.

Im Jahre 1600 folgte Kepler der Einladung des kaiserlichen Hofastronomen Tycho von Brahe nach Prag. Kepler arbeitete dort bis zu dessen Tod 1601 als Gehilfe, dann wurde er von Kaiser Rudolf II. als Mathematikus und Hofastronom angestellt.

Was die Mathematik anbelangt, so beschäftigte sich Kepler vor allem mit den Gesetzmäßigkeiten geometrischer Figuren wie auch mit der Berechnung von Weinfässern. Doch er befaßte sich nicht nur mit der Mathematik und mit der Astronomie, sondern widmete sich vornehmlich auch der Musiktheorie, der Harmonik und der Astrologie. Dies ist für das Verständnis der »Weltharmonik« von ausschlaggebender Bedeutung. Durch das Studium harmonikaler Beziehungen in der Geometrie wie in der Musik gelangte Kepler zu seinem Weltbild und zu seinen astronomischen Erkenntnissen.

Der Aufbau der »Weltharmonik« in fünf Büchern zeigt deutlich den Entwicklungsweg, der zur Entdeckung des dritten Planetengesetzes führte. Die ersten beiden Bücher sind geometrische Bücher. Band I trägt den Titel: »*Geometrisches* Buch. Ursprung und Darstellung der regulären Figuren, welche die harmonischen Proportionen begründen.« Band II trägt den Titel: »*Architektonisches* oder auf der *figürlichen Geometrie* beruhendes Buch. Kongruenz der regulären Figuren in der Ebene und im Raum.« Der dritte Band behandelt die musikalischen Intervalle. Darin sind Abhandlungen über die Anzahl und Anordnung der kleinsten Intervalle, die Teilung des Monochords, über die echten und unechten Konsonanzen und verschiedene Theorien zur Teilung der Oktave in Intervalle enthalten. Er trägt den Titel: »Eigentlich *harmonisches* Buch. Ursprung der harmonischen Proportionen aus den Figuren. Natur und Unterschiede der musikalischen Dinge, im Gegensatz zu den Alten.«

Kepler verwendete andere Bezeichnungen für die kleineren Intervalle, als dies heute üblich ist. Für diejenigen, die durch diese Ausführungen angeregt werden, Keplers »Weltharmonik« zu studieren, soll, um der Verwirrung vorzubeugen, etwas näher auf die unterschiedlichen Bezeichnungen eingegangen werden: Eine Diesis ist in der altgriechischen Musiktheorie bei Pythagoras der diatonische Halbton, der als Überschuß der Quarte über zwei Ganztöne besteht. Diese altgriechische Diesis ist identisch mit dem Limma. Mit Limma bezeichnete man später, und dies bis heute, den pythagoreischen Halbton. Die Berechnung führt zu dem folgenden Intervallfaktor:

$$(4/3) : (9/8)^2 = (256:243) = (2^8:3^5) = 1{,}053\,498 = \text{pythagoreisches Limma}$$

Kepler verwendet den Begriff Diesis in anderer Beziehung und schreibt zur Definition der Diesis (Buch II, Kap. VIII, S. 133):

> Wiederum in Nachahmung der Natur, die den kleinen Ganzton in einen Halbton und eine Diesis zerlegt, werden diesen großen Ganztönen ebenfalls Halbtöne 15/16 abgetrennt, und zwar im oberen Teil des Intervalls. Dies geschieht hauptsächlich wegen der größeren Abwechslungsmöglichkeit in den Ausbiegungen und Windungen der Melodie. Es bleiben im unteren Teil Limmata oder große Diesen 128/135 übrig; diese übersteigen die Diesis 24/25 um ein Komma.

Bei Kepler ist somit eine Diesis das Intervall, das zwischen einem Halbton und einem kleinen Ganzton gebildet wird. Heute bezeichnet man dieses Intervall als kleines Chroma. Der Intervallfaktor ist:

$$(10/9):(16/15) = (25/24) = 1{,}041\,667 = \text{Keplersche Diesis} = \text{kleines Chroma}$$

Als Limma bezeichnet Kepler das Intervall, das zwischen einem Halbton und einem großen Ganzton gebildet wird. Heute bezeichnet man dieses Intervall als großes Chroma. Der Intervallfaktor ist:

$$(9/8) : (16/15) = (135/128) = 1{,}054\,687\,5 = \text{Keplersches Limma} = \text{großes Chroma}$$

Wie schon im ersten Abschnitt dieses Kapitels gezeigt wurde, bezeichnet man heute als Diesis das Intervall, das sich aus der Differenz von Terzen und Oktave ergibt. Drei große Terzen sind um eine kleine Diesis tiefer als eine Oktave, vier kleine Terzen um eine große Diesis größer.

Nach diesen Ausführungen zu den kleineren Intervallen soll wieder Kepler zu Worte kommen. Zu den Seitenverhältnissen schreibt er (Buch III, Kap. VIII, S. 134):

> So erhält eine Oktav im ganzen dreizehn Saiten mit folgenden kleinsten Zahlen oder Proportionsgliedern; zwischen diese Zahlen habe ich alle kleinsten Intervalle nach ihrer natürlichen Ordnung in einem vollständigen und vollkommenen organischen System eingeschoben.

Auf Seite 155 ist eine Tabelle wiedergegeben mit Saitenverhältnissen und melodischen und quasimelodischen Intervallen, so wie Kepler dieselben in der »Weltharmonik« angibt. Als Maßzahl für die Länge der ganzen schwingenden Saite nimmt Kepler 2160 Einheiten an. (Man erinnere sich, daß dies der Durchmesser des Mondes in Meilen ist oder in Jahren die Maßzahl der Länge eines platonischen Monats.) In der ersten Spalte ist die Länge der schwingenden Saite angegeben, in der zweiten Spalte die Bezeichnung des entsprechenden Halbtonschrittes, wobei zuerst die Bezeichnung von Kepler abgedruckt ist und danach in Klammern die heute allgemein übliche Bezeichnung. Daneben ist die Notenbezeichnung angegeben, in Notenschrift wie mit Namensangabe und schließlich noch die Intervallverhältnisse.

Zur wohltemperierten Tonleiter schreibt Kepler in diesem Zusammenhang nach Untersuchung der kleinen Intervalle (ebenfalls Buch III, Kap. VIII, S. 134):

> Die Meister auf den Instrumenten greifen dies auf und verwenden die zwei Halbtöne als einen Ganzton, wenn sie eine ungewöhnliche Mutation ausführen wollen. Freilich werden nach musikalischem Herkommen alle Intervalle ausgeglichen, so daß keines rein bleibt und die Intervalle, die vollkommen sein sollten, durch eine kleine Einbuße an ihrer Vollkommenheit die Unvollkommenheit der übrigen verringern und mildern. Darum kommt es, daß alle Ganztöne auf den Instrumenten gleich sind, so ist auch das Limma gleich dem Halbton, und zwei Halbtöne machen infolge genauer Zweiteilung einen Ganzton aus.

Im vierten Buch der »Weltharmonik« beschreibt Kepler die Beziehungen zwischen den Aspekten der Astrologie und den musikalischen Intervallen. Im nächsten Abschnitt dieses Kapitels wird näher auf dieses Thema eingegangen. Das Buch IV der »Weltharmonik« trägt den Titel: »*Metaphysisches, psychologisches* und *astrologisches* Buch. Das geistige Wesen der Harmonien und ihre Arten in der Welt. Im besonderen die Harmonie der Strahlen, die von den Himmelskörpern auf die Erde herabkommen, und ihre Einwirkung auf die Natur oder die sublunarische Seele und die menschliche Seele.«

Im fünften Buch werden die elliptischen Bahnen der Planeten auf ihre harmonischen Beziehungen hin untersucht, insbesondere die Winkelgeschwindigkeit der Planeten bei ihren Maxima und Minima. So ordnet Kepler jedem Planeten einen bestimmten Tonraum zu. Die ersten Zuordnung eines bestimmten Tones ist dabei willkürlich, alle anderen Töne leiten sich dann von diesem ersten Ton ab. Der Hauptunterschied der Art der Betrachtung der Weltharmonik, der harmonischen Verhältnisse der Welt, in Keplers Buch der »Weltharmonik« und in diesem Buch der »Kosmischen Oktave« liegt darin, daß Keplers Zuordnung von einem ersten willkürlichen Schritt der Tonzuordnung abhängt und im Gegensatz dazu hier, durch das Gesetz der Oktave, jeder Ton von der Natur selbst gegeben ist. Den Planeten werden durch das Gesetz der Oktave ihre eigenen, natürlichen Oktavobertöne zugeordnet. Daß sich die Oktavobertöne, wie zum Beispiel der Ton des Erdentages, im Bereich der Meteorologie in den *Spherics* und im Bereich der Mikrobiologie in den Resonanzen der DNS-Ketten manifestieren, unterstreicht nur die Richtigkeit der Verwendung der Oktavtöne als Grundtöne zur Horoskopvertonung.

Die Saitenverhältnisse nach Johannes Kepler, nach ihrer natürlichen Ordnung in einem vollständigen und vollkommenen organischen System

Länge der Saiten	*Melodische oder quasimelodische Intervalle*	*In gebräuchlichen Noten*	*Schwingender Anteil der Saite*
Oben 1080		g	1/2
	Halbton		
1152		fis	8/15
	Limma (gr. Chroma)		
1215		f	9/16
	Halbton		
1296		e	3/5
	Diesis (kl. Chroma)		
1350		es	5/8
	Halbton		
1440		d	2/3
	Halbton		
1536		cis	32/45
	Limma (gr. Chroma)		
1620		c	3/4
	Halbton		
1728		H	4/5
	Diesis (kl. Chroma)		
1800		Hes (B)	5/6
	Halbton		
1920		A	8/9
	Halbton		
2048		Gis	128/135
	Limma (gr. Chroma)		
Unten 2160		G	1/1

Der Halbton hat ein Schwingungsverhältnis von 1 : 16/15, was einem Saitenverhältnis von 1 : 15/16 entspricht. Ein Keplersches Limma, das heute allgemein großes Chroma genannt wird, hat ein Schwingungsverhältnis von 1 : 135/128, was einem Saitenverhältnis von 1 : 128/135 entspricht. Die Keplersche Diesis, die heute allgemein kleines Chroma genannt wird, hat ein Schwingungsverhältnis von 1 : 25/24, was einem Saitenverhältnis von 1 : 24/25 entspricht.

Die Beobachtungen von Kepler zeigen auf das genaueste wirklich erstaunliche, ja wunderbare harmonische Proportionen in den Bahngeschwindigkeiten der Planeten. Dabei handelt es sich um heliozentrische, tägliche Bewegungen der Planeten, gemessen in Bogenminuten und Bogensekunden. Kepler geht dabei, was die Tonzuordnung anbelangt, von einem G aus, das dem Saturn wie der Erde entspricht. G ist für Kepler der Grundton. Das griechische Wort für Erde ist Geo, zum Vermessen der Erde verwendete man die Geometrie. Die Geo-metrie war im alten Griechenland die sogenannte »fünfte« Wissenschaft. Der Ton G ist in der Tonleiter vom Grundton C aus der fünfte Ton. All dies mag Kepler bewogen haben, G als Grundton für seine Betrachtungen zu wählen. Da der Tageston der Erde ebenfalls ein G ist, ist Keplers Wahl auch heute noch im Einklang mit dem Lauf der Dinge, wenn auch von einem ganz andern Betrachtungspunkt aus, als Kepler selbst darlegte.

Als Beispiel der harmonischen Beziehung der Bahngeschwindigkeiten in Bogenminuten und Bogensekunden, also der Winkelgeschwindigkeiten der Planeten, möge hier ein Vergleich der Erd- und Saturnbewegung dienen [29, Bd. 3, Kap. IV].

> Es bezeichne nun die Bewegung im Aphel (sonnenfernster Punkt) des langsamsten Planeten Saturn [Uranus, Neptun und Pluto waren zu Keplers Zeiten noch unentdeckt] also seine langsamste, die tiefste Stufe »G« im System durch die Zahl 1'46" [lies: eine Minute und 46 Sekunden]. Dieselbe Stufe nimmt auch die Erde im Aphel ein, jedoch 5 Oktaven höher, da ihre Zahl 1'47" beträgt, und wer wollte bei der Bewegung des Saturn im Aphel um eine Sekunde streiten wollen. Und wenn auch, so ist der Unterschied nicht größer als 106/107, was weniger ist als ein Komma.

1'46" : 1'47" = 106 : 107 = 0,990654 (Abweichung kleiner als 1 %)

Das Verhältnis des pythagoreischen Kommas beträgt:

$2^7 : (3/2)^{12} = 128 : 129{,}746338 = 0{,}986540$ (Abweichung größer als 1 %)

Kepler stellte noch eine zweite Methode vor, um den Planeten bestimmte Grundtöne zuzuordnen, wobei er von den Abständen der Planeten von der Sonne ausging. Auch hier ist Keplers Tonzuordnung von einer willkürlichen Erstwahl abhängig. Bei Kepler wird somit für jede Zeit und für jede Lage eines Planeten ein bestimmtes planetarisches Tonpaar zugeordnet. Das zeitliche Element wird durch die Vertonung der Winkelgeschwindigkeit, das räumliche Element durch die Vertonung des Abstandes zur Sonne musikalisch umgesetzt.

Aspekt und Intervall

Die Vertonung der Aspekte nach der Manier von Johannes Kepler

»Gott treibt immer Geometrie.« So sagt es der altgriechische Philosoph Platon. Auch für Kepler besitzt die Geometrie die höchste Würde unter allen Wissenschaften:

> Die Geometrie ist einzig und ewig, ein Widerschein aus dem Geiste Gottes. Daß die Menschen an ihr teilhaben, ist eine Ursache dafür, daß der Mensch ein Ebenbild Gottes ist.

Zu seiner Aspektlehre, der astrologischen Geometrie, schreibt Kepler [29, S. 242]:

> Den Glauben an die Wirksamkeit der Aspekte verleiht in erster Linie die Erfahrung, die so klar ist, daß sie nur jemand leugnen kann, der sie nicht selber geprüft hat! . . .
>
> Der Bogen des Tierkreises, den die Seite einer kongruenten und wißbaren Figur oder eines solchen Sterns abschneidet, mißt den Winkel einer wirksamen Konfiguration . . . Wirksame Konfigurationen sind jene, die vom Tierkreis folgende Bögen abschneiden:
>
> 180 °, die Opposition, vom Kreisdurchmesser her,
> 90 °, die Quadratur, vom Viereck her,
> 120 °, das Trigon, und 60 °, der Sextil, vom Dreieck und vom Sechseck her,
> 45 °, der Oktil, und 135 °, der Trioktil, vom Achteck und dessen Stern her,
> 30 °, der Halbsextil, und 150 °, der Quincunx, vom Zwölfeck und dessen Stern her,
> 72 °, der Quintil, und 108 °, der Tridezil, vom Fünfeck und vom Zehneck-Stern her,
> 144 °, der Biquintil, und 36 °, der Halbquintil oder Dezil, vom Fünfeckstern und vom Zehneck her.

Die Rangfolge der Wirksamkeit ist die folgende [29, S. 242 ff]:

> Der erste und stärkste Grad der Wirksamkeit unter den Aspekten ist die Konjunktion und die Opposition, der zweite: das Quadrat, der dritte: das Trigon und der Sextil, der vierte: der Quintil, der Biquintil und danach der Quincunx, der fünfte und schwächste Grad der Wirksamkeit ist der Dezil und der Tridezil, der Oktil und der Trioktil.

Zum Bezug von Aspekt und Intervall schreibt Kepler im Buch IV:

> Was die Musik anbelangt, so genügt es, daß eine gerade gespannte Saite so geteilt werden kann, wie sie kreisförmig gebogen, durch die Seite einer einschreibbaren Figur geteilt wird.

Daraus folgt, wie im Buch IV, Kap. VI, S. 249 zu lesen ist:

> der Sextil entspricht der Mollterz,
> der Quintil entspricht der Durterz,
> das Quadrat entspricht der Quart,
> das Trigon entspricht der Quint,
> der Trioktil entspricht der Mollsext,
> der Biquintil entspricht der Dursext,
> die Opposition entspricht der Oktav.

Aus diesen wenigen Angaben ist das Bezugssystem Aspekt-Intervall klar definiert. Es läßt sich so jedem Aspekt umkehrbar-eindeutig ein Intervall zuordnen. Die Aspekte, so wie Kepler sie den Intervallen zuordnet, geben jeweils den abgegriffenen Teil der Saite wieder, denn 5/6 einer Saite, die frei schwingen, ergeben eine Mollterz, ein Sechstel, der Sextil, wird abgegriffen. In den folgenden Abbildungen ist jeweils, anders als bei Kepler, der freischwingende Teil der Saite dem Aspekt zugeordnet. Das Kepler-Intervall ist dann jeweils in der zweiten Zeile beim sogenannten Ergänzungswinkel oder Gegenwinkel aufgeführt. Dem Aspekt der Mollterz, dem Sextil, kommt somit auch die Eigenschaft der Quinte in der zweiten Oberoktave zu. Beide Intervalle sind für den Sextil charakteristisch.

Die Intervalle, die die Aspekte des regelmäßigen Achtecks ergeben, also die Konjunktion, die Opposition, das Quadrat, der Oktil und der Trioktil, sind auf Abbildung 39 und 40 auf Seiten 160 und 161 zu sehen. Die Aspekte aus dem regelmäßigen Drei-, Sechs- und Zwölfeck, also das Trigon, der Sextil, der Semisextil und der Quincunx und die dazugehörigen Intervalle sind auf Seite 162, Abbildung 41 dargestellt. Die Aspekte aus dem regelmäßigen Fünf- und Zehneck, der Quintil, der Biquintil, der Dezil und der Tridezil, mit den zugehörigen Intervallen, sind auf Seite 163 in Abbildung 42 zu finden.

Die Graphiken für die obenangeführten Aspekte sind in Anlehnung an die Figuren von Kepler gezeichnet, ergänzt durch die Figuren des Nonils, 40 Grad, des Binonils, 80 Grad, und des Quadrononils, 160 Grad, die Kepler nicht zu den wirksamen Aspekten zählt, da sie mit Zirkel und Lineal alleine nicht konstruierbar sind und somit auch nicht wißbar. Die Nonilaspekte sind in Abbildung 43 auf Seite 164 dargestellt.

Die Konstruktion der konvexen Vielecke (Drei-, Vier- und Fünfeck sowie die davon abgeleiteten Folgen) wie auch des regelmäßigen Fünfzehnecks waren bereits den griechischen Mathematikern der Antike bekannt. Die allgemeine Formel zur Konstruierbarkeit der regelmäßigen Vielecke formulierte Karl Friedrich Gauß mit knapp 19 Jahren Anno Domini 1796.

Gauß, der am 30. April 1777 in Göttingen geboren wurde, zählt zu den bedeutendsten Mathematikern und Astronomen. Auch auf dem Gebiete der Geodäsie (Erdvermessung) leistete Gauß echte Pionierarbeit.

Eine interessante Feststellung ist, daß jeweils das erste Glied einer Folge von konstruierbaren regelmäßigen Vielecken nach der Gaußschen Formel

$$2^{2^k} + 1 = n \quad \text{für} \quad k = 0, 1, 2, 3, 4, 5, 6, 7 \ldots$$

einen Kreisteil ausmacht, der musikalisch umgesetzt, ein Intervall ergibt, das sich in der Art ergänzt, daß Winkel und Gegenwinkel die gleichen Töne ergeben, die um eine oder mehrere Oktaven auseinanderliegen. Setzt man zum Beispiel in die obenaufgeführte Gleichung für k den Wert 0 ein, so erhält man für n den Wert 3. Das Dreieck drittelt den Kreis. 1/3 des Kreises führt zum Trigon, was der Quinte in der ersten Oberoktave entspricht, 2/3 zum Bitrigon, was der Quinte in der Grundoktave entspricht.

Setzt man in der Gleichung für k den Wert 1 ein, so erhält man für n den Wert 5. Das regelmäßige Fünfeck fünftelt den Kreis. 1/5 des Kreises führt zum Quintil, entsprechend der großen Terz in der zweiten Oberoktave, 4/5 zum Quadroquintil, was der großen Terz in der Grundoktave entspricht.

Für k gleich 2 erhält man n = 17. Das regelmäßige Siebzehneck ist somit mit Zirkel und Lineal alleine konstruierbar, und es gilt auch hier, daß Winkel und Gegenwinkel dem gleichen Ton, nur oktavverschoben, entsprechen.

Alle nach der Gaußschen Formel errechneten regelmäßigen Vielecke führen zu sich selbst ergänzenden Tönen, es gibt jedoch auch noch andere sich selbst ergänzende Töne oder Intervallpaare, die außerhalb dieser Gaußschen Reihe liegen. So zum Beispiel das Neuneck, das zum Ganzton führt. Das Neuneck führt zum Nonilaspekt. Der Nonil ist ein sich selbst ergänzender Kreisteil, was seine musikalische Entsprechung betrifft, denn 1/9 und 8/9 des Kreises oder der schwingenden Saite führen zum gleichen Ton, der Abstand beträgt genau 3 Oktaven.

Der 4/9-Aspekt, der Quadrononil, ist jedoch kein sich selbst ergänzender Aspekt. 4/9 des Kreises führen zur Quinte der Quinte, zur None oder zum Ganzton in der ersten Oberoktave, denn es ist 2/3 · 2/3 = 4/9.

Beispielsweise sei der Grundton ein C, dann ist die Quinte ein G, die Quinte vom G aus ist ein d. Vom C zum d erklingt das Intervall der None, vom c zum d das Intervall des großen Ganztones.

Der Gegenwinkel von 4/9 (160 Grad) ist 5/9 (200 Grad) des Kreises, dies führt zum Intervall der kleinen Septime, vom C aus ein B. 4/9 und 5/9 des Kreises sind somit keine sich selbst ergänzenden Aspekte, was die musikalische Intervallzuordnung betrifft.

In der indischen Astrologie wird der Neunerteilung des Kreises weit mehr Bedeutung beigemessen, als das bei uns heute der Fall ist. Die Inder teilen den Tierkreis in 108 *Navamsas* ein, die der Reihe nach den 12 Sternzeichen zugeordnet werden. Zwölf Navamsas à 3° 20' ergeben genau ein Nonil zu 40 Grad, denn 3° 20' · 12 = 40.

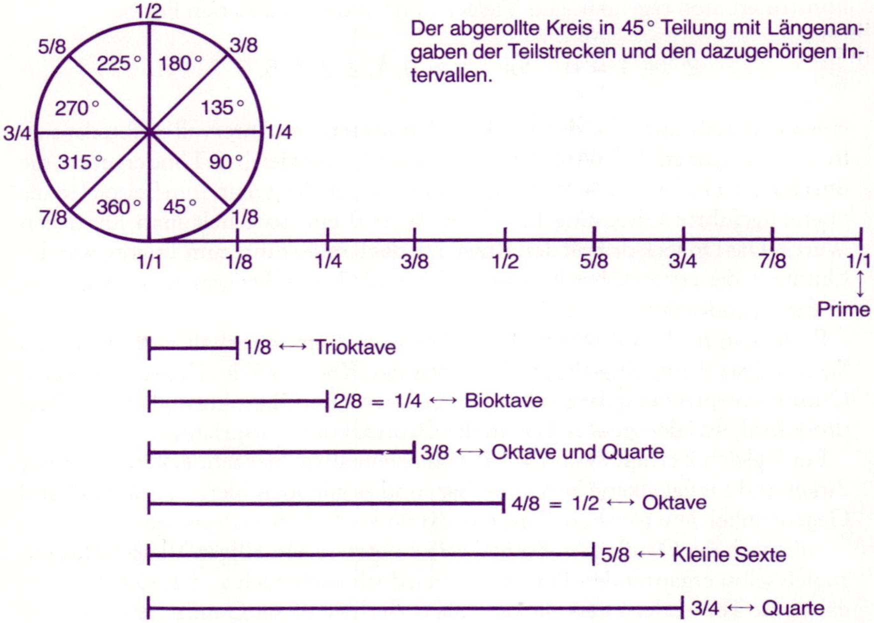

Der abgerollte Kreis in 45° Teilung mit Längenangaben der Teilstrecken und den dazugehörigen Intervallen.

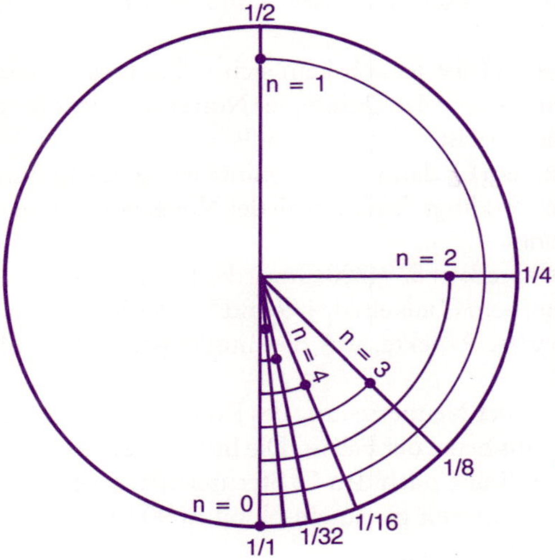

Abb. 39
Das Gesetz der Oktave, an der schwingenden Saite demonstriert, zeigt folgenden Zusammenhang: Schwingt die ganze Saite mit dem Grundton G, so schwingt die halbe Saite mit der doppelten Frequenz und es erklingt das g, bei einem Viertel der Saite erklingt das g', bei einem Achtel der Saite erklingt das g'' etc. Algebraisch ausgedrückt heißt das: Schwingt der $1:2^n$te Teil einer Saite, so erklingt der nte Oktavton zum Grundton.

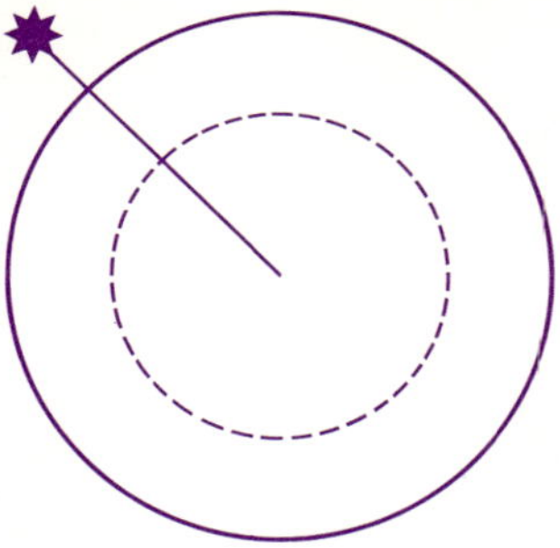

Konjunktion
Prim 1/1 0°
Prime 1/1 360°

Oktil
Trioktave 1/8 45°

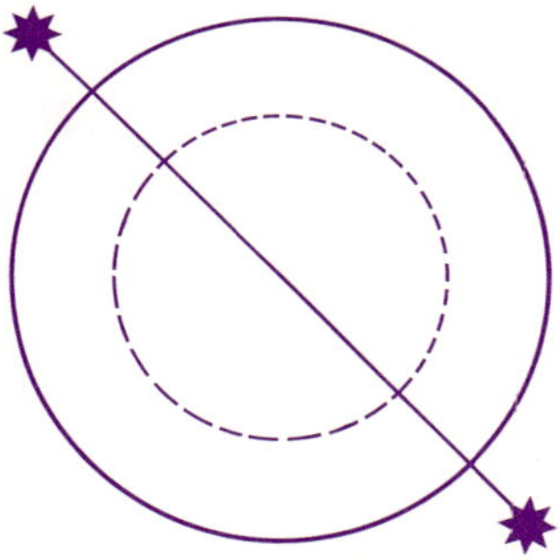

Opposition
Oktave 1/2 180°

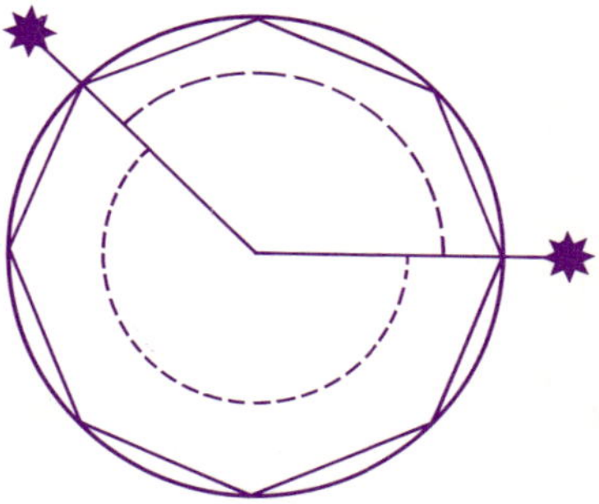

Trioktil
Kl. Sexte 5/8 225°
Okt. + Quarte 3/8 135°

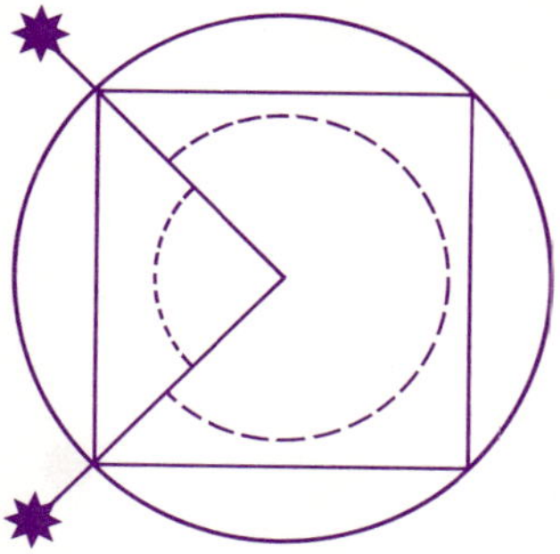

Quadrat
Bioktave 1/4 90°
Quarte 3/4 270°

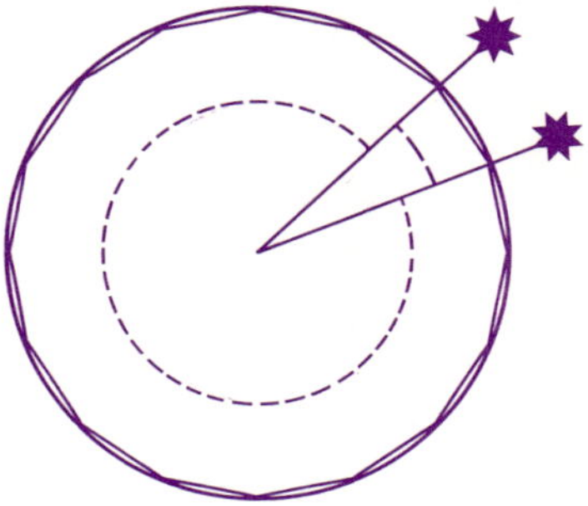

Semioktil
Quadrooktave 1/16 22,5°
Halbton 15/16 337,5°

Abb. 40
Die Zweierteilung

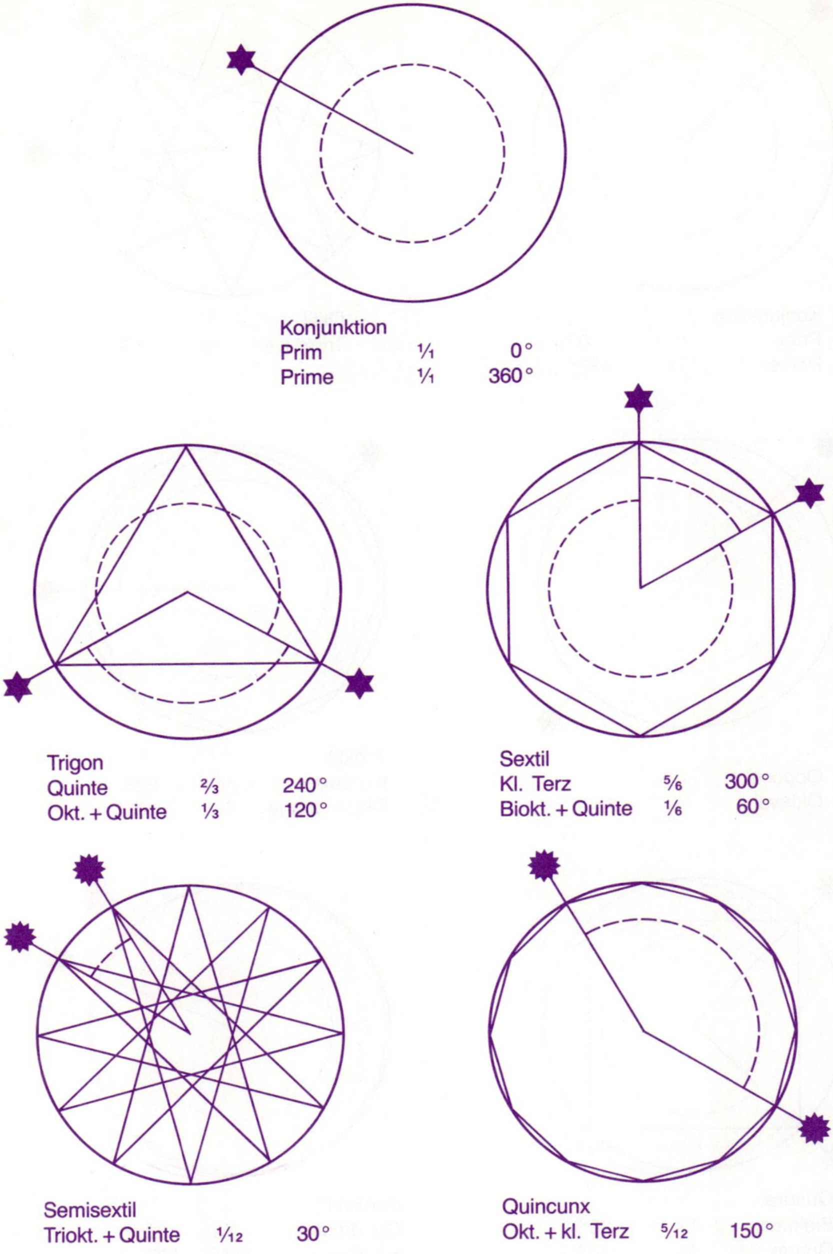

Abb. 41
Die Dreierteilung

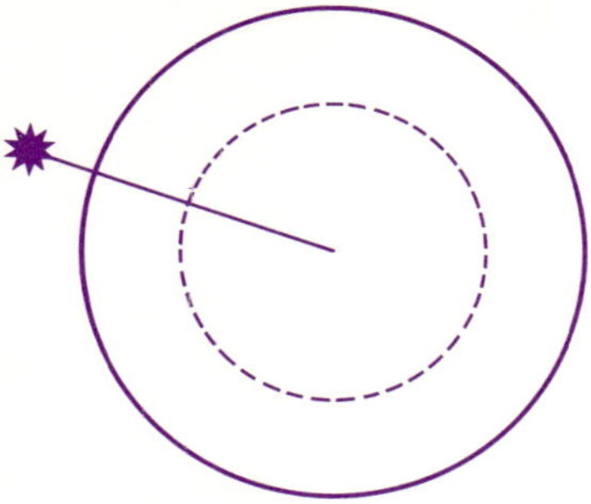

Konjunktion
Prim 1/1 0°
Prime 1/1 360°

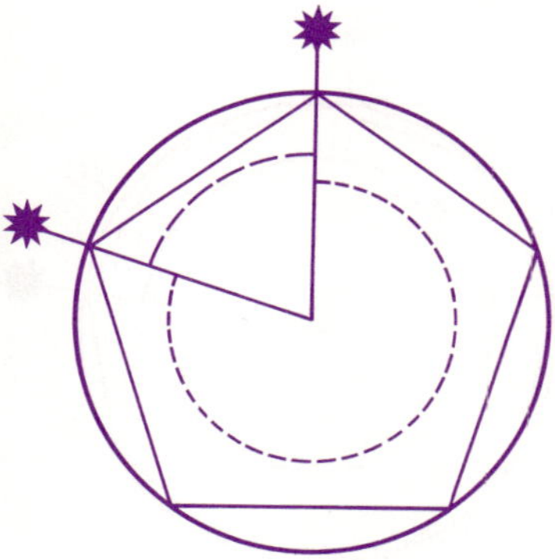

Quintil
Biokt. + gr. Terz 1/5 72°
Gr. Terz 4/5 288°

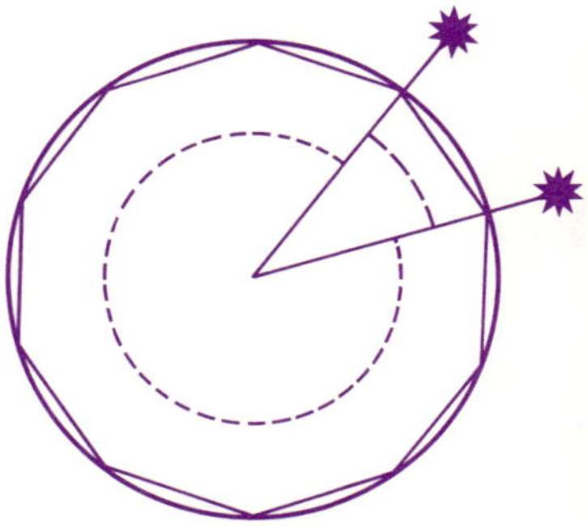

Dezil
Triokt. + gr. Terz 1/10 36°
Kl. Ganzton 9/10 324°

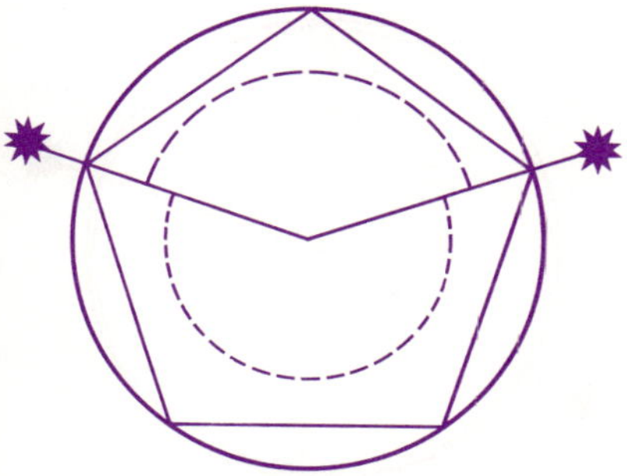

Biquintil
Okt. + gr. Terz 2/5 144°
Gr. Sexte 3/5 216°

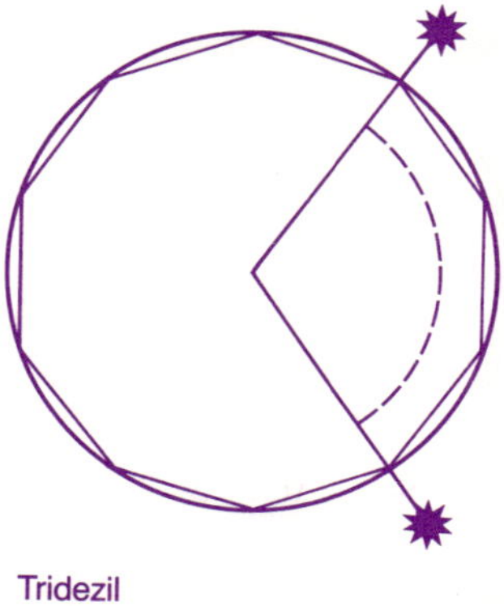

Tridezil
Okt. + gr. Sexte 3/10 108°

Abb. 42
Die Fünferteilung

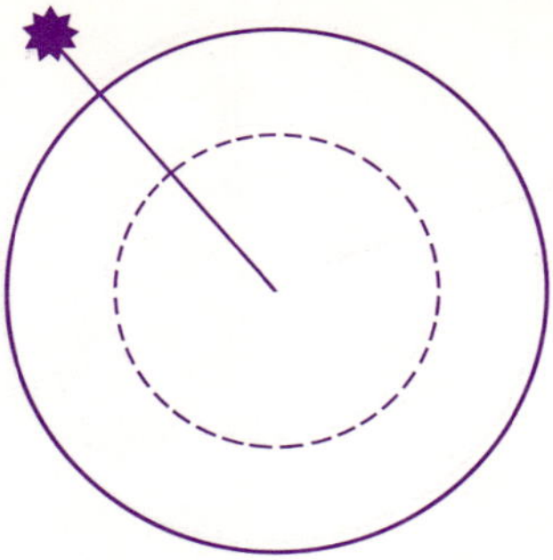

Konjunktion

Prim	1/1	0°
Prime	1/1	360°

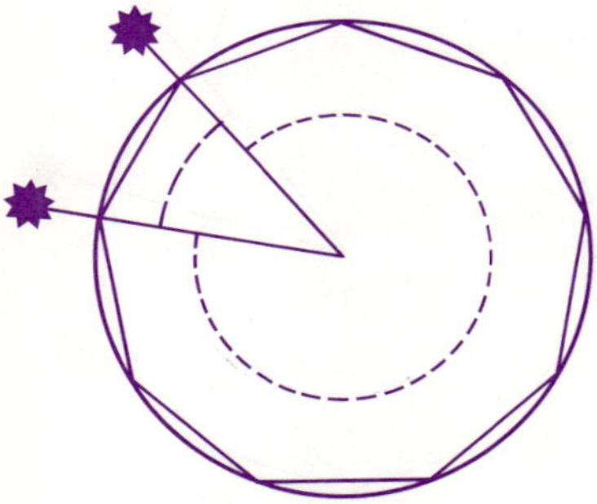

Nonil

Gr. Ganzton	8/9	320°
Triokt. + gr. Gt.	1/9	40°

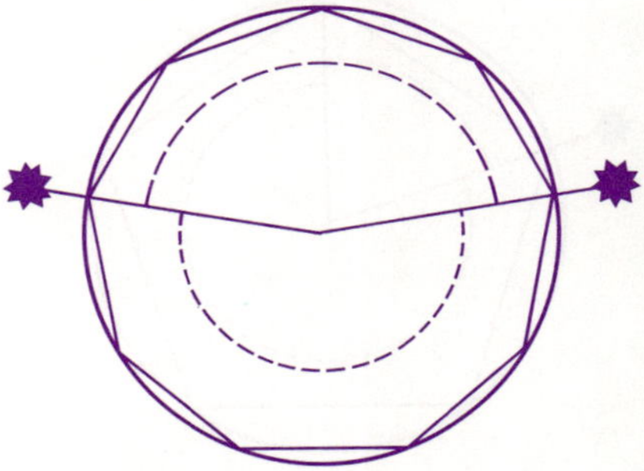

Quadrononil

Okt. + gr. Gt.	4/9	160°
Kl. Septime	5/9	200°

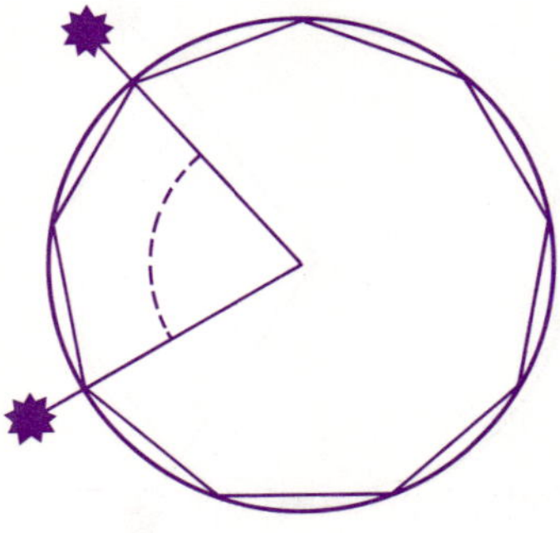

Binonil

Biokt. + gr. Gt.	2/9	80°

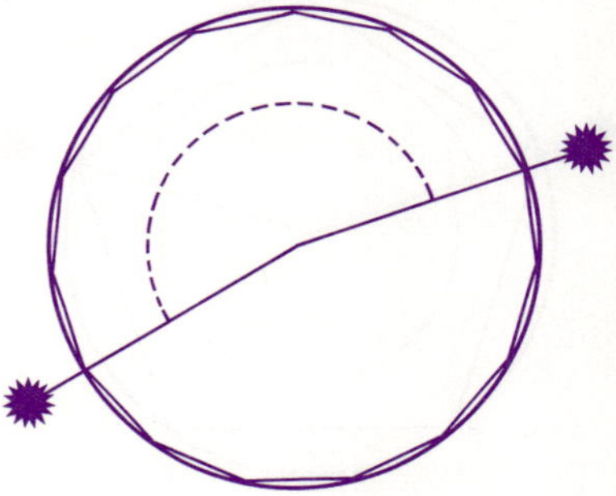

Gr. Septime	8/15	192°

Abb. 43
Die Neunerteilung und die Fünfzehntelteilung

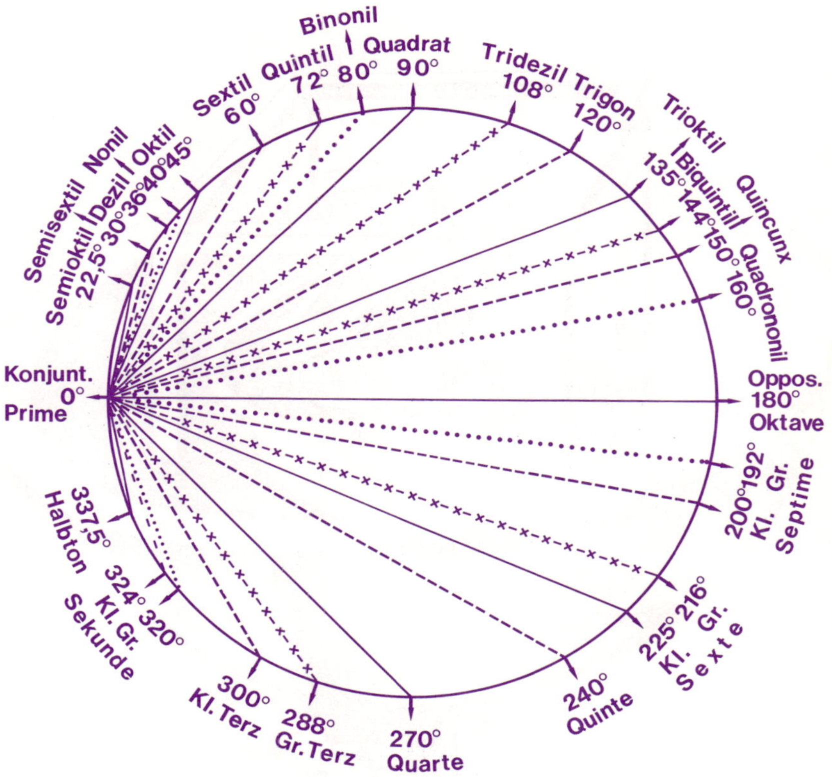

Abb. 44

Der Aspektarius ist eine Zusammenstellung der wichtigsten Aspekte und Intervalle. Eine genaue Auflistung aller Intervalle ist ab Seite 186 abgedruckt. Dieser Liste sind die Intervallfaktoren wie auch die Saitenteilungen und die relativen Tonstufen (Logarithmenwerte) beigefügt. Ebenso sind zu jedem Intervall der zugehörige Aspekt mit Winkel und der entsprechende Gegenwinkel aufgeführt, das heißt, die Tabelle enthält sämtliche Elemente, die notwendig sind, um einem Intervall sofort einen Winkel oder einem Winkel ein Intervall zuzuordnen.

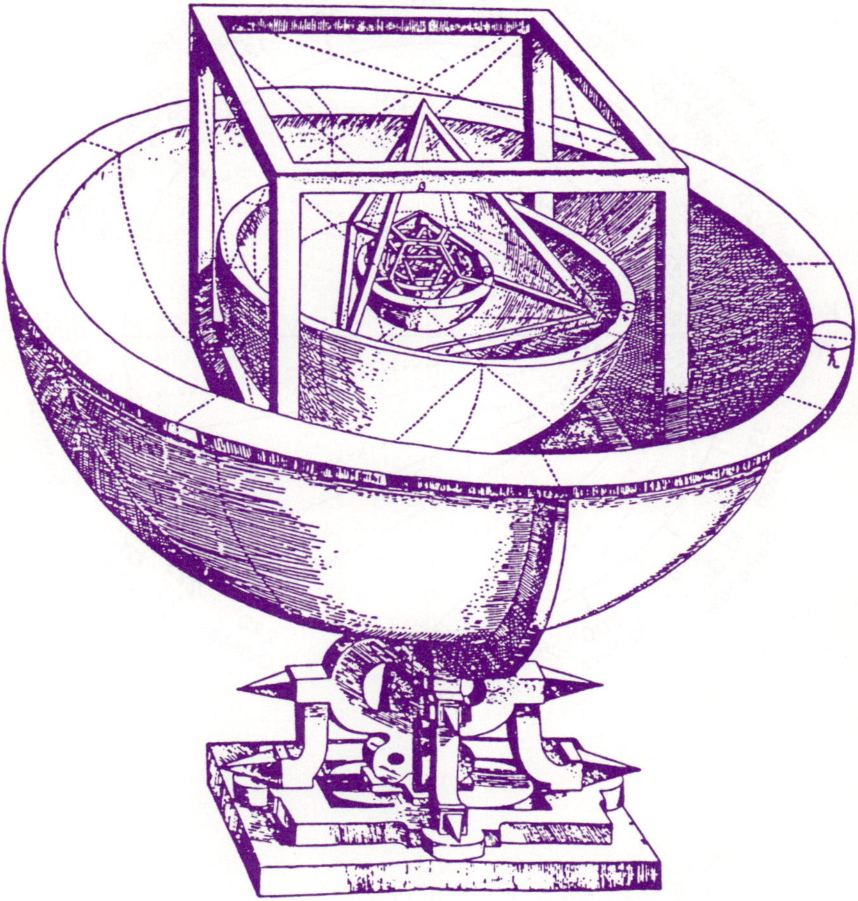

Abb. 45
Keplers Modell des Weltgebäudes mit den ineinandergeschachtelten platonischen Körpern.

Die logarithmische Klangspirale

Eine völlig andere Beziehung der Aspekte im Verhältnis zu den Intervallen ergibt sich, wenn man den ganzen Kreis nicht der schwingenden Saite gleichsetzt, wie Kepler es getan hat, sondern der Oktave. In der nun folgenden Betrachtung entspricht der gesamte Kreis des Horoskops einer einzigen Oktave. Es handelt sich um eine ganz andere Analogie als die Keplersche, die dem halben Kreis die erste Oktave, dem nächsten Viertel die nächste Oktave und so weiter zuordnet. Bei der Betrachtung der kosmischen Klangspirale entsprechen immer genau 30 Grad einem chromatischen, wohltemperierten Halbton, der stets den Intervallfaktor von 1,059 463 hat. Dies ist bekanntlich die zwölfte Wurzel aus zwei. Die klassischen genauen Aspekte (Konjunktion, Halbsextil, Sextil, Quadrat, Trigon, Quincunx und Opposition) entsprechen hier chromatischen und nicht diatonischen Intervallen.

Der ganze Kreis wird also als eine Oktave dargestellt, der halbe Kreis entspricht somit dem Tritonus. Jeder chromatische Halbton umfaßt genau 30 Grad. Der chromatische Ganzton umfaßt 60 Grad, der entsprechende Gegenwinkel umfaßt 300 Grad und entspricht der kleinen chromatischen Septime. In diesem System gelten darum folgende Beziehungen:

0 Grad	= Konjunktion	= Prime	Gegenwinkel	= 360 Grad	= Oktave
30 Grad	= Semisextil	= Halbton	Gegenwinkel	= 330 Grad	= gr. Septime
60 Grad	= Sextil	= Ganzton	Gegenwinkel	= 300 Grad	= kl. Septime
90 Grad	= Quadrat	= kl. Terz	Gegenwinkel	= 270 Grad	= gr. Sexte
120 Grad	= Trigon	= gr. Terz	Gegenwinkel	= 240 Grad	= kl. Sexte
150 Grad	= Quincunx	= Quarte	Gegenwinkel	= 210 Grad	= Quinte
180 Grad	= Opposition	= Tritonus	Gegenwinkel	= 180 Grad	= Tritonus

In der Musikwissenschaft wird der Begriff »Cent« zur Beschreibung eines Intervalles verwendet. Der Begriff geht auf A. J. Ellis zurück und ist wie folgt definiert:

$$1 \text{ Cent} = \sqrt[1200]{2} = 1{,}000\,577\,79\ldots$$

was bedeutet, daß die Zahl 1,000 577 79..., genau 1200mal mit sich selbst multipliziert, 2 ergibt. Ein chromatischer Halbton umfaßt genau 100 Cent. Auf dem Kreis entsprechen 30 Grad genau 100 Cent, der ganze Kreis umfaßt somit 1 200 Cent, was der reinen Oktave entspricht. Es gelten darum folgende Beziehungen:

1 Grad entspricht 3,333 333 Cent
1 Cent entspricht 0,300 000 Grad

Mit diesen Beziehungsstücken können in Cent angegebene Werte jederzeit in Bogengrad umgerechnet werden, wie natürlich auch in Bogengrad angegebene Werte in Cent umgerechnet werden können. Eine rein gestimmte Tonleiter mit den natürlichen, diatonischen Frequenzverhältnissen hat dann die nachstehenden Cent- und Grad-Werte:

Intervall	*Frequenz-verhältnis*	*Centangabe*	*Winkel*
Prime	1/1	0,00	0° 00'00''
Halbton	16/15	111,73	33° 31'10''
kl. Ganzton	10/9	182,40	54° 43'16''
gr. Ganzton	9/8	203,91	61° 10' 23''
kl. Terz	6/5	315,64	94° 41' 33''
gr. Terz	5/4	386,31	115° 53'39''
Quarte	4/3	498,04	149° 24'49''
Tritonus	45/32	590,22	177° 04'02''
Quinte	3/2	701,95	210° 35'11''
kl. Sexte	8/5	813,69	244° 06'21''
gr. Sexte	5/3	884,36	265° 18'27''
kl. Septime	9/5	1017,60	305° 16'44''
gr. Septime	15/8	1088,27	326° 28'50''
Oktave	2/1	1200,00	360° 00'00''

Trägt man die obenaufgeführten Winkel alle auf einem Kreis ab und teilt die zu diesen Punkten zugehörigen Radien im entsprechenden Saitenteilungsverhältnis, wobei innen der freischwingende Teil und außen der abgegriffene Teil abgetragen wird, und verbindet dann die so erhaltenen Punkte alle miteinander, so entsteht die nebenstehende Klangspirale (Abbildung 46).

Ordnet man dem Kreis mit den zwölf Tönen die ihnen nach dem Oktavgesetz entsprechenden Farben zu, so erkennt man leicht den sogenannten Goetheschen Farbkreis wieder mit den sechs Hauptfarben: Violett (E), Blau (D), Grün (C), Gelb (B), Orange (GIS/AS) und Rot (FIS/GES) sowie deren Mischtöne (sekundäre Mischfarbtöne) Blauviolett (DIS/ES), Blaugrün (CIS/DES), Gelbgrün (H), Gelborange (A) sowie Orangerot (G) und Rotviolett (F). Dies sind natürlich nur angenäherte Farbwerte und bis zu einem bestimmten Grad idealisierte Zuordnungen, so daß man für jeden Ton einen deutlich unterscheidbaren Farbwert erhält.

Die Opposition (180 Grad) entspricht dem Tritonus, zum Beispiel von Gelb zum Violett oder vom Grün zum Rot oder auch vom Blau zum Orange (jeweils die Komplementärfarbe).

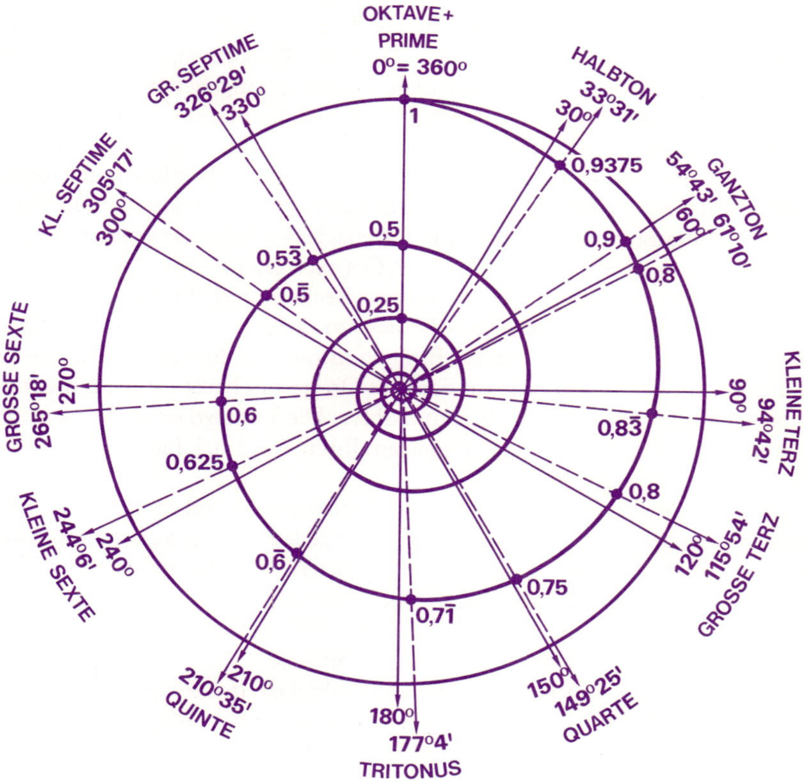

Abb. 46

Die logarithmische Klangspirale

Außenkreis: Intervallbezeichnung, mittlerer Kreis: Winkel der diatonischen (reinen) Intervalle, innerer Kreis: Winkel der chromatischen Intervalle. Die Zahlen an der Spirale geben das Teilungsverhältnis der Saiten an.

Drei astrologische Ebenen

Die Drei ist bei vielen Völkern im Rechts- und Privatleben, in Mythen und Religionen eine heilige Zahl. So ist die dreifache Gewaltenteilung in der Macht des Staates eine schon in der antiken Philosophie vertretene Auffassung, wobei sich die Macht des Staates in der dreifachen Richtung äußert: Gesetzgebung (Legislative), Rechtsprechung (Justiz) und Vollziehung (Exekutive). In den modernen demokratischen Rechtsstaaten sind diese drei Hauptaufgaben in drei voneinander unabhängigen Staatsorganen organisiert, so ist für die Gesetzgebung das Parlament zuständig, die Rechtsprechung steht den unabhängigen Gerichten zu, und für die Durchführung und Einhaltung der Gesetze soll die Regierung sorgen. Im Sinne der altständischen Gesellschaftsordnung gab es drei in sich geschlossene, auf bestimmten Ehrbegriffen und Lebensidealen fußende soziale Gruppen. Die Stellung der drei alten Stände, Adel, Geistlichkeit und Bauernstand, gegenüber dem Staat beruhte auf festumrissenen Rechten und Pflichten.

Doch nicht nur die irdische Gesellschaft war dreigeteilt, auch die himmlische Götterwelt. So ist aus dem späteren Brahmanismus in Indien die sogenannte Trimurti bekannt. *Trimurti*, was auf Sanskrit Dreigestalt heißt, ist die Einheit der drei Hauptgötter Brahma, Vishnu und Shiva. Die Trimurti ist ein Versuch, die Verehrer dieser drei Götter zu vereinigen. Ihren Ausdruck hat die Trimurti in der heiligen Silbe Om gefunden.

Das Sanskritwort *Om*, das für die Urschwingung steht und vorzugsweise in Cis (Sadja) gesungen wird, ist ein sprachlich nicht gedeuteter Ausruf im Brahmanismus und Mahayana-Buddhismus. Zum Zweck feierlicher Bekräftigung und freudiger Bejahung wird die Silbe Om am Anfang und am Ende von Lesungen heiliger Texte und von Meditationen intoniert, ähnlich dem Halleluja oder dem Amen am Anfang und am Ende eines Oratoriums.

Auch die christliche Kirche kennt die Dreifaltigkeit. In der sogenannten Trinitätslehre wird die Dreieinigkeit der Aspekte göttlichen Wesens gelehrt, das heißt: unbeschadet seiner Einigkeit besteht Gott aus drei Personen: Vater, Sohn und heiliger Geist. Im Jahre 381 n. Chr. wurde auf dem Konzil von Konstantinopel (heute Istanbul) das Trinitätsdogma erlassen, welches lehrt, daß Vater, Sohn und heiliger Geist drei einander völlig gleiche Personen seien.

Auch in der Astrologie kennt man die Dreiteilung des großen Einen. Die Stellung der Planeten kann heliozentrisch (von der Sonne als Mitte aus gesehen), geozentrisch (von der Erde als Mitte aus gesehen) und topozentrisch (von einem bestimmten Punkt von der Erdoberfläche aus gesehen) dargestellt werden. Das sind drei Darstellungsweisen und Betrachtungweisen von ein und derselben astronomischen Gegebenheit. Dargestellt wird in allen drei Ebenen — helio-, geo- und topozentrisch — das gleiche Urbild, eine bestimmte von der Natur gegebene planetarische Konstellation. Die drei Ebenen zeigen jedoch drei völlig verschiedene Aspekte dieses Urbildes.

Auch der Mensch kennt verschiedene Aspekte von sich selbst. Wer erinnert sich nicht an den Spruch des Wanderpredigers Jesus von Nazareth, der vor etwa 2000 Jahren in Palästina lebte und wirkte und einmal sagte: »Der Geist ist willig, doch das Fleisch ist schwach!« Wer mochte nicht schon einmal etwas tun oder von etwas loskommen und schaffte es aus irgendwelchen Gründen nicht? Ob Kleinigkeiten im Alltag oder große Vorhaben, das spielt dabei keine Rolle. Da ist in einem auf der einen Seite ein Wunsch und ein Wille mit klarer Zielvorstellung, doch auf der andern Seite die momentane Annehmlichkeit und Trägheit.

Den Weisen des Altertums und den Religionsstiftern ist es auch nicht anders ergangen, und darum teilten sie das menschliche Wesen — obwohl der Mensch ein Individuum ist, ein Unzerteilbares — in drei Ebenen ein: Körper, Seele und Geist. Ein jeder Mensch lebt in allen drei Ebenen zugleich, doch jede spiegelt einen anderen Aspekt seines Wesens wider. Dies ist das Mysterium der Dreieinigkeit, der Mensch hat ein »Ich«, doch empfindet er in einem körperlichen »Ich«, einem seelischen »Ich« und einem geistigen »Ich«. Die drei »Ichs« zusammenzuführen und zu seiner Mitte zu gelangen, um in allen drei Ebenen im großen Einklang gleichsam harmonisch zu resonieren, ist Ziel einer jeden Meditation.

Die Astrologie, die Harmonielehre des Kosmos, lehrt uns, diese kosmischen Klänge in uns selbst intensiver zu erleben. Die Vertonung des Horoskops vermittelt uns die Noten und Intervalle des Klanges, der mit mathematischer Genauigkeit der Resonanz des eigenen individuellen Karmas entspricht. Das heliozentrische Horoskop steht für die geistige Ebene, das geozentrische für die seelische und das topozentrische für die körperliche Ebene. Alle drei astrologischen Ebenen spiegeln eine einmalige astronomische Situation wider, so wie Geist, Seele und Körper zusammen Aspekte von einem in sich einzigartigen Menschen sind.

Die heliozentrische Horoskopvertonung

In dieser Ebene resoniert der Geist. Die Sonne, das Lichte, ist hier der Ausgangspunkt der kosmischen Symphonie. Das dargestellte Klangbild ist in dieser Form nur interstellar wahrnehmbar, also von einem Standpunkt außerhalb des Sonnensystems. Um sich diese heliozentrische Horoskopvertonung zu vergegenwärtigen, muß man im Geiste mit der Vorstellung das Sonnensystem verlassen und von außen betrachten, denn nur von außerhalb kann man alle diese himmlischen Proportionen in dieser Art wahrnehmen. In der heliozentrischen Ebene resonieren heißt, sich in der höchsten Stufe des Bewußtseins zu finden.

Die Grundtöne in der heliozentrischen Horoskopvertonung sind die Oktavtöne der siderischen Planetenumläufe. Die Aspekte, die die Intervalle zu den Grundtönen bestimmen, sind die interplanetarischen Aspekte aus dem heliozentrischen Horoskop.

Von jedem Planeten aus kann eine Tonfolge aus dem heliozentrischen Horoskop herausgelesen werden. Der Grundton ist der Planetenton, die Intervalle werden aus den Aspekten des jeweiligen Planeten zu den andern Planeten gebildet. Da man die Aspekte von 0 Grad bis 360 Grad links- wie rechtsherum lesen kann, gibt es eine aufsteigende und eine absteigende *Raga* zu jedem Planeten, wobei zwischen diesen beiden Ragas enge harmonikale Beziehungen bestehen. Wie im vorigen Abschnitt gezeigt, führen zum Beispiel die Oppositionen, das Trigon, der Quintil und der Nonil vom Winkel wie vom Gegenwinkel (Ergänzungswinkel) her zum gleichen Ton, nur oktavverschoben, außer bei der Opposition, wo der Oktavton in der auf- wie in der absteigenden Raga in Erscheinung tritt. Da derzeit neun Planeten bekannt sind, ergibt die heliozentrische Horoskopvertonung neun auf- und neun absteigende Ragas, also ein Thema mit 18 Variationen. Jede Variation wird durch acht Aspekte bestimmt.

Die heliozentrischen Planetenpositionen sind im allgemeinen auf jedem vollständigen Computerhoroskop ausgedruckt. Auch in astronomischen Jahrbüchern und Sternenkalendern sind sie häufig angegeben. Selbst die genauen Positionsberechnungen aus den Bahnelementen der Planeten auszuführen erfordert allerdings schon höhere Kenntnisse der sphärischen Trigonometrie und der Astronomie.

Die Berechung der heliozentrischen Aspekte, wenn die Planetenpositionen bekannt sind, ist hingegen sehr einfach und erfolgt ganz analog der klassischen geozentrischen Aspektberechnung. Man muß hierfür nur Winkeldifferenzen berechnen. Die Methode und Verfahrensweise ist überdies in fast jedem ausführlichen Astrologiebuch korrekt beschrieben.

Der Mond wird in der heliozentrischen Horoskopvertonung nicht berücksichtigt, da er immer sehr dicht bei der Erde steht. Bei Neu- und Vollmond ist er sowieso mit der Erde im heliozentrischen Abbild in Konjunktion, bei Halbmond etwa ist der Aspekt von Erde und Mond zueinander am größten und beträgt maximal etwa 10 Bogenminuten (1/6 Grad).

Die Ausgangstöne der heliozentrischen Horoskopvertonung sind:

Merkur	141,27 Hz	D
Venus	221,23 Hz	A
Erde	136,10 Hz	CIS
Mars	144,72 Hz	D
Jupiter	183,58 Hz	FIS
Saturn	147,85 Hz	D
Uranus	207,36 Hz	GIS
Neptun	211,44 Hz	A
Pluto	140,25 Hz	D

Die geozentrische Horoskopvertonung

In dieser Ebene resoniert die Seele. Die Erde, unser Raumschiff, ist hier der Mittelpunkt der Betrachtung; das dargestellte Klangbild ist globaler Struktur.

Wenn Astrologen gewöhnlich ein Horoskop erstellen, so ist das eine Mischung aus geo- und topozentrischen Elementen. Die Planetenpositionen sind im allgemeinen für den Mittelpunkt der Erde berechnet, der Aszendent, die Himmelshöhe und die anderen Häuser hingegen für den Erdort auf der Erdoberfläche. Ein solches Horoskop ist für die Vertonung ungeeignet, da es ein verzerrtes Bild der Wirklichkeit darstellt. Darum sind hier die beiden Ebenen separat abgehandelt.

Ist der Mond in einem gewöhnlichen Horoskop zum Beispiel in der Nähe des Aszendenten, dann sieht man ihn vom Erdort aus, für den das Horoskop erstellt wurde, zuweilen um mehr als einen Grad neben der angegebenen Position. Dies rührt von der Winkelverschiebung der Sichtstrahlen her, da der Erdort des Betrachters ein paar tausend Kilometer von der Verbindungslinie Mond-Erdmittelpunkt entfernt ist. Ist der Mond in einem gewöhnlichen Horoskop am Aszendenten eingezeichnet, so ist noch aus einem weitern Grund nicht ersichtlich, ob er nun schon aufgegangen ist oder nicht, denn eine weitere Verfälschung dieser astrologischen »Mischmethode« rührt daher, daß im Häusersystem nur die Projektionen der Planeten auf die Ekliptik berücksichtigt werden, jedoch nicht die Planeten und der Mond selbst. Dies gilt für die Manier des Placidus genauso wie für die Koch-Häuser.

Sind in einem Horoskop Planeten im zwölften Haus, so deutet der Astrologe im allgemeinen diese Positionen so aus, daß die Planeten oder der Mond sich über dem Horizont befinden, sind diese jedoch im ersten Haus, so wird gedeutet, daß sie sich unter dem Horizont befinden. Ein Planet am Aszendenten wird als aufgehend bezeichnet. So kann man es in vielen Astrologiebüchern nachlesen. In Wahrheit gibt es häufig Situationen, wo das nicht stimmt und ein Planet, der genau am Aszendenten eingezeichnet ist, schon seit über einer Stunde aufgegangen ist und mehrere Grade über dem Horizont steht. Ebenso gibt es auch Situationen, wo Planeten, die im ersten Haus sind, über dem Horizont stehen und solche, die sich schon im zwölften Haus befinden, noch nicht aufgegangen sind.

Diese verwirrenden Unstimmigkeiten zwischen Abbild und Original (wahre Himmelsposition) kommen daher, daß in der Astrologie im allgemeinen die Breite (Abstand des Planeten von der Ekliptik) vernachlässigt wird und nur die Projektion auf die Ekliptik gezeichnet und gedeutet wird. In der geozentrischen Ebene ist die Projektion auf die Ekliptik eine vernünftige und brauchbare Darstellung, jedoch nicht für die topozentrische Ebene. In der geozentrischen Ebene werden die Aspekte ekliptikal gemessen wie in der heliozentrischen Ebene.

Will man ein musikalisches Abbild vom Original der Gestirnskonstellation erzeugen, so muß man sich an die astronomischen Gegebenheiten halten. Je höher der Affinitätsgrad (Verwandtschaftsgrad) zwischen Original und Abbild ist, desto größer ist der Einklang zwischen der wahren Sphärenharmonie und der errechneten Tonfolge. Darum wird hier auf die handelsübliche astrologische »Mischmethode« verzichtet und der geozentrischen und topozentrischen Betrachtungsebene je eine separate Darstellung eingeräumt.

Die geozentrische Horoskopvertonung klingt für einen bestimmten Zeitpunkt auf dem gesamten Erdglobus gleich, darum kann auch in dieser Ebene von einer globalen Horoskopvertonung gesprochen werden. Aszendent, Medium Coeli (Himmelsmitte), Deszendent und Imum Coeli (Himmelstiefe) haben in dieser Ebene nichts zu bedeuten, da sie für jeden Erdort verschieden sind. Ihre Bedeutung kommt in der topozentrischen Ebene zum Ausdruck. Deshalb werden in der geozentrischen Ebene nur die Sonne, der Mond, die Mondknoten und die Planeten berücksichtigt. Zusätzlich kann man den Frühlingspunkt in dieser Ebene eingliedern. Der Frühlingspunkt, dessen Umlauf von der Kreiselbewegung der Erdachse abhängt, entspricht musikalisch dem Ton des platonischen Jahres. Grundlage der Klänge im geozentrischen Horoskop sind die synodischen Planetentöne. Da die synodischen Perioden ziemlichen Schwankungen unterliegen und die Berechnung der einzelnen Synoden in das Gebiet der höheren Mathematik fällt, soll hier auf die Darstellung der verschiedenen mathematischen Gleichungen verzichtet werden, und der interessierte Leser sei auf die Fachliteratur der astronomischen Orts- und Zeitbestimmung verwiesen.

Für die Tonstufen von Merkur, Venus und Mars ist somit die Verwendung der hier angegebenen mittleren synodischen Perioden, bzw. deren Oktavtönen, nur eine grobe Näherung. Bei den andern Planeten sowie beim Mond sind die Abweichungen jedoch wesentlich geringer.

Bei der Sonne und dem Frühlingspunkt ist der Grad der Abweichung vom mittleren Wert weit unterhalb des akustisch Wahrnehmbaren. Die Übereinstimmung ist hier am besten.

Als Grundtöne für die geozentrische Horoskopvertonung werden die folgenden empfohlen:

Sonne	136,10 Hz
Mond	210,42 Hz
Merkur	214,5 Hz
Venus	170,3 Hz
Mars	127,5 Hz
Jupiter	124,6 Hz
Saturn	131,5 Hz
Uranus	134,5 Hz
Neptun	135,3 Hz
Pluto	135,6 Hz
Mondknoten	234,16 Hz
Frühlingspunkt	172,06 Hz

Die topozentrische Horoskopvertonung

In dieser Ebene resoniert vornehmlich der physische Körper. Es ist die Ebene der kleinen Dimensionen, der kurzen astronomischen Rhythmen und der ortsabhängigen Betrachtung.

Es gibt nur wenige Astrologen, die sich die Mühe machen, ein echtes topozentrisches, mundanes Horoskop zu erstellen. Wohl fehlt auch vielen Astrologen das nötige Verständnis und Einfühlungsvermögen, da sie, wie die Erfahrung leider zeigt, mehr Zeit aufwenden, um in Büchern zu lesen, was andere sich gedacht haben, gesehen oder abgeschrieben haben, als die Zeit zu nutzen, selbst das kosmische Original, den Himmel, zu betrachten.

Eine Ausnahme bildete der Astrologe Kühr, der sehr genaue Beobachtungen und Berechnungsgrundlagen zum Thema der mundanen Häuser veröffentlichte, doch leider sind seine Bücher vergriffen und im Handel nicht mehr erhältlich. Sehr verdient um die Astrologie und um die Berechnungsgrundlagen der mundanen Häuserpositionen machte sich der in München lebende Organist und Astrologe Akimoto, der in jahrelanger Arbeit ein Grundlagenwerk zum Thema der topozentrischen Horoskope veröffentlichte. Das Buch enthält alle Formeln sowie einen Tabellenteil, der es einem ermöglicht, relativ rasch, unter Zuhilfenahme von Ephemeriden, die wahren topozentrischen Planetenpositionen zu ermitteln. Im wissenschaftlichen Anhang ist auf Seite 219 das Berechnungsschema mit den zugehörigen Gleichungen abgedruckt.

Mögen an dieser Stelle ein paar Zitate aus dem Buch von Akimoto »Die Mundane Hausposition« die Grundlagen des topozentrischen Horoskops ein wenig erhellen [2, Kap. VII, S. 13f]:

> Was nun die Konstruktion dieses Häuserkreises betrifft, jener Ebene der äußeren Illusion, so verwundert es wahrscheinlich niemanden, daß sich die Astrologen gerade um die Wahrhaftigkeit jener Methode streiten, wie die Illusion darzustellen sei, kurz, seit die Astrologie den Menschen gegeben wurde (das glaube ich gewiß), gibt es Diskussionen über die wahre Häusermanier. Es gibt aber auch einen sicheren Weg, der uns aus jenem ergrübelten Dilemma führt, dem folgend wir uns an die Wirklichkeit halten, so wie sie sich eindeutig und klar dem Beobachter auf der Erdoberfläche zeigt und dem folgend wir uns an die Zeit halten, den »maßgebenden Zeiger« der astrologischen Uhr. Das heißt, um eine naturgetreue Abbildung der topozentrischen Ebene, des individuellen Erlebens, zu erstellen, wollen wir den Ort des Beobachters auf der Erdoberfläche in die Wirklichkeit des harmonischen Zeitgefüges einordnen.
>
> Ein Beobachter des Himmels auf der nördlichen Halbkugel sieht am Tage nach Süden blickend die Sonne einen Bogen am Horizont beschreiben, der in seiner Höhe abhängig a) von der Polhöhe des Ortes und b) von der Jahreszeit ist.
>
> Der Bogen der Sonne vom Aufgang zur Kulmination und von der Kulmination zum Untergang ist der Tagebogen der Sonne. Im Winter ist der Tagebogen

klein, und der entsprechende Nachtbogen unterhalb des Horizontes des Betrachters ist groß. Im Sommer ist es umgekehrt. In Entsprechung zu unserer intensiven Erfahrung von Raum und Zeit auf persönlicher individueller Ebene ist der gesamte Bogen durch die vier Stationen: Morgen, Mittag, Abend und Mitternacht (AC, MC, DC, IC) markiert. Dies sind die vier stärksten Elemente, die in unserem Abbild des wirklichen und beobachtbaren himmlischen Geschehens das Kreuz darstellen, das die Astrologen das Kardinale nennen.

Hat die Sonne zum Beispiel das erste Viertel ihres Tagebogens zurückgelegt, so ist ihre mundane Position folglich 45 Grad über dem Aszendenten, nach dem ersten Drittel 60 Grad, nach zwei Fünfteln des Tagebogens 72 Grad usw. Das gilt natürlich auch für jeden Planeten oder Stern, dessen zeitliche Definition auf der topozentrischen Ebene der Häuserrotation gemessen werden soll und kann. Jeder Planet wird innerhalb seiner »Bahn«, gemäß seiner Höhe über oder unter dem Äquator und über oder unter dem Horizont des Betrachters bestimmt. Man kann sich leicht vorstellen, daß diese einfache und direkte Art der Zeitbestimmung nicht nur für jeden Seefahrer, sondern auch für die alten Astrologen naheliegend war und praktiziert wurde. Heute aber arbeiten nur wenige mit diesen Mundanpositionen und dem sich daraus ergebenden Häuserkreis.

Die musikalische Grundlage einer topozentrischen Horoskopvertonung ist die Rotation der Erde. Der siderische Tageston ist somit die Grundlage der Grundschwingung der Raga der Himmelshöhe, des Medium Coeli (MC). Der Ton des mittleren Sonnentages ist der Grundton der Sonnenraga. Der Grundton der Mondraga wird hier von der Kulminationsperiode des Mondes abgeleitet. Die Grundtöne der Planeten liegen alle im Bereich des Tagestöne (siderischer und mittlerer Tag). Da der Ton des siderischen Tages und derjenige des mittleren Sonnentages sich in der 24. Oktave nur um etwa ein halbes Hertz unterscheiden und alle Planeten in der topozentrischen Ebene im Bereich von 193 1/2 Hz bis etwa 195 Hz liegen, kann für musikalische Zwecke für alle Planeten von einem mittleren g von etwa 194 Hz bis 194 1/2 Hz ausgegangen werden. Um die Grundtöne von Sonne, Mond und Planeten genau zu berechnen, verfährt man wie folgt:

Die tägliche Bewegung (der Sonne, des Mondes oder des Planeten) in Grad, Minuten und Sekunden wird zu 360 Grad hinzugezählt, rückläufige Bewegungen von 360 Grad abgezogen. Da einem Grad der Erdrotation die Zeitdauer von 3 Minuten und 59 Sekunden entspricht (239,3447 Sekunden), wird das erhaltene Resultat mit 239,3447 Sekunden multipliziert und dann von dieser Zeitdauer der Kehrwert berechnet, der danach 24mal mit 2 multipliziert wird ($\cdot\ 2^{24}$). Hat ein Planet eine tägliche Bewegung von 2 Grad, so führt das zu einem Ton g mit 193,63 Hz, ist der Planet jedoch um 1/2 Grad rückläufig, führt das zu einem Ton g mit 194,98 Hz. Die größte Rückläufigkeit kann Merkur erreichen, und ihr Maximum beträgt etwa 40 Bogenminuten.

Im Gegensatz zur helio- und geozentrischen Horoskopvertonung, bei denen die Aspekte zwischen den Planeten für die Intervalle ausschlaggebend sind, ist es in der topozentrischen Version sinnvoller, die Verhältnisse von Tage- und

Nachtbögen im Vergleich zum ganzen Umlauf in musikalische Intervalle umzusetzen. Ferner eignet sich besonders noch der Anteil des zurückgelegten Tage- oder Nachtbogen-Abschnittes des Planeten, um die Phase des Planeten zu charakterisieren. Darum wird dieser Bogenabschnitt zum ganzen Umlauf wie zum entsprechenden Tage- oder Nachtbogen in Vergleich gesetzt und daraus ebenfalls ein Intervall gebildet.

Angenommen, ein Planet hat die tägliche Eigenbewegung von 59 Bogenminuten (wie etwa auch die Sonne im Durchschnitt), die Aufgangszeit von 8 Uhr Ortszeit, die Untergangszeit von 16 Uhr Ortszeit, und die gegebene momentane Ortszeit sei gerade 9 Uhr 36 Minuten.

Der Planet befindet sich somit im Quadranten zwischen Aszendent und MC. In 4/3 Stunden, das heißt in 1 Stunde und 20 Minuten, durchwandert der Planet ein Haus. Da der Planet schon 1 Stunde und 36 Minuten aufgegangen ist, befindet er sich im elften mundanen, topozentrischen Haus, und zwar bei der Gradzahl 24. (Der Planet ist 1,6 Stunden aufgegangen, der halbe Tagebogen dauert 4 Stunden. Der Planet hat somit 1,6 : 4 = 0,4 seines Tagebogens durchwandert. Der halbe Tagebogen umfaßt 90 Mundangrad und 0,4 · 90 = 36 Grad. Dies ist der Mundanabstand vom Aszendenten. Die Mundandistanz vom MC ist somit 54 Grad. 54 Grad — 30 Grad = 24 Grad = Gradzahl im elften Haus.) Dieser Planetenposition lassen sich nun folgende Töne zuordnen:

Kulminationsperiode des Planeten:	360° 59' · 239,3447 Sek = 86 399,45 Sek. führt zum Ton g mit 194,18 Hz (24. Okt.)
Tagebogen des Planeten:	8 Stunden = 28 800 Sekunden führt zum Ton d'' mit 582,54 Hz (24. Okt.)
Nachtbogen des Planeten:	16 Stunden = 57 600 Sekunden führt zum Ton d' mit 291,27 Hz (24. Okt.)
IC-Distanz (in Zeit):	9 Uhr 36 = 34 560 Sekunden führt zum Ton h' mit 485,45 Hz (24. Okt.)
AC-Distanz (in Zeit):	1 Uhr 36 = 5 760 Sekunden führt zum Ton fis'''' mit 2912,71 Hz (24. Okt.)
Die Intervalle dieser Tonfolge sind somit:	g—d' = Quinte g—d'' = Duodezime (Oktave plus Quinte) g—h' = Oktave plus große Terz g—fis'''' = Trioktave plus große Septime

Das topozentrische Horoskop stellt in erster Linie Zeitverhältnisse dar, die sogenannten Temporalstunden. In 2 Temporalstunden durchwandert ein Planet ein mundanes Haus. Die topozentrische Horoskopvertonung gibt somit die genauen zeitlichen Verhältnisse auf musikalischem Gebiet wieder, die Sonne, Mond und Planeten am Himmel anzeigen.

Kapitel 15

Farbe, Spektrum und der Regenbogen

> Und Gott sprach: Dies ist das Zeichen des Bundes, den ich stifte zwischen mir und euch und allen Lebewesen, die bei euch sind, auf ewige Zeiten: meinen Bogen stelle ich in die Wolken; der soll ein Bundeszeichen sein zwischen mir und der Erde. Wenn ich nun Wolken häufe ob der Erde und sich der Bogen in den Wolken zeigt, dann will ich des Bundes gedenken, der da besteht zwischen mir und euch und allen lebenden Wesen, und niemals sollen die Wasser zu einer Sintflut werden, die alles Fleisch verderbe. Und wenn der Bogen in den Wolken steht, will ich ihn ansehen, um des ewigen Bundes zu gedenken zwischen Gott und allen lebenden Wesen, die auf Erden sind. Und Gott sprach zu Noah: Dies ist das Zeichen des Bundes, den ich aufrichte zwischen mir und allem Fleische, das auf Erden ist.
>
> *1. Buch Moses, Kap. 9, 12—17*
> (nach der Bibelübersetzung von Ulrich Zwingli)

Der Regenbogen ist nicht nur das Zeichen des Bundes zwischen Gott und den Menschen, er ist auch das verbindende Element zwischen Kunst und Naturwissenschaft. In den Regenbogenfarben erkannte Isaac Newton die unterschiedlichen physikalischen Eigenschaften der einzelnen Farben, zum Beispiel, was die Ablenkung durch ein Prisma anbelangt. Jede Farbe hat einen andern Brechungsindex. Dies zeigt sich sehr deutlich, wenn man in den Strahlengang eines begrenzten Bündels paralleler Sonnenstrahlen, die in ein dunkles Zimmer eintreten, ein geschliffenes Prisma bringt. So wird nicht das ganze Strahlenbündel gleich abgelenkt, sondern in einzelne Farben zerlegt, die alle in einem andern Winkel abgelenkt werden. Der Grad der Ablenkung ist für Rot am geringsten, für Violett am größten. Zwischen den beiden äußersten Farben treten viele verschiedene Farben auf, so Orange, Gelb, Grün, Blau und Ultramarin. Das ganze Farbband der Regenbogenfarben wird Spektrum genannt.

Isaac Newton hob die Siebenzahl der Farben im Spektrum (die Farben Rot, Orange, Gelb, Grün, Eisblau, Ultramarin und Violett) besonders hervor, um die Ausdehnung des Spektrums mit der akustischen Oktave zu vergleichen, die ebenfalls in sieben Tonstufen unterteilt ist. Betrachtet man aber das Spektrum unvoreingenommen, so fällt auf, daß über beträchtlich große Abschnitte zu den Enden des spektralen Farbbandes hin die Empfindung »Rot« und »Blau« sich nicht merklich ändert. Die Farben »Orange« und »Gelb« erweisen sich ferner auf äußerst kleine Bereiche im Vergleich zum ganzen Spektrum beschränkt. Hingegen nimmt die Farbempfindung »Hellgrün« oder auch »Gelbgrün« zwischen Rot und Blauviolett einen wesentlich größeren Abschnitt ein. Das spektrale

Farbband erscheint im wesentlichen dem Auge in den Farben Rot, Gelbgrün und Blauviolett.

Der Regenbogen ist eine Lichterscheinung und wird gesehen, wenn die im Rücken des Beobachters stehende Sonne eine vor ihm befindliche Regenwolke oder Regenwand bescheint. Der Hauptregenbogen, bei dem Violett innen und Rot außen liegt, besteht aus einem in Spektralfarben leuchtenden Bogen von etwa 42 Grad Radius. Bei kräftiger Ausbildung der Erscheinung ist noch ein schwächerer zweiter Regenbogen zu erkennen, dessen Radius 52 Grad beträgt. Bei dem zweiten Bogen ist die Farbfolge die umgekehrte, so daß hier Rot am Innenrande liegt. Weiter sind oft noch mehrere Interferenz-Regenbögen zu sehen, die sich innerhalb des Hauptbogens unmittelbar an diesen anschließen.

Der gemeinsame Mittelpunkt sämtlicher Bögen liegt auf einer vom Sonnenmittelpunkt durch das Auge des Beobachters gehenden Gerade. Betrachten mehrere Personen gleichzeitig einen Regenbogen, so sieht jede Person diesen Regenbogen ein wenig woanders, da die Lage des Regenbogens abhängig von der Position des Beobachters ist. Genaugenommen können zwei Personen nicht gleichzeitig den gleichen Regenbogen sehen, sondern jede sieht einen andern Bogen, der physikalisch durch den momentanen Standpunkt des Beobachters bedingt ist. Der Regenbogen ist demnach eine subjektive Erscheinung, das heißt, jeder Beobachter sieht seinen eigenen Regenbogen.

Der am 31. März 1596 in La Haye (Touraine) geborene französische Philosoph und Mathematiker René Descartes (lat. Renatus Cartesius) stellte im Jahre 1637 die Theorie des Regenbogens auf. Descartes stellte fest, daß der Hauptbogen mit dem Radius von etwa 42 Grad entsteht durch Brechung des Lichtstrahles beim Eintritt in den Wassertropfen, der Reflexion an der gegenüberliegende Seite des Tropfens und der nochmaligen Brechung beim Austritt aus dem Tropfen. Der zweite Regenbogen von etwa 52 Grad dagegen entsteht durch solche Strahlen, die außer der Brechung beim Ein- und Austritt eine zweimalige Reflexion im Innern der Wassertropfen erfahren.

Der österreichische Geophysiker und Meteorologe Josef Maria Pernter, geboren am 15. März 1848 in Neumarkt (Südtirol), wirkte als Professor für kosmische Physik an der Universität in Innsbruck und als Professor für Geophysik in Wien. Pernter beobachtete die Regenbögen sehr genau und fand eine einfache Gleichung, um aus einer einzigen Winkelmessung am Regenbogen den durchschnittlichen Tropfenradius der Regentropfen zu bestimmen, die den Bogen verursachten. Andererseits beobachtete und berechnete Pernter die genauen Radien für die verschiedenen Farben des Hauptregenbogens.

Im Hauptregenbogen ist die Trennung der Farben um so vollkommener, je größer der Tropfenradius ist. Darum sieht man auch die schönsten Regenbögen im Sommer bei Gewittern, da bekanntlich die einzelnen Regentropfen bei einem Gewitterregen am größten sind. Ein Photograph, der leuchtende, kräftige und deutliche Regenbögen photographieren will, macht sich darum am besten zu einer solchen Unternehmung auf, wenn es im Wetterbericht heißt: vereinzelte Schauer und Gewitter. Auch in den Tropen kann man zuweilen ganz besonders eindrucksvolle und prächtige Regenbögen sehen, da die heißen Temperaturen einen Regen mit großen Tropfen begünstigen.

Pernter berechnete für die folgenden acht ausgewählten Farben die genauen Regenbogenradien. Die Tabelle gibt die Wellenlänge, die zugehörigen Berechnungsquotienten Wasser-Luft, den Radius des Hauptbogens, der dem Strahl mit einmaliger Reflexion entspricht, sowie die Intensität im gewöhnlichen Sonnenlicht in Promille von dessen Gesamtintensität an:

Farbe	*Wellenlänge in Nanometer*	*Brechungs-Quotient*	*Bogen-Radius*	*Licht-Intensität*
Spektralrot	687	1,3317	42° 16'	23
Spektralrot	656	1,3326	42° 08'	94
Orange	589	1,3343	41° 52'	262
Hellgrün	527	1,3364	41° 38'	153
Dunkelgrün	494	1,3381	41° 20'	118
Blaugrün	486	1,3386	41° 12'	130
Blau	449	1,3412	40° 54'	152
Blauviolett	431	1,3429	40° 44'	68

Nach dieser Berechnung von Pernter umfaßt der Regenbogen etwa 1 1/2 Grad. Berechnet man noch zusätzlich den Radius des reinen Gelbfarbtons, der die Wellenlänge von 575 Nanometer hat, kommt man zu einem Winkel von 41° 49'. Es zeigt sich somit, daß die ersten 8 Bogenminuten im Regenbogen dem reinen Spektralrot zugeordnet werden müssen, in den folgenden 19 Bogenminuten erfolgen die Abstufungen von Rot über Orange zum Gelb. Das Gelb schlägt sehr schnell in ein Hellgrün oder Gelbgrün um, der Gelbgrünstreifen umfaßt dann 11 Bogenminuten, das reine Grün 18 Bogenminuten, der Wechsel von Grün zu Blaugrün etwa 8 Bogenminuten, und die letzten 28 Bogenminuten können dann zum Blaubereich gezählt werden.

Die Fraunhoferschen Linien

Der bayerische Physiker und Astronom Joseph von Fraunhofer, der am 6. März 1787 in Straubing geboren wurde und seit 1823 Mitglied der Bayerischen Akademie der Wissenschaften in München war, machte im Sonnenspektrum eine außerordentlich wichtige Entdeckung. Das Sonnenspektrum ist nämlich nicht kontinuierlich, sondern von schwarzen, sehr dünnen Linien unterbrochen. Diese Beobachtung hatte weitreichende Folgen auf die Entwicklung der Wissenschaft der

Physik und der Atomphysik. Die schwarzen Linien, auch Fraunhofersche Linien genannt, die das Spektrum durchziehen, geben Auskunft über den Bau der Atome. So erstaunlich das klingen mag, den Grundplan des Aufbaus der Atome kann man in den Regenbogenfarben des Spektrums sehen. Es zeigt sich auch hier: Der Regenbogen ist ein Zeichen des Bundes, in diesem Fall zwischen den sonst unsichtbaren einzelnen Atomen und der menschlichen Optik.

Die schwarzen Linien im Spektrum wurden von Fraunhofer im Jahre 1814 entdeckt und dienen auch heute noch zur sicheren Orientierung im Spektrum. So wählte Pernter für die Untersuchungen am Regenbogen Farbwerte aus mit Wellenlängen, die genau den stärksten Fraunhoferschen Linien entsprechen.

Im Jahre 1859 befaßten sich zwei andere Wissenschaftler mit den Fraunhoferschen Linien: der am 31. März 1811 in Göttingen geborene Chemiker Norbert Wilhelm Bunsen (Erfinder des Bunsenbrenners) und der am 12. März 1824 in Königsberg geborene Physiker Gustav Norbert Kirchhoff. 1859 entdeckten beide gemeinsam die Methode der Spektralanalyse, die von großer Tragweite auf dem Gebiete der Chemie und der Physik wurde. Im Jahre 1861 erschien ihre gemeinsam verfaßte Abhandlung »Chemische Analyse durch Spektralbeobachtung«. Mit Hilfe dieser neuen Methode entdeckten die beiden Forscher kurze Zeit darauf in der Dürkheimer Sole kleine Mengen zweier noch unbekannter Elemente, die sie Zäsium und Rubidium nannten. Der Name Zäsium für das Element rührt von der Lage der Spektrallinien dieses silberweißen Metalles her. Die Spektrallinien befinden sich vorwiegend im Blaubereich, und auf Lateinisch heißt *caesius* »himmelblau«. Das andere in der Dürkheimer Solquelle gefundene Element Rubidium (von lat. *rubidus* = dunkelrot) ist nach zwei auffälligen Linien im roten Teil des Spektrums benannt.

Im Zusammenhang mit den Untersuchungen der Spektrallinien der einzelnen Elemente stellte Kirchhoff das nach ihm benannte Fundamentalgesetz über Emission (Aussendung von Wellen oder Teilchen) und Absorption (lat. *absorbere* = verschlingen, Aufnahme von Wellen oder Teilchen) auf. Das Kirchhoffsche Gesetz betrifft die Temperaturstrahlung fester Körper und lautet: Das Verhältnis von Emissionsvermögen und Absorptionsvermögen ist für alle Körper bei derselben Temperatur gleich.

Die Absorptionslinien, auch das Absorptionsspektrum genannt, beschäftigten Forscher in aller Welt. Ein Mittelschullehrer in Basel, Johann Jakob Balmer, der am 1. Mai 1825 in Lausen (Kanton Basel-Land) geboren wurde, fand im Jahre 1885 einen wichtigen Zusammenhang zwischen Atombau und Spektrallinien heraus. Er fand eine einfache Formel für die Spektrallinien des Wasserstoffs. Darum werden noch heute die Linien des Wasserstoffspektrums im sichtbaren Bereich »Balmer-Serie« genannt. Die Formel von Balmer lautet:

$$\frac{1}{\lambda} = R\left(\frac{1}{4} - \frac{1}{m^2}\right)$$

Es ist λ die Wellenlänge, R die Rydbergkonstante = 109 677,7 cm^{-1} und m die Reihe der natürlichen Zahlen von 3 aufwärts, also 3, 4, 5, 6 . . . Mit Hilfe dieser Formel können neuentdeckte Spektrallinien aus früheren bekannten Linien berechnet werden. Theoretisch kann diese Formel aus der sogenannten Bohrschen Theorie abgeleitet werden. Auch in der modernen Atomtheorie behält diese Formel ihre fundamentale Bedeutung und kann dort ebenfalls abgeleitet werden.

Befindet sich also zwischen einer Lichtquelle, die ein kontinuierliches Spektrum aussendet, und einem Beobachter eine »Wasserstoffwolke« (das heißt, das Licht muß durch Wasserstoff hindurch, um zum Beobachter zu gelangen), so sind einige Wellenlängen aus dem kontinuierlichen Spektrum vom Wasserstoff absorbiert, und diese Wellenlängen erscheinen dann als dunkle Striche im »Restspektrum«. Die Wasserstoffatome entnehmen praktisch dem Licht eine ganz bestimmte Energie, die jedoch nur in fest definierter Wellenlänge aufgenommen werden kann. Diese Energiestufen zeigen sich in den Spektrallinien der Balmer-Serie. Im Atom entsprechen die Energiestufen den Quantenbahnen, die das Elektron, das um den Atomkern kreist, durchlaufen kann. Die Balmer-Serie entsteht, wenn das Elektron von der Bahn 3, 4, 5, 6 . . . auf die Bahn 2 springt. Dabei werden die Linien $H\alpha$, $H\beta$, $H\gamma$ . . . ausgestrahlt respektive absorbiert. Dies ist so zu verstehen, daß es im Wasserstoffgas Atome gibt, in denen das Elektron von Bahn 3 auf Bahn 2 springt, während es in einem andern Atom von Bahn 4 auf Bahn 2, in wieder einem andern Atom von Bahn 5 auf Bahn 2 springt. Jedesmal befindet sich das Elektron nur auf einer dieser möglichen Bahnen. Die Energie, die es braucht, um ein Elektron zu veranlassen, von einer bestimmten Bahn auf eine andere zu springen, wird dem Licht entnommen und entspricht genau dem Energieniveau der Lichtquanten ganz bestimmter Wellenlänge.

Löst man die Gleichung von Balmer nach der Wellenlänge λ auf und rechnet die Rydbergkonstante für die Maßeinheit Nanometer um und gliedert sie ins Gleichungssystem ein, erhält man:

$$\lambda = 364{,}7 \cdot [m^2 : (m^2 - 4)] \text{ Nanometer}$$

wobei m die Bahn ist, von der das Elektron auf Bahn 2 springt. Es ist für

n = 3	= 364,7 · (9/5) Nanometer	= 656,5 Nanometer	$H\alpha$	Rot
n = 4	= 364,7 · (4/3) Nanometer	= 486,3 Nanometer	$H\beta$	Blaugrün
n = 5	= 364,7 · (25/21) Nanometer	= 434,2 Nanometer	$H\gamma$	Blau
n = 6	= 364,7 · (9/8) Nanometer	= 410,3 Nanometer	$H\delta$	Violett
n = 7	= 364,7 · (49/45) Nanometer	= 397,1 Nanometer	$H\varepsilon$	Ultraviolett

Es verhält sich Hδ (Violett) zu Hα (Rot) wie 1 : 1,6; dies ist das Verhältnis einer natürlichen kleinen Sexte. Es verhält sich Hδ (Violett) zu Hβ (Blaugrün) wie 1 : 1,185 185 185; dies ist das Verhältnis einer kleinen pythagoreischen Terz. Es zeigt sich, daß auch in den Quantensprüngen auf atomarer Ebene die Proportionen der Energiestufen an klassischen harmonikalen Prinzipien orientiert sind.

Dank der Spektralanalyse und der Kenntnis der Lage und der Verhältnisse der Spektrallinien zueinander ist es auch möglich, im Himmel und in den Sternen festzustellen, was für Elemente sich dort befinden. Zusätzlich kann man noch Bewegungen von Gestirnen im Spektrum beobachten, denn entfernt sich ein leuchtender Stern rasch von unserem Sonnensystem, verlängert sich die Wellenlänge, und das Spektrum verschiebt sich in Richtung Rot, wobei die Verhältnisse der einzelnen Linien gleichbleiben. Aus dieser Rotverschiebung kann man die Fluchtgeschwindigkeit des Gestirns errechnen.

Im Gegensatz dazu zeigt die Blauverschiebung, daß die Lichtquelle sich auf den Beobachter zubewegt, da entsprechend der Geschwindigkeit dieser Bewegung mehr Schwingungen in einer bestimmten Zeiteinheit auf das Auge des Beobachters, respektive auf das Spektrometer treffen, als wenn die Lichtquelle in Ruhe wäre. Das Licht muß also seine Farbe in den Bereich hoher Frequenzen, daß heißt nach Violett hin, verschieben. Diesen Effekt nennt man in der Physik den Doppler-Effekt, benannt nach dem österreichischen Physiker und Mathematiker Christian Doppler, der am 30. November 1803 in Salzburg geboren wurde.

In den Regenbogenfarben des Spektrums erkennt man Dinge, die weit weg sind und für uns Menschen sonst unerreichbar bleiben. Man erkennt darin Bewegungsabläufe wie auch chemische Zusammensetzungen von Sternen und Milchstraßen, die Millionen und Milliarden von Lichtjahren von uns entfernt sind. Man erkennt aber auch im Spektrum Bewegungsabläufe und Strukturen von Dingen, die so klein sind, daß man die Dinge einzeln selbst gar nicht sehen kann, wie etwa die Atome. Auch wenn man einzelne Atome nicht sehen kann, so weiß man heute viel über deren Aufbau und Struktur, und einen wesentlichen Teil dieses Wissens hat man in den Spektralfarben erblickt. Das Regenbogenspektrum ist das verbindende Band zwischen dem beobachtenden Forscher und dem Makro- wie auch dem Mikrokosmos.

Das Sonnensystem und der Bau eines Atoms werden oft miteinander verglichen. Ein Atom hat einen Kern mit Elektronen, die um den Kern in festgelegten Bahnen kreisen. Im Sonnensystem entspricht die Sonne dem Kern und die Elektronen den Planeten, die in festgelegten Bahnen um die Sonne kreisen. Auch im Sonnensystem gibt es eine ganze Reihe eigentümlicher Harmonien.

Merkur ist der innerste aller Planeten, Mars schließt nach außen die Gruppe der kleinen Planeten ab; Saturn schließt die Reihe der sichtbaren Planeten ab und Pluto ist der äußerste der bekannten Planeten.

Die Umlaufzeiten dieser vier Planeten stehen nahezu in Oktavverhältnissen zueinander:

Planet	*Umlaufzeit in Jahren nach Theorie*	*Gemessener Wert*	*Abweichung*
Merkur	0,240 85 Jahre	0,240 85 Jahre	0,0 %
Mars	0,240 85 Jahre · 8 (3 Okt.)		
	= 1,9268 Jahre	0,880 98 Jahre	2 1/2 %
Saturn	1,926 8 Jahre · 16 (4 Okt.)		
	= 30,8288 Jahre	29,457 74 Jahre	4 1/2 %
Pluto	30,828 8 Jahre · 8 (3 Okt.)		
	= 246,6304 Jahre	248,43 Jahre	1 %

Von der Umlaufzeit her zeigt sich hier in bezug auf die Oktaven im Sonnensystem eine absolut symmetrische Struktur. Alle diese Planeten erscheinen im »Oktavspektrum« im gleichen Farbbereich und erklingen musikalisch im gleichen Tonbereich. Die entsprechende Farbe ist Blau, der Ton ist D. Die »Oktavspektrallinien« dieser vier Planeten liegen somit äußerst dicht beieinander.

Venus ist von innen, Neptun von außen jeweils der zweite Planet der gesamten Planetenreihe. Beide bilden etwa ein Quart-Quint-Verhältnis zum jeweiligen Randplaneten.

Planet	*Umlaufzeit theoretisch*	*Umlaufzeit gemessen*	*Abweichung*
Pluto	248,4301		
Neptun	248,4301 · (2/3) = 165,62	164,788	0,5 %
Merkur	0,24085		
Venus	0,24085 · 3 = 0,722 53	0,615 21	17 %

Von der Venus zum Neptun sind es somit 8 Oktaven:

Venus	0,61521		
Neptun	$0{,}61521 \cdot 2^8 = 157{,}49376$	164,788	4 1/2 %

Im planetarischen Oktavspektrum liegen darum die Venus- und die Neptunlinien dicht beieinander. Nur die Erde und der Uranus sind nicht symmetrisch angeordnet. Jupiter bildet praktisch als größter Planet die Mitte (zwischen Mars und Saturn). Im »Oktavspektrum« (Farbtafeln) kann man auf einen Blick die harmonikalen Beziehungen der siderischen Planetenumläufe erkennen.

Im Sonnensystem kann man bei den Umlaufzeiten wie auch bei den mittleren Abständen von der Sonne bestimmte algebraische, bzw. arithmetische Strukturen erkennen. Für alle, die sich näher mit den Strukturen des Systems, in dem wir leben, beschäftigen wollen, seien hier zwei besondere Eigentümlichkeiten erwähnt: die Formeln des am 26. Februar 1825 in Eutin geborenen Astronomen Johann

Friedrich Julius Schmidt, der lange der Direktor der Sternwarte in Athen war, und die bekannte Reihe von Titius und Bode. Die vom Mathematiker J. K. Titius aufgestellte und vom Astronomen Johann Ebert Bode, geboren am 19. Januar 1747 in Hamburg, verbreitete Formel stellt die mittleren Abstände der Planeten von der Sonne dar und ist wesentlich genauer als die von Schmidt aufgestellten Beziehungsformeln, doch beide zeigen deutlich gewisse Strukturen des Baus des Sonnensystems.

Der Astronom Johann Friedrich Schmidt stellte fest, daß die Quadratwurzeln der mittleren Abstände der Planeten von der Sonne zwei arithmetischen Reihen entsprechen. Es sei die Entfernung des Planeten n, bzw. m von der Sonne gleich a(n), bzw. a(m), dann gilt (in AE = Astron. Einheiten):

$$\sqrt{a(n)} = 0{,}62 + 0{,}2\,n \qquad \text{und} \qquad \sqrt{a(m)} = 2{,}28 + m$$

wobei n=0 (Merkur); n=1 (Venus); n=2 (Erde); n=3 (Mars) und m=0 (Jupiter); m=1 (Saturn); m=2 (Uranus); m=3 (Neptun) und m=4 (Pluto) entspricht.

Planet	*Abstand (in AE)*	*Quadratwurzel*	*Theoretischer Wert*	*Abweichung*
Merkur	0,387 099	0,622	0,62	0,35 %
Venus	0,723 335	0,850	0,82	3,72 %
Erde	1,000 000	1,000	1,02	2,00 %
Mars	1,523 691	1,234	1,22	1,18 %
Jupiter	5,202 803	2,281	2,28	0,04 %
Saturn	9,538 843	3,089	3,28	6,20 %
Uranus	19,128 28	4,374	4,28	2,19 %
Neptun	30,057 08	5,482	5,28	3,83 %
Pluto	39,5	6,285	6,28	0,08 %

In der Reihe von Titius und Bode kommt das Oktavgesetz in der Struktur der mittleren Abstände der Planeten von der Sonne deutlich zum Ausdruck, sind darin doch die ganzen Zweierpotenzen als Faktoren enthalten.

Planet	*Entfernung nach Titius-Bode*	*Wahre Entfernung*	*Abweichung*
Merkur	0,4 + 0·0,3 = 0,4	0,39	2,5 %
Venus	0,4 + 1·0,3 = 0,7	0,72	3,3 %
Erde	0,4 + 2·0,3 = 1,0	1,00	0,0 %
Mars	0,4 + 4·0,3 = 1,6	1,52	5,3 %
Planetoiden	0,4 + 8·0,3 = 2,8	~ 2,90	4,0 %
Jupiter	0,4 + 16·0,3 = 5,2	5,20	0,0 %
Saturn	0,4 + 32·0,3 = 10,0	9,54	5,3 %
Uranus	0,4 + 64·0,3 = 19,6	19,13	2,5 %
Pluto	0,4 + 128·0,3 = 38,8	39,5	1,8 %

Kapitel 16

Musiktheoretische Ergänzungen

Der Quintenzirkel, die Intervalle, deren Logarithmen und die Aspekte

Erläuterungen zu den farbigen Tabellen nach Seite 192

Die Quinte (lateinisch, »die fünfte«), griechisch *Diapente*, ist in der Musik die fünfte diatonische Stufe, das heißt, der fünfte Ton der diatonischen Leiter, von einem Grundton aus gerechnet. Nach der Oktave mit dem Schwingungsverhältnis 1 : 2 ist die Quinte mit dem Schwingungsverhältnis 1 : 1,5 bzw. die Duodezime mit dem Schwingungsverhältnis 1 : 3 das Intervall, das am leichtesten zu stimmen ist. Nach der Quinte ist die große Terz mit dem Schwingungsverhältnis 4 : 5 bzw. in den höheren Oktaven mit 2 : 5 und 1 : 5 auch noch relativ einfach zu stimmen. Darum wurde in der Musiktheorie stets darauf geachtet, daß alle diatonischen Intervalle durch Quinten- und Groß-Terz-Schritte zu stimmen sind. Die Intervallverhältnisse sind daher (außer in der wohltemperierten, chromatischen Stimmung) stets auf die Faktoren 2^n (Oktave), 3^n (Quinte) und 5^n (große Terz) zurückzuführen.

Auf den Farbtabellen ist darum jeweils den Intervallen der diatonische Stimmschlüssel beigegeben, das heißt, bei jedem Intervall ist angegeben, wie viele Quinten und/oder große Terzen man vom Grundton aus hinauf- und/oder herunterstimmen muß, um zum angegebenen Intervall zu gelangen. Die Oktavverschiebungen werden der Übersicht halber weggelassen. Diese Stimmanmerkungen sind in blauer Farbe jeweils unter dem Intervall gedruckt. Die Bezeichnung + 3Q bedeutet also, daß man dreimal eine Quinte hinaufstimmen muß, um zum Intervall der pythagoreischen Sexte zu gelangen. Die pythagoreische Sexte hat den Intervallfaktor 27/16, denn es ist $3/2 \cdot 3/2 \cdot 3/2 = 27/8$, was der pythagoreischen Sexte in der ersten Oktave entspricht. Von diesem Ton muß man dann noch eine Oktave herunterstimmen, um das Intervall in der Grundoktave zu erhalten. Da die meisten Instrumente einen Tonumfang über mehrere Oktaven haben, ist das Oktavstimmen sowieso eine gegebene Notwendigkeit. Darum sind in der Tabelle die Oktavverschiebungen nicht extra angegeben.

Nach dem Intervallverhältnis in Bruchschreibweise ist dasselbe in Dezimalschreibweise angegeben, danach der Kehrwert davon, der die Saitenteilung des entsprechenden Intervalls angibt. In den beiden letzten Spalten sind, nach der Keplerschen Aspekt-Vertonungsmethode, die entsprechenden Winkel und Gegenwinkel (Ergänzungswinkel) angegeben. Dies ist ein gutes Hilfsmittel für alle diejenigen, die genaue Horoskopvertonungen selbst errechnen wollen. Dadurch, daß sehr viele Intervalle angegeben sind, ist nahezu jeder Aspekt eines

Horoskopes in der Tabelle zu finden, und man kann so allen diesen Aspekten, ohne zu rechnen, gleich ein Intervall zuordnen.

Die Klaviertastatur ist, mathematisch-physikalisch gesehen, eine logarithmische Darstellung der Frequenzen, die erklingen, wenn man die einzelnen Tasten anschlägt. Der Pianist addiert die Intervalle, er setzt eine Quinte auf die nächste; der Fingerabstand ändert sich von einer Quinte in einer tieferen Oktave zu einer Quinte in einer höheren Oktave nicht, doch die Frequenzen, die zum jeweiligen Grundton hinzugezählt werden, sind in höheren Oktaven um ein Vielfaches größer als in tieferen Oktaven.

Auch die Verjüngung der Stege an einem Gitarrenhals folgt einer logarithmischen Anordnung. Der Abstand von Steg zu Steg wird bei jedem Halbton etwas kleiner, genau um den Faktor 1,059463. Dies ist die zwölfte Wurzel aus zwei. Ist der Abstand vom Bund zum ersten Gitarrenhalssteg 2 cm, so sind die Abstände der andern Stege voneinander:

Bund	0,000 cm	Prime	
1. Steg	3,800 cm	Halbton	3,800 : 1,059463 = 3,587
2. Steg	3,587 cm	Ganzton	3,587 : 1,059463 = 3,386
3. Steg	3,386 cm	kl. Terz	3,386 : 1,059463 = 3,196
4. Steg	3,196 cm	gr. Terz	3,196 : 1,059463 = 3,017
5. Steg	3,017 cm	Quarte	3,017 : 1,059463 = 2,848
6. Steg	2,848 cm	Tritonus	2,848 : 1,059463 = 2,688
7. Steg	2,688 cm	Quinte	2,688 : 1,059463 = 2,537
8. Steg	2,537 cm	kl. Sexte	2,537 : 1,059463 = 2,395
9. Steg	2,395 cm	gr. Sexte	2,395 : 1,059463 = 2,261
10. Steg	2,261 cm	kl. Septime	2,261 : 1,059463 = 2,134
11. Steg	2,134 cm	gr. Septime	2,134 : 1,059463 = 2,014
12. Steg	2,014 cm	Oktave	2,014 : 1,059463 = 1,900
13. Steg	1,900 cm	kl. None	....

Musiktheorie, Intervallehre und Instrumentenbau sind eng mit mathematischen Funktionen und Algorithmen verwandt, insbesondere mit den Logarithmen. Darum soll im folgenden etwas näher auf die Logarithmen eingegangen werden. Für viele ist das komplizierte Mathematik, doch bei näherer Betrachtung zeigt sich, daß dies eigentlich ganz einfach und logisch ist, zudem gewährt einem die Beschäftigung mit den Logarithmen tiefere Einblicke in das Wesen der Musiktheorie wie auch in so manche andere Gebiete der Naturwissenschaft. Es soll gezeigt werden, wie man mit Hilfe von Logarithmen einfach und schnell in die Intervallehre eindringen kann.

Unter den Dezimalverhältnissen in den farbigen Intervalltabellen ist jeweils der Tonstufenwert in roter Farbe angegeben. Der Tonstufenwert ergibt sich aus dem Logarithmus zur Basis zwei, wobei von demselben jeweils das Zwölffache angegeben ist. Das hat einen praktischen Grund: Unsere gebräuchliche Tonleiter hat 12 Tonstufen, und so sieht man sofort, bei welcher Tonstufe man sich befindet.

In der Mathematik ist ein Logarithmus die Zahl x (Exponent), mit der man eine andere Zahl a (Basis) potenzieren muß, um einen bestimmten Zahlenwert b (Numerus) zu erhalten:

$$\text{in} \quad a^x = b \quad \text{gilt} \quad x = \log_a b$$

(lies: In a hoch x gleich b gilt x gleich Logarithmus von b zur Basis a.) In unserem Fall wird jeweils das Zwölffache des Logarithmus angegeben, da die Tonleiter 12 chromatische Halbtöne umfaßt. Da die chromatische, wohltemperierte Quinte 7 chromatische Halbtöne umfaßt, jeweils mit dem Intervallfaktor 1,059 463, was die zwölfte Wurzel aus 2 ist, so hat die Quinte den Logarithmus zur Basis 2 von 7/12, da ihr Intervallfaktor aus der 7. Potenz der 12. Wurzel aus 2 gebildet wird. Es ist $1{,}059\,463^7 = 1{,}498\,307$, dies ist der Intervallfaktor der chromatischen Quinte.

In diesem logarithmischen System, wo jeweils das Zwölffache des Grundlogarithmus genommen wird, erhält man für die chromatischen Halbtöne jeweils ganzzahlige Tonstufenwerte, so wie auch bei der logarithmischen Klangspirale je genau 30 Grad im Kreis einem chromatischen Halbtonintervall entsprechen (vgl. Kap. 14, ab S. 167 und besonders Abb. 46, S. 169).

Die reine Quinte mit dem Intervallfaktor 3/2 = 1,5 hat als Zwölffaches des Logarithmus zur Basis 2 den Zahlenwert 7,019 550. Das heißt, die reine Quinte ist etwas höher als die chromatische Quinte, und es gilt:

$$\sqrt[12]{2}^{\,7{,}019\,550} = 1{,}059\,463^{7{,}019\,550} = 1{,}5$$

Die Regeln für das Rechnen mit Logarithmen folgen aus den Regeln für Potenzen. Man mulitpliziert (dividiert) also Zahlen, indem man ihre Logarithmen addiert (subtrahiert); das Ergebnis ist der Logarithmus des gesuchten Produktes (Quotienten).

Es ist zum Beispiel das Zwölffache des Logarithmus zur Basis 2 von der kleinen Terz mit dem Intervallfaktor 6/5 gleich 3,156 413 und dasjenige der großen Terz mit dem Intervallfaktor 5/4 gleich 3,863 137. Die Summe ist dann gleich 3,156 413 + 3,863 137 = 7,019 550. Dies ist der Tonhöhenwert (Logarithmuswert), der in der Tabelle bei der reinen Quinte angegeben ist, und eine kleine und eine große Terz füllen genau eine reine Quinte aus. Bei komplizierteren Rechnungen für die Erstellung von Stimmungssystemen erleichtern einem die Logarithmuswerte das Rechnen wesentlich.

Intervall	*Intervallfaktor*	*Logarithmus*	*Zwölffacher Logarithmus*
kleine Terz	6/5 = 1,2	0,263 034	3,156 413
große Terz	5/4 = 1,25	+0,312 928	+3,863 137
Quinte	1,2 · 1,25 = 1,5	0,584 962	7,019 550

Bei theoretischen Untersuchungen aller Art und bei manchen Aufgaben der mathematischen Physik wird man automatisch auf den natürlichen Logarithmus geführt. Natürliche Logarithmen haben die transzendente Basis e = 2,718 281 828 5... Für diese Logarithmen gilt die Reihe (wobei 1 + x eine beliebige Zahl größer als 1 darstellt):

$$\log \text{nat}(1+x) = \ln(1+x) = x - \frac{x^2}{2} + \frac{x^3}{3} - \frac{x^4}{4} + \frac{x^5}{5} - \frac{x^6}{6} + \ldots$$

Die Logarithmen einer Zahl y zur Basis g werden dann wie folgt berechnet:

$$\ln y : \ln g = \log_g y$$

(lies: Logarithmus naturalis von y geteilt durch Logarithmus naturalis von g ist gleich dem Logarithmus von y zur Basis g.) In unserem Fall für musikalische Untersuchungen ist g = 2, da die Oktave die doppelte Frequenz hat wie der Grundton. Berechnet man ein Intervall in einer höheren Oktave, dann ändert sich im Vergleich zum gleichen Intervall in einer tieferen Oktave nur die Ziffer vor dem Komma, während die Ziffernfolge nach dem Komma die gleiche ist. Es diene hier die Quinte mit dem Intervallfaktor 1,5 und die Duodezime (Quinte in der ersten Oberoktave) als Beispiel. Es ist:

$$\text{Quinte} \quad \frac{\ln 1{,}5}{\ln 2} = \frac{0{,}405\,465\,108}{0{,}693\,147\,180} = \log_2 1{,}5 = 0{,}584\,962\,5$$

$$\text{Duodezime} \quad \frac{\ln 3}{\ln 2} = \frac{1{,}098\,612\,288}{0{,}693\,147\,180} = \log_2 3 = 1{,}584\,962\,5$$

Diese Zahlen, mit 12 multipliziert, ergeben 7,019 550 bzw. 19,019 550. Die Quinte ist 7 Halbtöne über dem Grundton, die Duodezime 19 Halbtöne über dem Grundton angesiedelt. Die Zahl 7,019 550 ist auch der Logarithmus zur Basis 2 der 12. Quinte im Quintenzirkel. Die 7. Oktave hat den Logarithmus zur Basis 2 gleich 7,000 000. Die Differenz 0,019 550 ist der Logarithmus des pythagoreischen Kommas, und das Zwölffache davon, 12 · 0,01955 = 0,234 600, ist der zugehörige Tonhöhenwert. In der Tabelle ist beim pythagoreischen Komma dieser Wert angegeben.

Die chromatische Quinte hat genau den Tonhöhenwert 7, und 12 chromatische Quinten ergeben genau 7 Oktaven. In der Musik bezeichnet man als Quintenzirkel den Rundgang, der sämtliche Töne der temperierten (enharmonischen) Tonordnung erfaßt. Der Quintenzirkel geht von einem Grundton aus und schreitet in den 12 Quintintervallen nach oben (c — g — d — a — e — h — fis — cis — gis — dis — ais — eis — his) und nach unten (c — f — b — es — as — des — ges — ces — fes — heses — eses — asas — deses). Es bedeutet die Endsilbe is: Erhöhung um einen chromatischen Halbton und es (s): Erniedrigung um einen chromatischen Halbton; es (ses, sas): Erniedrigung um zwei Halbtöne.

Im chromatischen Stimmungssystem ist ein his = c = deses, im diatonischen, reinen Stimmungssystem unterscheiden sich das his und das deses vom c je um ein pythagoreisches Komma, das his vom deses um 2 pythagoreische Kommata.

Um das Rechnen mit den Logarithmenwerten zu veranschaulichen und dessen Vorteile zu zeigen, seien hier als Beispiel die kleine und die große Diesis nochmals erläutert:

Die chromatische große Terz hat den Tonhöhenwert von genau 4,000 000. Drei große chromatische Terzen haben den Tonhöhenwert 3 · 4 = 12, was genau der Oktave entspricht. Die diatonische reine natürliche Terz hat den Tonhöhenwert von 3,863 137, drei diatonische Terzen einen solchen von 3 · 3,863 137 = 11,589 411. Dieser Wert ist um 0,410 589 kleiner als 12. Und bei 0,410 589 findet man in der Tabelle die kleine Diesis. Das heißt, drei große Terzen ergeben übereinander ein Intervall, das um eine kleine Diesis kleiner ist als eine Oktave. Die kleine natürliche Terz hat einen Tonhöhenwert von 3,156 413. Vier kleine Terzen haben somit einen Tonhöhenwert von 3,156 413 · 4 = 12,625 652. Dieser ist um 0,625 652 höher als eine Oktave. Bei 0,625 651 findet man die große Diesis. Vier kleine diatonische natürliche Terzen sind um eine große Diesis höher als eine Oktave.

In der letzten Stelle der Tonhöhenwerte kann es manchmal bei einem errechneten Zahlenwert, der durch Intervallsummation entstanden ist, zu kleinen Differenzen kommen, deren Größenordnung bei 0,000 001 bis 0,000 002 liegt. Dies rührt daher, daß die angegebenen Stellen der Zahlen nicht den ganzen Zahlenwert ausmachen, der unendlich viele Stellen hat, sondern nach der sechsten Stelle hinter dem Komma gerundet sind.

Intervall	*Intervallfaktor*	*Logarithmus zur Basis zwei*	*Zwölffacher Logarithmus zur Basis zwei*
große Terz	5/4 = 1,25	0,321 928	3,863 137
3 gr. Terzen	5/4 · 5/4 · 5/4 = 125/64	3 · 0,321 928 = 0,965 784	3,863 137 · 3 = 11,589 411
kl. Diesis	2 : 125/64 = 128/125	1 — 0,965 784 = 0,034 216	12 — 11,589 411 = 0,410 589

Zur Hervorhebung der chromatischen Tonstufen sind diese in der Tabelle in Rot gedruckt, da es die Intervalle sind, die ganzzahlige Tonhöhenwerte im logarithmischen System haben.

Die genauen einfachen diatonischen Intervalle sind in Blau gedruckt, wie auch der Stimmungsschlüssel, der die Quinten- und Groß-Terzen-Schritte zur Erreichung der Töne anzeigt, da diese Intervalle mit dem Stimmschlüssel eng verwandt sind.

DER WEG
ZUR
ASTROLOGIE

ASTRO-TAFEL

13-Farbdruck auf
besonderem
Qualitätspapier

16,— DM

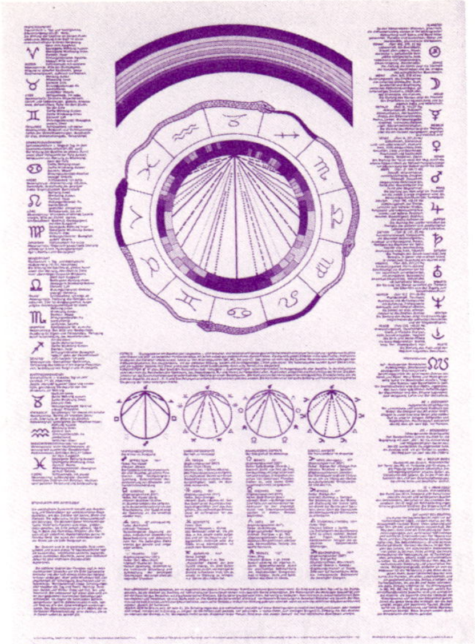

»DAS HOROSKOP ist die Botschaft, die im Augenblick der Geburt in leuchtender Schrift am Himmel geschrieben steht. Ein Kind wird an dem Tag und zu der Stunde geboren, da die Strahlen der Gestirne mit mathematischer Genauigkeit seinem individuellem Karma entsprechen. Die Wissenschaft der Astrologie beschäftigt sich mit der Reaktion des Menschen auf die planetarischen Einflüsse. Ob Du daran glaubst oder nicht, hat wenig zu bedeuten. Man muß sich zu wissenschaftlichem Denken erziehen und feststellen, ob eine Sache wahr ist. Das Gesetz der Schwerkraft wirkte z.B. vor Newtons Entdeckung mit derselben Präzision wie danach. Der Kosmos würde sich in einem ziemlichen Chaos befinden, wenn seine Gesetze erst dann zur Wirkung gelangen könnten, wenn sie vom menschlichen Glauben sanktioniert würden. (Swami Sri Yukteswar)

ALL-EIN-SEIN heißt eins sein mit dem All. Die Schwingungen des Alls wahrnehmen und sich auf diese Schwingungen einzustimmen heißt sein Leben, oder einfach sich selbst, mit dem All in Einklang zu bringen. Ist die Person (Lat: persona, von per-sonare = durch-tönen, zum erklingen bringen) im Einklang mit dem Kosmos, so resoniert der Kosmos in ihr, der Kosmos findet seinen Wiederhall in der Person. Wird man sich dessen bewußt, hat man kosmisches Bewußtsein erreicht.«

Wohl die umfassendste, farbige Informationskarte zum Thema Astrologie und Harmonik. Außer der allgemeinen Beschreibung der Wirkweise der einzelnen Tierkreiszeichen, Planeten, Aspekt- und Himmelspunkte, wird auch die Methodik der Verknüpfung dieser astrologischen Elemente zur Deutung erklärt und ausgeführt. Auch die Zuordnung der Töne zu den Planeten, so wie der musikalischen Intervalle zu allen Aspekten, wie auch deren farbliche Zuordnungen, können der Karte entnommen werden.

Farbtafelübersicht

Der psychologische (subjektive) Farbenkreis und sein Aufbau aus den drei Grundfarben Gelb, Purpur und Cyanblau. Der Grundstruktur nach entspricht dies dem Farbenkreis von Goethe, wie auch dem „diatonischen" Farbenkreis nach Hölzel, der eine Erweiterung des Farbenkreises von Goethe ist (siehe Text Seite 54). Dieser Farbenkreis wird auch technischer Farbenkreis genannt. Im psychologischen Farbenkreis ist der Winkel von Gelb zu Blau gleich 120 Grad (Trigon).

Farbtafel II

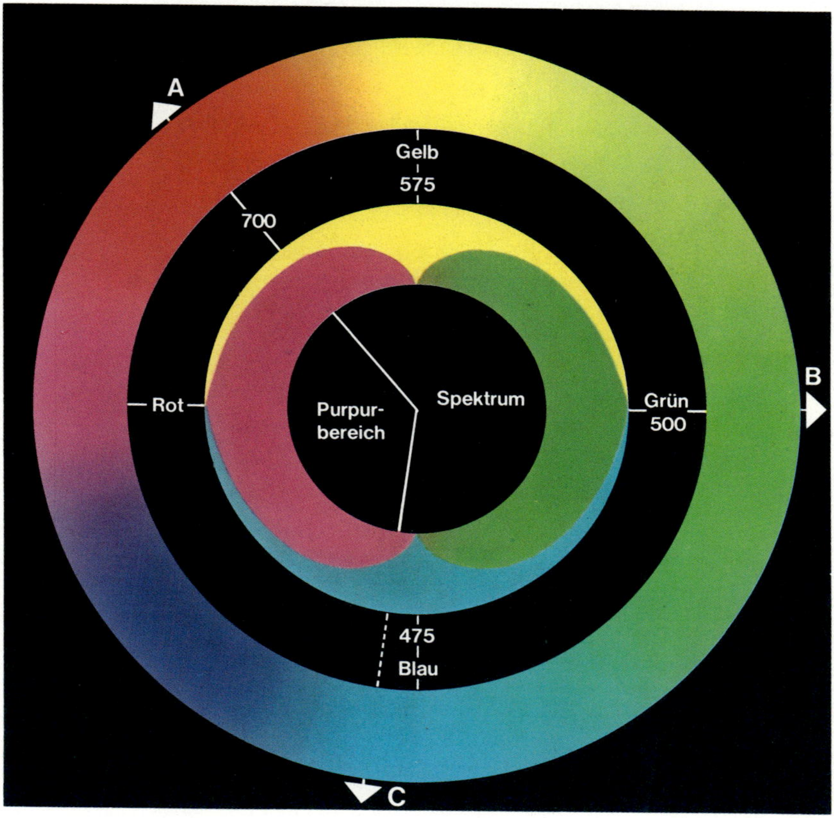

Darstellung des physiologischen Farbenkreises mit Andeutung der Anteile der Farben Rot, Gelb, Grün und Blau. Im Grünbereich bei 500 Nanometer (B) wird das Grün als reine Farbe empfunden, ist die Farbunterscheidung am besten und bei Farbblinden ein Graustellenbereich. Diese Wellenlänge entspricht dem Ton Cis und ist die 74. Oktave des Erdenjahres (501 Nanometer). Beim Punkt (A) bei 700 Nanometer endet der reine Spektralfarbenbereich, Rottöne mit größerer Wellenlänge können nicht mehr unterschieden werden. Die 65. Oktave des siderischen Tages hat genau 700 Nanometer und zeigt somit diesen Grenzwert an. Der Punkt (C) liegt zwischen 390 und 400 Nanometer. Blautöne mit geringerer Wellenlänge können nicht mehr gesehen werden. Die 89. Oktave des platonischen Jahres hat die Wellenlänge von 396 Nanometer und zeigt somit die Sehgrenze im Blaubereich an. Die Farbtafel wurde gefertigt nach der Modellrechnung von B. Hassenstein [74, S. 121 f]. Im physiologischen Farbenkreis liegen die Farben Gelb und Blau einander genau gegenüber (Opposition).

Farbtafel III

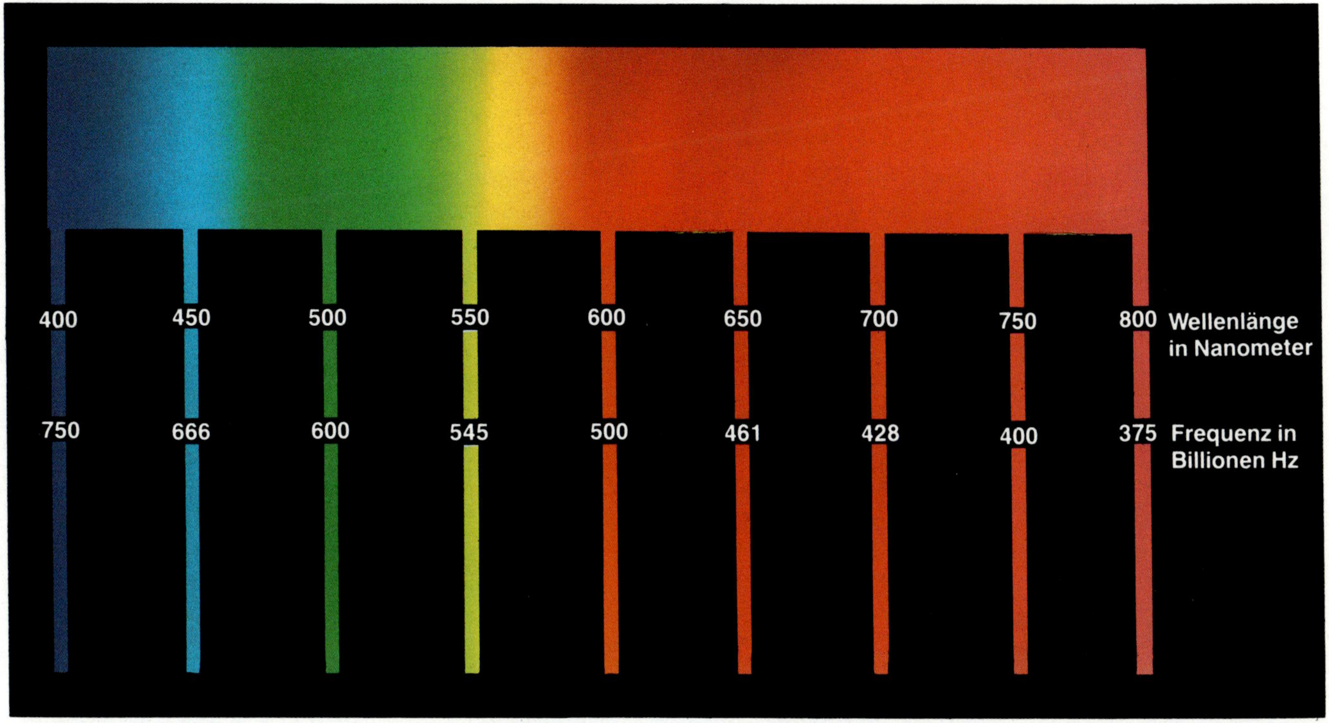

Das Regenbogenspektrum mit Angabe der Wellenlänge (in Nanometer = 10^{-9} Meter) und der Frequenzen (in Billionen Hertz = 10^{12} Hertz). Die angegebenen Farbwerte entsprechen den Farborten im CIE-Dreieck nach Dr. Rösch in Übereinstimmung mit den beobachteten Farbenanteilfunktionen, die von B. Hassenstein ermittelt wurden [74, S. 221]. Siehe Text Seite 34.

Farbtafel IV

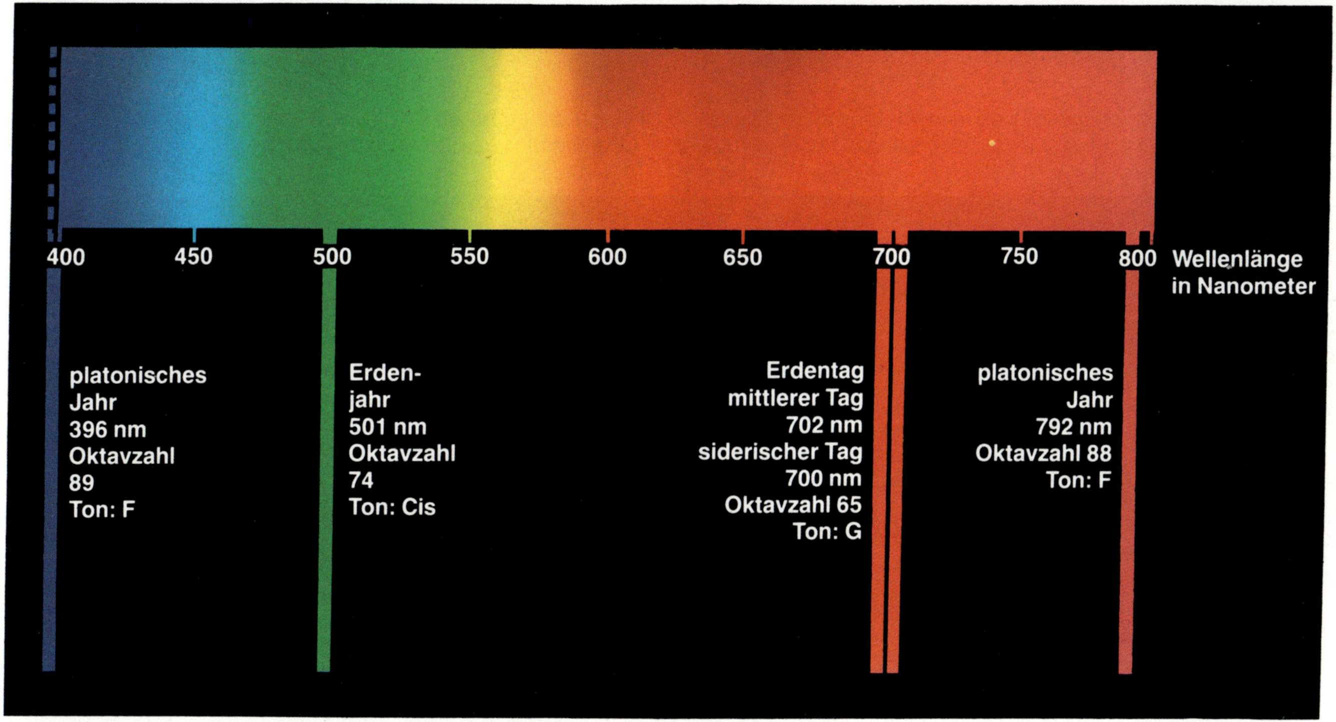

Spektrallinien der Rhythmen der Erde. Tag und Jahr sind als Rot und Grün sichtbar. Das platonische Jahr ist an beiden Enden des Spektrums zu sehen, einmal im Blauviolettbereich und einmal im Spektralrotbereich.

Farbtafel V

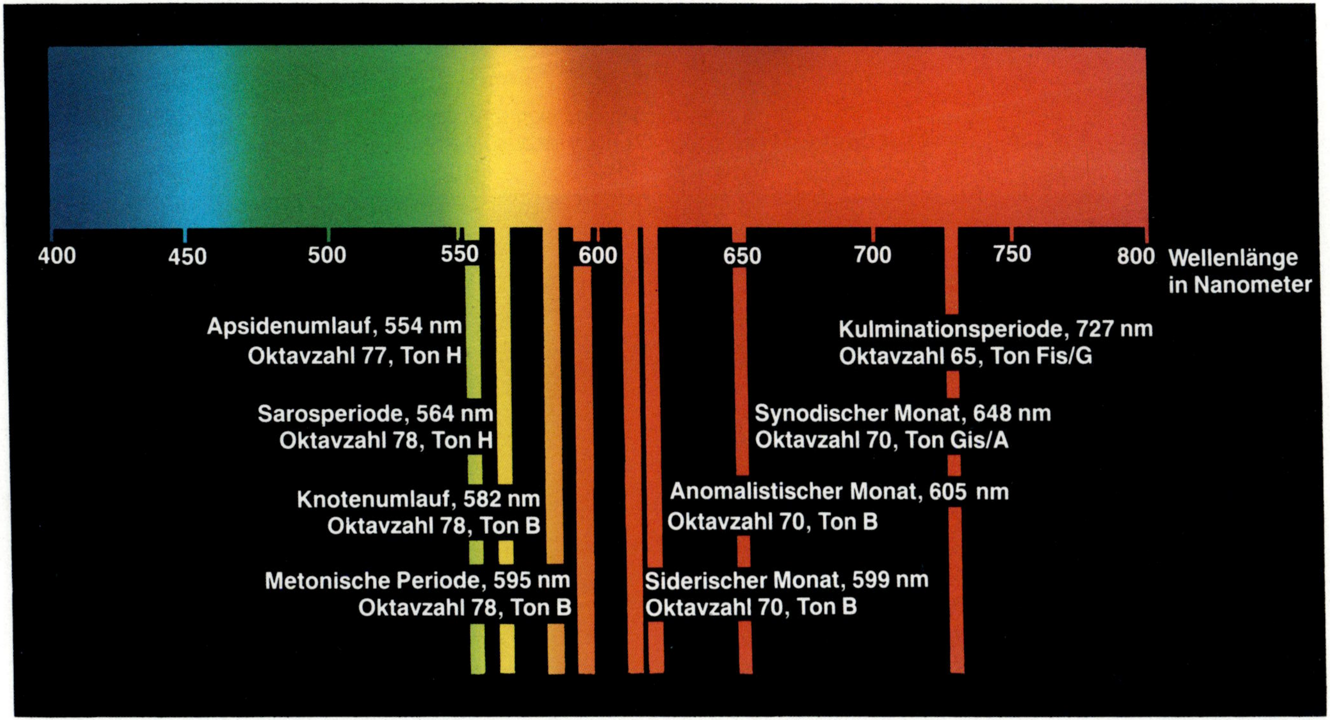

Spektrallinien der Rhythmen des Mondes. Man kann deutlich eine Häufung im Gelborangebereich feststellen, zumal die Linie des siderischen Monats sowohl für die Rotation des Mondes als auch für den tropischen Monat steht, da der Wellenlängenunterschied so gering ist, daß er in einem dreistelligen Raster dem Wert Null gleichkommt.

Farbtafel VI

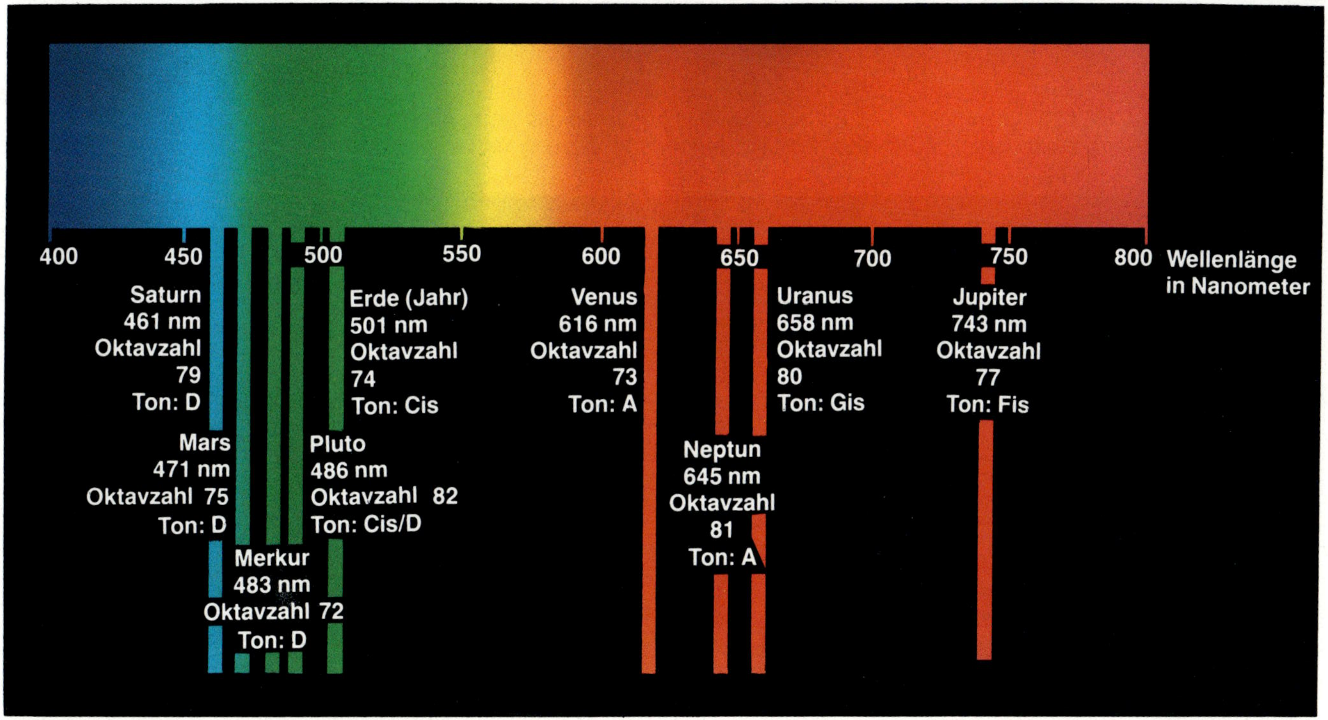

Spektrallinien der Planetenumläufe. Auffällig sind die Planetenkonzentrationen im Blaubereich und im Orangebereich, nur Jupiter, der größte aller Planeten, steht alleine im Rotbereich. Siehe auch Text Seite 127.

Farbtafel VII

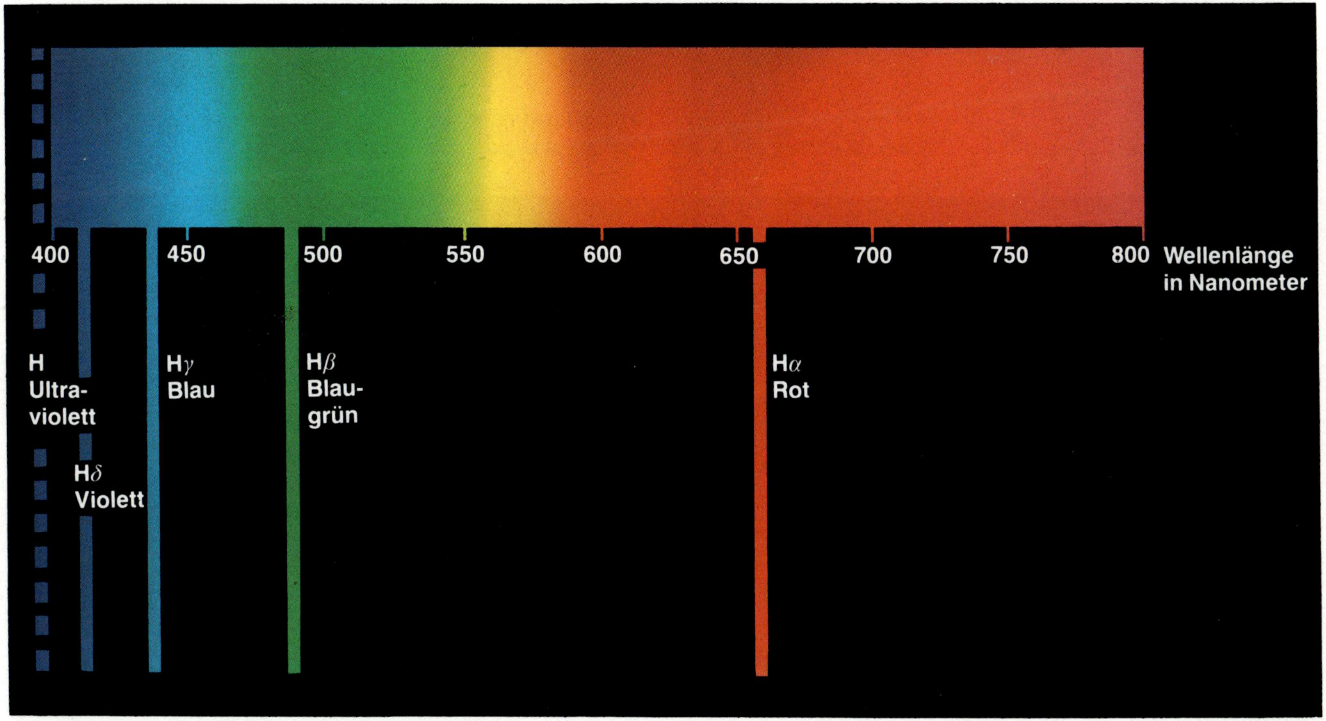

Spektrallinien des Wasserstoffes. Diese Linien werden nach dem Baseler Mädchenschullehrer Johann Jakob Balmer, der die Formel entdeckt hat, nach der sie berechnet werden können, Balmer-Serie genannt. Siehe Text Seite 181 f.

Farbtafel VIII

Intervallbezeichnung Stimmschlüssel	Intervallfaktor (IF) Tonhöhenwert ($\log_2$ IF x 12)		Kehrwert	Winkel	Gegenwinkel
PRIME	1/1	= 1,000 000 0,000 000	1,000 000	360,000 000°	0,000 000°
SCHISMA + 8 Q + 1 T	32 805/32 768	= 1,001 129 0,019 537	0,998 872	359,593 964°	0,406 036°
DIASCHISMA — 4 Q — 2 T	2 048/2 025	= 1,011 358 0,195 526	0,988 770	355,957 031°	4,042 969°
SYNTONISCHES KOMMA + 4 Q — 1 T	81/80	= 1,012 500 0,215 063	0,987 654	355,555 556°	4,444 444°
PYTHAGOR. KOMMA + 12 Q	531 441/524 288	= 1,013 643 0,234 600	0,986 540	355,154 533°	4,845 467°
KLEINE DIESIS — 3 T	128/125	= 1.024 000 0,410 589	0,976 563	351,562 500°	8,437 500°
GROSSE DIESIS + 4 Q — 4 T	648/625	= 1,036 800 0,625 651	0,964 506	347,222 222°	12,777 778°
KLEINES CHROMA — 1 Q + 2 T	25/24	= 1,041 667 0,706 724	0,960 000	345,600 000°	14,400 000°
PYTHAGOR. LIMMA — 5 Q	256/243	= 1,053 498 0,902 250	0,949 219	341,718 750°	18,281 250°
GROSSES CHROMA + 3 Q + 1 T	135/128	= 1,054 688 0,921 787	0,948 148	341,333 333°	18,666 667°
CHROMATISCHER HALBTON	$\sqrt[12]{2}^{1}$	= 1,059 463 1,000 000	0,943 874	339,794 753°	20,205 247°
DIATONISCHER HALBTON — 1 Q — 1 T	16/15	= 1,066 667 1,117 313	0,937 500	337,500 000°	22,500 000°

Farbtafel IX

Intervallbezeichnung Stimmschlüssel	Intervallfaktor (IF) Tonhöhenwert ($\log_2$ IF x 12)		Kehrwert	Winkel	Gegenwinkel
PYTHAGOR. APOTOME + 7 Q	2 187/2 048	= 1,067 871 1,136 850	0,936 443	337,119 342°	22,880 658°
GROSSES LIMMA + 3 Q — 2 T	27/25	= 1,080 000 1,332 376	0,925 926	333,333 333°	26,666 667°
DOPPELT ÜBERM. PRIME + 2 Q + 3 T	1 125/1 024	= 1,098 633 1,628 511	0,910 222	327,680 000°	32,320 000°
PYTHAGOR. VERM. TERZ — 10 Q	65 536/59 049	= 1,109 858 1,804 500	0,901 016	324,365 845°	35,634 155°
KLEINER GANZTON — 2 Q + 1 T	10/9	= 1,111 111 1,824 037	0,900 000	324°	36°
CHROMATISCHER GANZTON	$\sqrt[12]{2}^{2}$	= 1,122 462 2,000 000	0,890 899	320,723 539°	39,276 461°
GROSSER GANZTON + 2 Q	9/8	= 1,125 000 2,039 100	0,888 889	320°	40°
VERMINDERTE TERZ — 2 Q — 2 T	256/225	= 1,137 778 2,234 626	0,878 906	316,406 250°	43,593 750°
KLASS. VERM. TERZ + 2 Q — 3 T	144/125	= 1,152 000 2,449 689	0,868 056	312,500 000°	47,500 000°
KLASS. ÜB. SEKUNDE — 3 Q + 3 T	125/108	= 1,157 407 2,530 761	0,864 000	311,040 000°	48,960 000°
ÜBERMÄSSIGE SEKUNDE + 1 Q + 2 T	75/64	= 1,171 875 2,745 824	0,853 333	307,200 000°	52,800 000°
PYTHAGOR. KL. TERZ — 3 Q	32/27	= 1,185 185 2,941 350	0,843 750	303,750 000°	56,250 000°

Farbtafel X

CHROMATISCHE KL. TERZ	$\sqrt[12]{2}^3$	= 1,189 207 3,000 000	0,840 896	302,722 710°	57,277 290°
NAT. KLEINE TERZ + 1 Q — 1 T	6/5	= 1,200 000 3,156 413	0,833 333	300°	60°
PYTHAGOR. ÜB. SEKUNDE + 9 Q	19 683/16 384	= 1,201 355 3,175 950	0,832 393	299,661 637°	60,338 363°
PYTHAGOR. VERM. QUARTE — 8 Q	8 192/6 561	= 1,248 590 3,843 600	0,800 903	288,325 196°	71,674 804°
NAT. GROSSE TERZ + 1 T	5/4	= 1,250 000 3,863 137	0,800 000	288°	72°
CHROMATISCHE GR. TERZ	$\sqrt[12]{2}^4$	= 1,259 921 4,000 000	0,793 701	285,732 190°	74,267 810°
KLEINE VERM. QUARTE — 4 Q — 1 T	512/405	= 1,264 198 4,058 663	0,791 016	284,765 625°	75,234 375°
PYTHAGOR. GROSSE TERZ + 4 Q	81/64	= 1,265 625 4,078 200	0,790 123	284,444 444°	75,555 556°
GROSSE VERM. QUARTE — 2 T	32/25	= 1,280 000 4,273 726	0,781 250	281,250 000°	78,750 000°
KLEINE ÜB. TERZ — 1 Q + 3 T	125/96	= 1,302 083 4,569 861	0,768 000	276,480 000°	83,520 000°
GROSSE ÜB. TERZ + 3 Q + 2 T	675/512	= 1,318 359 4,784 924	0,758 519	273,066 667°	86,933 333°
NAT. QUARTE — 1 Q	4/3	= 1,333 333 4,980 450	0,750 000	270°	90°
CHROMATISCHE QUARTE	$\sqrt[12]{2}^5$	= 1,334 840 5,000 000	0,749 154	269,695 274°	90,304 726°

Farbtafel XI

Intervallbezeichnung / *Stimmschlüssel*	*Intervallfaktor (IF)*	*Tonhöhenwert* ($\log_2 IF \times 12$)	*Kehrwert*	*Winkel*	*Gegenwinkel*
PYTHAGOR. ÜB. TERZ	177 147/131 072	= 1,351 524	0,739 905	266,365 900°	93,634 100°
+ 11 Q		5,215 050			
DOPPELT VERM. QUINTE	512/375	= 1,365 333	0,732 422	263,671 875°	96,328 125°
— 1 Q — 3 T		5,391 039			
KLASS. ÜB. QUARTE	25/18	= 1,388 889	0,720 000	259,200 000°	100,800 000°
— 2 Q + 2 T		5,687 174			
PYTHAGOR. VERM. QUINTE	1 024/729	= 1,404 664	0,711 914	256,289 063°	103,710 937°
— 6 Q		5,882 700			
TRITONUS/ÜB. QUARTE	45/32	= 1,406 250	0,711 111	256°	104°
+ 2 Q + 1 T		5,902 237			
CHROMATISCHER TRITONUS	$\sqrt[12]{2}^6$	= 1,414 214	0,707 107	254,558 441°	105,441 559°
		6,000 000			
VERMINDERTE QUINTE	64/45	= 1,422 222	0,703 125	253,125 000°	106,875 000°
— 2 Q — 1 T		6,097 763			
PYTHAGOR. ÜB. QUARTE	729/512	= 1,423 828	0,702 332	252,839 506°	107,160 494°
+ 6 Q		6,117 300			
KLASS. VERM. QUINTE	36/25	= 1,440 000	0,694 444	250°	110°
+ 2 Q — 2 T		6,312 826			
DOPPELT ÜB. QUARTE	375/256	= 1,464 844	0,682 667	245,760 000°	114,240 000°
+ 1 Q + 3 T		6,608 961			
PYTHAGOR. VERM. SEXTE	262 144/177 147	= 1,479 811	0,675 762	243,274 384°	116,725 616°
— 11 Q		6,784 950			
CHROMATISCHE QUINTE	$\sqrt[12]{2}^7$	= 1,498 307	0,667 420	240,271 174°	119,728 826°
		7,000 000			

Farbtafel XII

Intervallbezeichnung Stimmschlüssel	Intervallfaktor (IF) Tonhöhenwert ($\log_2$ IF x 12)		Kehrwert	Winkel	Gegenwinkel
NAT. QUINTE + 1 Q	3/2	= 1,500 000 7,019 550	0,666 667	240°	120°
KL. VERM. SEXTE — 3 Q — 2 T	1 024/675	= 1,517 037 7,215 076	0,659 180	237,304 688°	122,695 312°
GROSSE VERM. SEXTE + 1 Q — 3 T	192/125	= 1,536 000 7,430 139	0,651 042	234,375 000°	125,625 000°
KLEINE ÜB. QUINTE + 2 T	25/16	= 1,562 500 7,726 274	0,640 000	230,400 000°	129,600 000°
PYTHAGOR. KL. SEXTE — 4 Q	128/81	= 1,580 247 7,921 800	0,632 813	227,812 500°	132,187 500°
GROSSE ÜB. QUINTE + 4 Q + 1 T	405/256	= 1,582 031 7,941 337	0,632 099	227,555 556°	132,444 444°
CHROMATISCHE KL. SEXTE	$\sqrt[12]{2}^{8}$	= 1,587 401 8,000 000	0,629 961	226,785 790°	133,214 210°
NAT. KLEINE SEXTE — 1 T	8/5	= 1,600 000 8,136 863	0,625 000	225°	135°
PYTHAGOR. ÜB. QUINTE + 8 Q	6 561/4 096	= 1,601 807 8,156 400	0,624 295	224,746 228°	135,253 772°
DOPPELT ÜB. QUINTE + 3 Q + 3 T	3 375/2 048	= 1,647 949 8,648 061	0,606 815	218,453 333°	141,546 667°
PYTHAGOR. VERM. SEPT. — 9 Q	32 768/19 683	= 1,664 787 8,824 050	0,600 677	216,243 897°	143,756 103°
NAT. GROSSE SEXTE — 1 Q + 1 T	5/3	= 1,666 667 8,843 587	0,600 000	216°	144°

Farbtafel XIII

Intervallbezeichnung Stimmschlüssel	Intervallfaktor (IF) Tonhöhenwert ($\log_2$ IF x 12)		Kehrwert	Winkel	Gegenwinkel
CHROMATISCHE GR. SEXTE	$\sqrt[12]{2}^{9}$	= 1,681 793 9,000 000	0,594 604	214,057 281°	145,942 719°
PYTHAGOR. GR. SEXTE + 3 Q	27/16	= 1,687 500 9,058 650	0,592 593	213,333 333°	146,666 667°
VERM. SEPTIME — 1 Q — 2 T	128/75	= 1,706 667 9,254 176	0,585 938	210,937 500°	149,062 500°
KLASS. VERM. SEPTIME + 3 Q — 3 T	216/125	= 1,728 000 9,469 239	0,578 704	208,333 333°	151,666 667°
KLASS. ÜB. SEXTE — 2 Q + 3 T	125/72	= 1,736 111 9,550 311	0,576 000	207,360 000°	152,640 000°
ÜBERMÄSSIGE SEXTE + 2 Q + 2 T	225/128	= 1,757 813 9,765 374	0,568 889	204,800 000°	155,200 000°
VERM. SEPTIME — 2 Q	16/9	= 1,777 778 9,960 900	0,562 500	202,500 000°	157,500 000°
CHROMATISCHE SEPTIME	$\sqrt[12]{2}^{10}$	= 1,781 797 10,000 000	0,561 231	202,043 169°	157,956 831°
KLEINE SEPTIME + 2 Q — 1 T	9/5	= 1,800 000 10,175 963	0,555 556	200°	160°
PYTHAGOR. ÜB. SEXTE + 10 Q	59 049/32 768	= 1,802 032 10,195 500	0,554 929	199,774 425°	160,225 575°
DOPPELT VERM. OKTAVE — 2 Q — 3 T	2 048/1 125	= 1,820 444 10,371 489	0,549 316	197,753 906°	162,246 094°
KL. GROSSE SEPTIME — 3 Q + 2 T	50/27	= 1,851 852 10,667 624	0,540 000	194,400 000°	165,600 000°

PYTHAGOR. VERM. OKTAVE *— 7 Q*	4096/2 187	= 1,872 885 *10,863 150*	0,533 936	192,216 797°	167,783 203°
GR. GROSSE SEPTIME + 1 Q + 1 T	15/8	= 1,875 000 *10,882 687*	0,533 333	192°	168°
CHROM. GROSSE SEPTIME	$\sqrt[12]{2}^{11}$	= 1,887 749 11,000 000	0,529 732	190,703 358°	169,296 642°
KLEINE VERM. OKTAVE — 3 Q — 1 T	256/135	= 1,896 296 11,078 213	0,527 344	189,843 750°	170,156 250°
PYTHAGOR. GR. SEPTIME + 5 Q	243/128	= 1,898 438 11,097 750	0,526 749	189,629 630°	170,370 370°
GR. VERM. OKTAVE + 1 Q — 2 T	48/25	= 1,920 000 11,293 276	0,520 833	187,500 000°	172,500 000°
KLEINE ÜB. SEPTIME — 4 Q + 4 T	625/324	= 1,929 012 11,374 349	0,518 400	186,624 000°	173,376 000°
GROSSE ÜB. SEPTIME + 3 T	125/64	= 1,953 125 11,589 411	0,512 000	184,320 000°	175,680 000°
PYTHAGOR. VERM. NONE — 12 Q	1048576/531 441	= 1,973 081 11,765 400	0,506 822	182,455 788°	177,544 212°
DOPPELT VERM. NONE — 4 Q + 1 T	160/81	= 1,975 309 11,784 937	0,506 250	182,250 000°	177,750 000°
OKTAVE	2/1	= 2,000 000 12,000 000	0,500 000	180°	180°

Farbtafel XV

DIE 24 HAUPTTONSTUFEN DES PHYTHAGOREISCHEN STIMMUNGSSYSTEMS

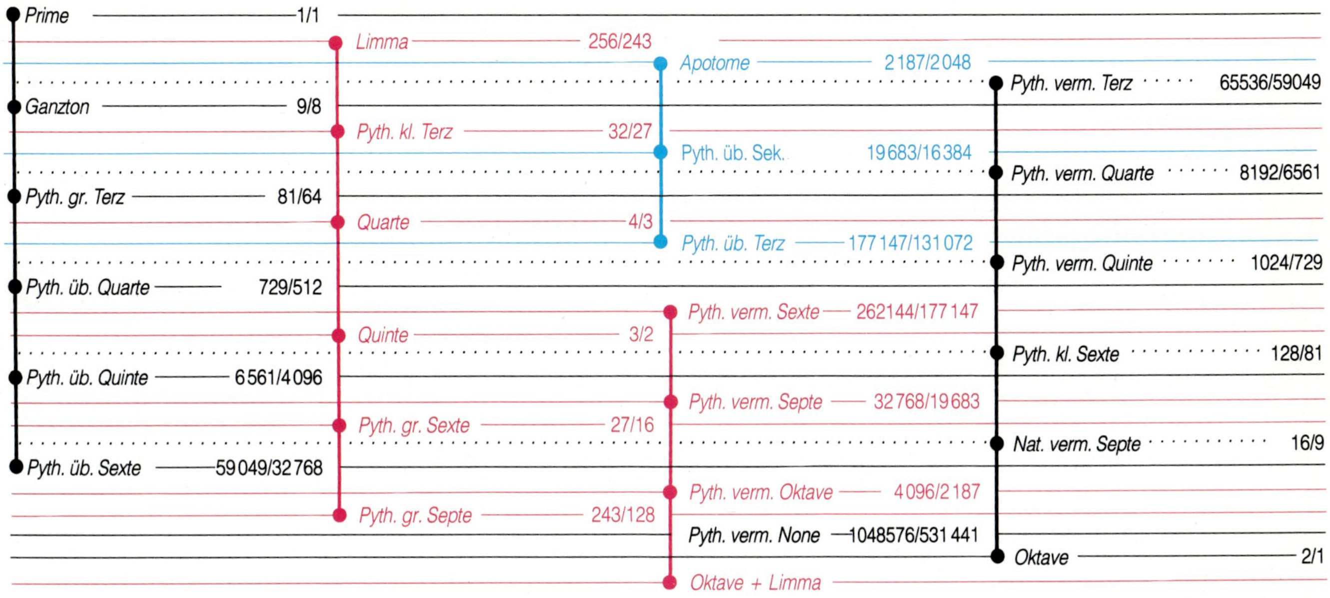

Ganztonreihe, vom unteren Grundton aus gerechnet (5 Ganztöne + 2 Limmata)

Ganztonreihe, um ein Pyth. Limma nach oben versetzt (1 Limma + 5 Ganztöne + 1 Limma)

Ganztonreihe, um eine Pyth. Apotome nach oben versetzt (unvollständige Reihe)

Ganztonreihe, vom oberen Oktavton aus gerechnet, von unten um 2 Limmata versetzt

Die senkrechten Verbindungslinien zeigen immer einen Ganzton mit dem Intervallfaktor 9/8 an. Übermäßige Intervalle sind immer um eine Apotome, vom Hauptintervall aus gerechnet, erhöht, verminderte um eine Apotome erniedrigt. Die doppelt-übermäßigen und doppelt-verminderten Töne wurden der Übersicht halber aus dieser Tabelle weggelassen. Dafür ist der Zusammenhang bei genauerer Betrachtung der 24 Hauptintervalle des altgriechischen pythagoreischen Stimmungssystems gut ersichtlich.

Ein Limma = 256/243 = $2^8 : 3^5$, eine Apotome = 2187/2048 = $3^7 : 2^{11}$, ein pythagoreisches Komma entspricht der Differenz (musikalisch) und dem Quotienten (physikalisch) von 12 Quinten und 7 Oktaven, ein pythagoreisches Komma = 531441/524288 = $3^{12} : 2^{19}$.

Wissenschaftlicher Anhang

In diesem wissenschaftlichen Anhang sind verschiedene mathematische, physikalische und auch harmonikale Anmerkungen zu den einzelnen Kapiteln zusammengestellt. Die Erfahrung hat gezeigt, daß Texte, die mit vielen Formeln, Gleichungen und Zahlen durchsetzt sind, schwer zu lesen sind. Deshalb wurde in dem Hauptteil, soweit wie möglich, auf den Abdruck von mathematischen Formeln und Gleichungen verzichtet und dort jeweils auf die Ausführungen hingewiesen, die hier im wissenschaftlichen Anhang zusammengestellt sind. Vom Konzept her sind diese Ausführungen, Erklärungen und Erläuterungen als Ergänzung zu den einzelnen Kapiteln gedacht, wie auch zum Nachschlagen einzelner Formeln. Es empfiehlt sich, des leichteren Verständnisses wegen, zuerst die jeweiligen Kapitel im Hauptteil zu lesen und erst danach die Ergänzungen und Anmerkungen in diesem Teil.

Inhaltsübersicht

Der Durchmesser der Sonne beträgt etwa 1/2 Grad und schwankt zwischen

0° 32' 35'' und 0° 31' 31''

Im Winter um den 4. Januar ist der scheinbare Sonnendurchmesser am größten (Periheldurchgang der Erde = kleinster Abstand Sonne-Erde). Im Sommer um den 4. Juli ist der scheinbare Sonnendurchmesser am kleinsten (Apheldurchgang der Erde = größter Abstand Sonne-Erde).
Der Durchmesser des Mondes beträgt ebenfalls etwa 1/2 Grad und schwankt zwischen:

0° 33' 30'' und 0° 29' 20''

Ist der Mond im Apogäum — das heißt, sein Abstand von der Erde ist groß —, dann ist der scheinbare Durchmesser des Mondes am geringsten; geht der Mond durch das Perigäum — das heißt, sein Abstand von der Erde ist gering —, dann ist der scheinbare Monddurchmesser am größten.

$$6! = 1 \cdot 2 \cdot 3 \cdot 4 \cdot 5 \cdot 6 = 720$$

Der Tag hat 24 Stunden à 60 Minuten = 1 440 Minuten = 2 · 6! Minuten. Die Stunde hat 60 Minuten à 60 Sekunden = 3 600 Sekunden = 5 · 6! Sekunden. Der Tag hat somit 86 400 Sekunden = 5! · 6! Sekunden = 120 · 720 Sekunden.

Der Kreis hat 360 Grad à 60 Bogenminuten = 21 600 Bogenminuten.

$$21\,600 = 5 \cdot 6 \cdot 6! = 30 \cdot 6!$$

Der Kreis hat 21 600 Bogenminuten à 60 Bogensekunden = 1 296 000 Bogensekunden.

$$1\,296\,000 = 3 \cdot 5 \cdot 5! \cdot 6! = 15 \cdot 5! \cdot 6!$$

Der Monddurchmesser beträgt 2 160 Meilen = 3 · 6! Meilen.
Der Erddurchmesser beträgt 7 920 Meilen = 11! : 7! Meilen = 8 · 9 · 10 · 11 Meilen. Die Summe von Erd- und Mondradius beträgt 5 040 Meilen = 7! Meilen.

1 englische Meile = 1,609 341 Kilometer

Abstand Erde-Mond	a) mittlerer	384 400 Kilometer = 238 856 Meilen
	b) kleinster	356 000 Kilometer = 221 209 Meilen
	c) größter	407 000 Kilometer = 252 899 Meilen

Im Vergleich zum historischen Wert von 720 · 330 = 237 600 Meilen ergibt das eine Genauigkeit der Übereinstimmung von:

238 856 : 237 600 = 1,005 286

was einem Abweichungskoeffizienten von etwa 0,53 % gleichkommt.

Abstand Sonne-Erde

a) mittlerer	1 AE	= 149 597 870 km	= 92 955 980 Meilen
b) kleinster	0,983 28 AE	= 147 097 000 km	= 91 400 000 Meilen
c) größter	1,016 76 AE	= 152 105 000 km	= 94 514 000 Meilen

Im Vergleich zum historischen Wert von 720 · 129 600 = 93 312 000 Meilen ergibt das eine Genauigkeit der Übereinstimmung von:

$$93\,312\,000 : 92\,955\,980 = 1{,}003\,830$$

was einem Abweichungskoeffizienten von 0,38 % gleichkommt. Bemerkenswert ist dabei, daß 1 296 000 Bogensekunden einen Kreis ausmachen und daß in 72 Jahren der Frühlingspunkt um 1 Grad rückläufig in der Ekliptik wandert. Es ist 72 · 1 296 000 = 93 312 000, die Zahl der Meilen, die den mittleren Abstand Sonne-Erde angibt.

Der Durchmesser der Sonne beträgt in Kilometern: 1 392 000 km, das entspricht 864 950 Meilen. Im Vergleich zum historischen Wert von 720 · 1200 = 864 000 Meilen ergibt das eine Genauigkeit der Übereinstimmung von:

$$864\,950 : 864\,000 = 1{,}001\,100$$

was einem Abweichungskoeffizienten von 0,11 % gleichkommt.

Der Monddurchmesser beträgt in Kilometern: 3 476 km, das entspricht 2 159,89 Meilen. Im Vergleich zum historischen Wert von 720 · 3 = 2 160 Meilen ergibt das eine Genauigkeit der Übereinstimmung von:

$$2\,160 : 2\,159{,}8 = 1{,}000\,051$$

was einem Abweichungskoeffizienten von 0,005 % gleichkommt.

Maße der Erde und Art der Vergleiche	Altes Maß	I.R.E (Hayford 1909)	W.G.S. Welt-Geodätisches System
Äquatorradius der Erde = a		6 378,383 km 3 963,350 Meilen	6 378,163 km 3 963,214 Meilen
Polarradius der Erde = b		6 356,912 km 3 950,009 Meilen	6 356,777 km 3 949,925 Meilen
Mittlerer Radius $\frac{\sqrt{a \cdot b} - a}{2}$	3 960 Meilen (6 372,99 km)	6 373,011 km 3 960,012 Meilen	6 372,812 km 3 959,889 Meilen
Größe der Abweichung		0,000 30 %	0,002 8 %

Zeitmaße sind zum Beispiel:	das Jahr	Frequenzen sind:	pro Jahr
	der Monat		pro Monat
	der Tag		pro Tag
	die Stunde		pro Stunde
	die Minute		pro Minute
	die Sekunde		pro Sekunde

Zeit und Frequenz verhalten sich umgekehrt proportional. Im allgemeinen wird in der Physik die Zeit in Sekunden, die Frequenz in Hertz angegeben. Hertz heißt im physikalischen Sinne: pro Sekunde. Die Einheit »ein Hertz« ist gleich 1 Schwingung pro Sekunde, im allgemeinen wie folgt geschrieben:

$$1\ \mathrm{Hz} = 1 \cdot 1/\mathrm{sec} = 1\ \mathrm{sec}^{-1}$$

In der Physik wird statt des Begriffes Hertz meist die Bezeichnung sec^{-1} verwendet. In musikwissenschaftlichen Publikationen dagegen wird der Begriff Hertz nach wie vor gebraucht.

Tonfrequenzen werden im allgemeinen in Hertz angegeben. Ein Ton mit 432 Hz hat die Eigenschaft, daß er in einer Sekunde 432 Schwingungen hat. Eine Stimmgabel, die einen Ton mit 432 Hz erzeugt, schwingt 432mal in der Sekunde hin und her. Für eine ganze Schwingung braucht diese Stimmgabel 1/432 Sekunden, die Schwingung dauert somit 0,002 315 Sekunden. Die nächsttiefere Oktave von 432 Hz entspricht dem Ton mit 216 Hz, die nächsttiefere entspricht dem Ton mit 108 Hz; die Schwingungszeiten sind in unserem Beispiel in den tieferen Oktaven 0,004 630 Sekunden, respektive 0,009 260 Sekunden. Man sieht: Wenn die Frequenz halbiert wird, verdoppelt sich die Schwingungszeit (dieses Phänomen nennt man umgekehrt proportional).

Soll nun eine astronomische Periode von der Dauer a und der Frequenz 1/a in den hörbaren Bereich oktaviert werden, dann empfiehlt es sich, die Periode a in Sekunden umzurechnen, davon dann den Kehrwert (1/a) zu bilden und diesen so oft mit 2 zu multiplizieren, bis man im gewünschten Frequenzbereich angelangt ist. Will ich eine Zahl 30mal mit 2 multiplizieren, so kann ich sie einfach auch mit 2^{30} multiplizieren. Ist eine Zahl zum Beispiel n-mal mit 2 zu multiplizieren, so ist sie mit 2^n zu multiplizieren.

Die allgemeine Formel zur Berechnung der Oktavtöne astronomischer Perioden lautet somit:

$$(1 : a) \cdot 2^n = f$$

a = Periodendauer, n = Oktavzahl und f = Frequenz des gewünschten Tones.

Die Schwingungen des Tages

Ein mittlerer Sonnentag hat 24 Stunden, das entspricht genau 86 400 Sekunden. Ein Sterntag dauert 23 Stunden, 56 Minuten und 4,09054 Sekunden, das entspricht genau 86 164,090 54 Sekunden. So steht es in jedem astronomischen Fachbuch, doch in Wahrheit ist dies nicht die Länge des Sterntages, sondern die Länge eines tropischen Äquinoktialtages, doch man nennt ihn, unrichtigerweise, allgemein einen siderischen Tag. Der Längenunterschied zwischen einem echten Sterntag und einem Äquinoktialtag ist sehr gering und macht nur 0,009 Sekunden aus.

Die Länge des siderischen Tages wird errechnet aus der Länge des siderischen Jahres. Die Länge des siderischen Jahres ist gleich 31 558 149,54 Sekunden, und somit ist die Länge des siderischen Tages:

31 558 149,54'' : (31 558 149,54'' + 86 400'') · 86 400'' = 86 164,0997''

Die Länge des tropischen Äquinoktialtages wird errechnet aus der Länge des tropischen Jahres. Die Länge des tropischen Jahres ist gleich 31 556 925,9747", und somit ist die Länge des tropischen Äquinoktialtages:

31 556 925,9747'' : (31 556 925,9747'' + 86 400'') · 86 400'' = 86 164,09054''

Zeitangabe und Oktavzahl	*mittlerer Sonnentag*	*»Sterntag« (Äquinoktialtag)*
Zeit	86 400 Sekunden	86 164,09054 Sekunden
Frequenz	0,000 011 574 074 Hz	0,000 011 605 763 Hz
16. Oktave in Hz	0,758 519 Hz	0,760 595 Hz
in Anschlägen pro Minute	45,511 111	45,635 716
24. Oktave in Hz	194,180 740 Hz	194,712 390 Hz
65. Oktave in Billionen Hz	$427,008 \cdot 10^{12}$ Hz	$428,177 \cdot 10^{12}$ Hz
und die zugehörige Wellenlänge in Nanometer	702,077 Nanometer	700,160 Nanometer

Erläuterungen zu den Wetterfrequenzen

Original-Spherics-Frequenzen in Hz	*Intervallfaktoren (auf 4 Stellen gerundet)*					
	4150,84	6226,26	8301,26	10377,10	12452,52	28018,17
4150,84	1					
6226,26	1,5	1				
8301,26	2	1,333	1			
10377,10	2,5	1,667	1,25	1		
12452,52	3	2	1,5	1,2	1	
28018,17	6,75	4,5	3,375	2,7	2,25	1
49810,08	12	8	6	4,8	4	1,778

Es zeigt sich, daß die gemessenen Wetterfrequenzen (*Spherics*) in außerordentlich starker harmonischer Beziehung zueinander stehen. Mit einer einzigen Ausnahme sind alle Verhältnisse der Frequenzen ganz analog zu einfachen musikalischen Proportionen.

Die Intervallverhältnisse 2, 4 und 8 geben das Oktavverhältnis wieder (über eine und über mehrere Oktaven).

Die Intervallverhältnisse 1,5, 3, 6 und 12 geben das Quintverhältnis wieder (über eine und über mehrere Oktaven).

Die Intervallverhältnisse 1,25 und 2,5 geben das Groß-Terz-Verhältnis wieder (in der Grundoktave und in der ersten Oberoktave).

Das Intervallverhältnis 1,333 gibt das Quartverhältnis in der Grundoktave an.

Das Intervallverhältnis 1,667 gibt das natürliche Groß-Sext-Verhältnis in der Grundoktave an.

Die Intervallverhältnisse 3,375 und 6,75 geben das pythagoreische Groß-Sext-Verhältnis in der ersten und in der zweiten Oberoktave an.

Die Intervallverhältnisse 2,25 und 4,5 geben das natürliche Ganztonverhältnis in der ersten und zweiten Oberoktave wieder.

Die Intervallverhältnise 1,2 und 4,8 geben das natürliche Klein-Terz-Verhältnis in der Grund- und zweiten Oberoktave wieder.

Das Intervallverhältnis von 1,778 entspricht dem Schwingungsverhältnis der verminderten Septime.

Einzig dem Verhältnis 2,7 kann man kein klassisches diatonisches Intervallverhältnis zuordnen.

Transponiert man die *Spherics*-Frequenzen in den hörbaren Bereich, wie auch die Frequenzen des siderischen Tages, und vergleicht die Übereinstimmung von den Frequenzen der Spherics-Oktavtöne mit den Frequenzen einer diatonischen siderischen Tagestonleiter, so zeigt sich deutlich, daß das Oktavgesetz hier seine physikalische Auswirkung hat.

Original-Spherics-Frequenzen	*Spherics-Frequenzen : 2^5*	*Diatonische Töne aus der Tagestonleiter*	*Über-einstimmung in %*
4150,84	129,714	129,808	0,073 %
6226,26	194,571	194,712	0,073 %
8301,26	259,414	259,617	0,078 %
10377,10	324,284	324,521	0,073 %
12452,52	389,141	389,425	0,073 %
28018,17	875,568	876,206	0,073 %
49810,08	1556,565	1557,699	0,073 %

Es zeigt sich, daß die Tonleiter, die diatonisch auf dem Tageston aufgebaut ist, mit einer Abweichung, die geringer als 1 Promille ist, mit den Oktavfrequenzen der Spherics übereinstimmt.

Es kann hier nicht mehr von Zufall gesprochen werden, sondern man kann deutlich sehen, daß die Rotation der Erde und die Spherics-Frequenzen in ursächlichem Zusammenhang stehen; das verbindende physikalische Gesetz ist das Gesetz der Oktave.

Die Schwingung des Jahres

Die Länge des tropischen Jahres ist von der »Internationalen Astronomen-Union« (IAU) fest definiert worden und beträgt 31 556 925,9747 Sekunden. Das entspricht 365,242 198 79 Tagen.

Das siderische Jahr hat eine Länge von 31 558 149,54 Sekunden, entsprechend 365,256 360 42 Tagen.

	Tropisches Jahr	*Siderisches Jahr*
Länge in Tagen	365,242 198 79 d	365,256 360 42 d
Länge in Sekunden	31 556 925,9747 sec	31 558 149,54 sec
Ton in der 32. Oktave	136,102 208 Hz	136,096 931 Hz
Frequenz in der 74. Okt. (Sichtbereich)	598,584 · 10^{12} Hz	598,561 · 10^{12} Hz
dazugehörige Wellenlänge in Nanometer	500,837 Nanometer	500,857 Nanometer

Die Zeitdifferenz von tropischem und siderischem Jahr beträgt 1 223,57 sec, das sind 20 Minuten und 23,57 Sekunden.

Der Frequenzunterschied in der 32. Oktave beträgt nur 0,005 277 Hz, was weit unterhalb des akustisch Wahrnehmbaren liegt. Man kann darum für das siderische Jahr von einer Frequenz von 136,10 ausgehen, wie auch für das tropische Jahr.

Die Schwingung des platonischen Jahres

Es ist eine Streitfrage zwischen den Harmonikern und Astronomen, wie lange eigentlich ein platonisches Jahr währt. Der historische Wert liegt bei 25 920 Jahren, in modernen Lexika kann man hingegen Zahlen lesen wie 25 780 oder auch 25 790 Jahre, zuweilen findet man auch noch andere Angaben. Woher rührt dieser Unterschied?

Das platonische Jahr ist in seiner Länge von der Schiefe der Ekliptik abhängig, und diese ist nicht konstant, sondern variabel. Sie hatte zum Beispiel am 1. Januar 1983 einen Winkel (Inklination) von : 23 ° 26' 29,38", am 1. Januar 1982 einen von 23 ° 26' 29,84".

Die Schiefe der Ekliptik wird heute im allgemeinen nach der Formel von Newcomb berechnet.

Es ist T die Anzahl der Jahrhunderte nach 1900, für den 1. Juli 1984 z.B. ist T etwa 0,845. σ ist die Schiefe der Ekliptik (Inklination), Angabe in Dezimalgrad.

$$\sigma = 23{,}445788 - 0{,}0130139 \cdot T - 0{,}00000091 \cdot T^2 + 0{,}000000506 \cdot T^3$$

Im Jahre 700 v. Chr. hatte die Schiefe der Ekliptik eine Inklination von 23°47'15,36", im Jahre 200 v. Chr. 23°43'24,6".

Die Wanderung des Frühlingspunktes ist der astronomische Zeiger für das platonische Jahr. Derzeit wandert der Frühlingspunkt jährlich durchschnittlich 50,2564" rückläufig in der Ekliptik. Das platonische Jahr hätte somit derzeit eine oskulierende Länge von:

$$360° : 0°0'50{,}2564'' = 25787{,}8 \text{ Jahre}$$

Das oskulierende Element des Frühlingspunktes kann auf Grund alter Sternbeobachtungsaufzeichnungen genau berechnet werden. Dazu sei in diesem Fall der Stern Alpha Leonis, der hellste Stern im Sternbild Löwe, als Beispiel herangezogen (Angaben nach Paul Ahnerts astronomischem Kalender für Sternenfreunde).

Jahr	Länge von Alpha Leonis (in Grad)	Längendifferenz pro Jahrtausend (in Grad)	Durchschnittliche jährliche Bewegung	Oskulierende Länge des plat. Jahres
−3000	80,7°			
		13,7°	49,32"	26277
−2000	94,4°			
		13,7°	49,32"	26277
−1000	108,1°			
		13,8°	49,68"	26087
0	121,9°			
		13,9°	50,04"	25899
1000	135,8°			
		14,0°	50,40"	25714
2000	149,8°			

Es zeigt sich, wenn man die eingeschränkte Genauigkeit der jahrtausendealten Beobachtungen berücksichtigt, daß der Frühlingspunkt recht regelmäßig immer etwas schneller wandert. Dies ist jedoch nur temporärer Natur, die Berechnungen zeigen, daß er mutmaßlich in einigen zehntausend Jahren wieder langsamer wandern wird. Derzeit ist die Beschleunigung des Frühlingspunktes etwa durch folgende Formel zu charakterisieren. T ist die Anzahl der Jahrhunderte nach 1900.

Angabe in Bogensekunden: $50{,}2564 + 0{,}0222 \cdot T$

Die indische Tonleiter und die Sitarstimmung

Im klassischen indischen (nordindischen) Musiksystem werden im wesentlichen 22 Tonstufen verwendet, die man *Shrutis* nennt. Aus diesen 22 Shrutis werden für eine *Raga* etwa 5 bis 9 Tonstufen ausgesucht und daraus dann eine Tonleiter gebildet, wobei die aufsteigende Tonleiter zuweilen andere Töne enthält als die absteigende.

Es gibt keine genaue Definition der Größe eines Shrutis. Die Shrutis können sehr unterschiedliche Größen haben, die üblichen Intervalle der einzelnen Shrutis sind:

1,012 500 000 = 81/80 = syntonisches Komma (+ 4 Quinten — 1 gr. Terz)
1,041 666 667 = 25/24 = kleines Chroma (— 1 Quinte + 2 gr. Terzen)
1,053 497 942 = 256/243 = pythagoreisches Limma (— 5 Quinten)
1,054 687 500 = 135/128 = großes Chroma (+ 3 Quinten + 1 gr. Terz)

In Klammern jeweils der Stimmschlüssel nach Quinten und großen Terzen, jedoch ohne Oktavangaben.

Aus diesen vier verschiedenen Shrutis werden nun die Tonleitern zusammengesetzt:

der Halbton umfaßt	2 Shrutis
der kleine Ganzton	3 Shrutis
der große Ganzton	4 Shrutis
die Quarte	9 Shrutis
die Quinte	13 Shrutis

Die Grundtonleiter ist das *Sagrâma*. Das Sagrâma ist eine Urskala, was in der indischen Musiktheorie *Mûrchana* genannt wird. Die erste Terz im Sagrâma ist eine Mollterz. Die Shrutiverteilung im Sagrâma ist die folgende:

SA	von *Sadja* (Vater der andern)	zum RI	von Risabha	sind es 3 Shrutis
RI	von *Risabha* (Stier)	zum GA	von Gândhâra	sind es 2 Shrutis
GA	von *Gândhâra* (parfümiert, Duft)	zum MA	von Madhyama	sind es 4 Shrutis
MA	von *Madhyama* (mittlerer Ton)	zum PA	von Panchama	sind es 4 Shrutis
PA	von *Panchama* (fünfter Ton)	zum DHA	von Dhaivata	sind es 3 Shrutis
DHA	von *Dhaivata* (subtil, ausgewogen)	zum NI	von Nisâda	sind es 2 Shrutis
NI	von *Nisâda* (sitzend)	zum SA	von Sadja	sind es 4 Shrutis

Das Sagrâma setzt sich folglich aus folgenden Grundintervallen zusammen: Prime, natürlicher großer Ganzton, natürliche kleine Terz, reine Quarte, reine Quinte, natürliche große Sexte, kleine Septime und Oktave.

Auf der folgenden Tabelle sind alle 22 Shrutis in ein System zusammengefaßt. Der Punkt über (unter) einer Note bedeutet, daß sie um ein syntonisches Komma erhöht (erniedrigt) ist, ein waagerechter Strich unter oder ein senkrechter Strich über der Notenbezeichnung bedeutet Erniedrigung (Erhöhung) um einen Halbton (z.B. ein großes Chroma).

Tonbezeichnung	*Hauptintervall Faktor*		*Name*	*Zwischenintervall Faktor*	*Name*
SA	1/1	1,000000	Prime		
				256/243	pythagoreisches Limma
R̲̣I̲	256/243	1,053498	Limma		
				81/80	syntonisches Komma
R̲I̲	16/15	1,066667	Halbton		
				135/128	großes Chroma
RI	9/8	1,125000	Ganzton		
				256/243	Limma
G̣A	32/27	1,185185	pyth.kl. Terz		
				81/80	syntonisches Komma
GA	6/5	1,200000	kl. Terz		
				81/80	syntonisches Komma
ĠA	243/200	1,215000	———		
				1000/972	———
G̓A	5/4	1,250000	gr. Terz		
				81/80	syntonisches Komma
G̓Ȧ	81/64	1,265625	pyth. gr. Terz		
				256/243	Limma
MA	4/3	1,333333	Quarte		
				135/128	großes Chroma
ṀA	45/32	1,406250	üb. Quarte		
				81/80	syntonisches Komma
M̓A	729/512	1,423828	Tritonus		
				81/80	syntonisches Komma
M̓Ȧ	59049/40960	1,441626	———		
				177147/81920	———
PA	3/2	1,500000	Quinte		
				256/243	Limma
D̲H̲A̲	128/81	1,580247	pyth. kl. Sexte		
				81/80	syntonisches Komma
Ḋ̲H̲A̲	8/5	1,600000	kl. Sexte		
				25/24	kleines Chroma
DHA	5/3	1,666667	gr. Sexte		
				81/80	syntonisches Komma
ḊHA	27/16	1,687500	pyth.gr.Sexte		
				256/243	Limma
NI	16/9	1,777778	kl. Septime		
				81/80	syntonisches Komma
ṄI	9/5	1,800000	kl. Septime		
				25/24	kleines Chroma
N̓I	15/8	1,875000	gr. Septime		
				81/80	syntonisches Komma
N̓İ	243/128	1,898437	pyth.gr.Sept.		
				256/243	Limma
SA	2/1	2,000000	Oktave		

1 englischer Fuß mißt genau 30,47995 Zentimeter.

Gemäß den Quellen von John Michell (»Maßsysteme der Tempel« von John Michell und Waltraud Wagner, Vechelde 1984) mißt nach Angaben von Herodot eine ägyptische Elle 1,71585 englische Fuß = 52,299 Zentimeter. Nach der gleichen Quelle entspricht laut Angaben von Plinius die Länge der ägyptischen Elle 1,72368 Fuß = 52,528 Zentimeter. Der Mittelwert der beiden Quellenwerte liegt bei 52,41 Zentimeter. Der in Kapitel 4 theoretisch errechnete Wert liegt bei 52,4767 cm, der Differenzbetrag ist gleich 0,06 cm oder etwa gleich 1/2 mm.

John Graves gibt in seinem Bericht die Maße der Königskammer der Cheopspyramide mit 17,19 mal 34,38 Fuß an. Dies entspricht 10 Ellen mal 20 Ellen. Nach Graves hätte somit die Elle 1,719 Fuß = 52,395 cm (Differenz zum theoretischen Wert: 0,8 mm).

Nach Petrie beträgt die Länge der gleichen Kammer 412,24 engl. Zoll und die Breite 206,12 engl. Zoll (1 engl. Zoll = 2,5399956 cm). Die Kammer hat also nach Petries Messung eine Länge von 10,4709 Meter und eine ägyptische Elle die Länge von 52,354 Zentimerter. Hier beträgt die Differenz etwa 1 mm zum theoretisch errechneten Wert.

Die Länge des Remen wird in Kapitel 6 »Von den Maßen der Cheopspyramide und der Kathedrale von Chartres« näher besprochen. Es sind 625 Remen gleich 231,916 Meter, was genau der Kantenlänge von Eckstein zu Eckstein der Cheopspyramiden-Grundkante entspricht ($625 = 5^4$).

Umrechnung der Längenmaße in Frequenzen

Lichtgeschwindigkeit: $v = 2{,}997925 \cdot 10^{10}\,\mathrm{cm} \cdot \mathrm{sec}^{-1}$. Es ist $2^{22} = 4\,194\,304$.

Längenmaß	*Remen*	*Elle (königliche Kube)*	*megalithisches Yard*
in cm	37,1066	52,4767	82,9730
Frequenz $\frac{v}{\text{Länge}}$	807922310 Hz	571286876 Hz	361313319 Hz
Oktavzahl	− 22	− 22	− 22
Frequenz	$\frac{807922310}{4194304}$ Hz = 192,624 Hz	$\frac{571286876}{4194304}$ Hz = 136,205 Hz	$\frac{361313319}{4194304}$ Hz = 86,144 Hz
Zum Vergleich	*Tageston* 194,181 Hz	*Jahreston* 136,102 Hz	*Ton d. plat. Jahres* 86,030 Hz
Differenz	1,557 Hz	0,103 Hz	0,114 Hz

Die Berechnung der Kulminationsperiode des Mondes erfolgt nach folgender Regel:

Die tropische Erddrehung (fälschlicherweise allgemein siderischer Tag oder Sterntag genannt) erfolgt in 86 164,090 54 Sekunden. Für 1 Grad Eigenrotation, gemessen am Frühlingspunkt, braucht somit die Erde:

86 164,090 54 sec : 360 = 239,344 696 sec

Ein tropischer Monat dauert 27 Tage, 7 Stunden, 43 Minuten und 4,7 Sekunden, das entspricht genau 2 360 584,7 Sekunden. In einem tropischen Monat rotiert die Erde

2 360 584,7 : 86 164,090 54 = 27,396 386

mal um ihre eigene Achse (gemessen am Frühlingspunkt). Pro Erddrehung wandert der Mond somit

360° : 27,396 386 = 13,140 419° = 13° 08' 25,51''

In der Zeit eines siderischen Tages wandert der Mond 13° 8' 25,51". Während die Erde sich um 1 Grad dreht, wandert der Mond

13° 08' 25,51'' : 360° = 0,036 501° = 0° 02' 11,4''

In der Zeit, in der die Erde sich um 13° 08' 25,51" dreht, wandert der Mond

13° 08' 25,51'' · 0° 02' 11,4'' = 0,479 641° = 0° 28' 46,71''

In der Zeit, in der die Erde sich um 0° 28' 46,71" dreht, wandert der Mond

0° 28' 46,71'' · 0° 02' 11,4'' = 0,017 507° = 0° 1' 3,02''

In der Zeit, in der die Erde sich um 0° 1' 3,02" dreht, wandert der Mond

0° 01' 3,02'' · 0° 02' 11,4'' = 0,000 638 953° = 0° 0' 2,3''

In der Zeit, in der die Erde sich um 0° 0' 2,3" dreht, wandert der Mond

0° 00' 02,3'' · 0° 02' 11,4'' = 0,000 023 322° = 0° 0' 0,08''

Ein solches Rechenverfahren nennt man *Iteration*. Das Intervall, das berechnet wird, wird stets kleiner, so daß man immer näher an den Punkt herankommt, an dem durch Drehung der Erde und Wanderung des Mondes das Intervall zur Kulmination des Mondes den Grenzwert Null erreicht.

An einem siderischen (tropischen Äquinoktial-) Tag dreht sich die Erde einmal um die eigene Achse. Der Mond wandert in dieser Zeit gut 13 Grad weiter. So muß sich die Erde nochmals um 13 Grad drehen, bis der Mond wieder im gleichen Meridian steht, doch in der Zwischenzeit wandert der Mond wieder weiter, und so muß sich die Erde noch ein klein wenig weiterdrehen, bis der wandernde Mond schließlich durch den Meridian geht. Die Erde dreht sich von einer Mond-Kulmination bis zur nächsten (durchschnittlich):

$$\begin{array}{r} 360°\,00'\,00{,}00'' \\ 13°\,08'\,25{,}51'' \\ 0°\,28'\,46{,}71'' \\ 0°\,01'\,03{,}02'' \\ 0°\,00'\,02{,}30'' \\ 0°\,00'\,00{,}08'' \\ \hline 373°\,38'\,17{,}63'' \end{array}$$

Da der Rotation von einem Grad die Zeit von 239,344 696 Sekunden entspricht, dauert eine Kulminationsperiode des Monats im Schnitt:

$$373°\,38'\,17{,}63'' \cdot 239{,}344\,696 \text{ sec} = 89\,428{,}3287 \text{ sec}$$

In bürgerlicher Zeit dauert somit die Kulminationsperiode des Mondes:

24 Stunden 50 Minuten 28,33 Sekunden

Der dieser Periode entsprechende musikalische Ton hat die Frequenz:

$$1 / 89\,428{,}3287 \text{ sec} \cdot 2^{24} = 187{,}605 \text{ Hz}$$

Dies ist ein mittlerer Wert, da der Mond wegen seiner exzentrischen Bahn recht unterschiedliche Bahngeschwindigkeiten hat. So schwankt die Kulminationsperiode in einem Bereich von plus oder minus bis zu 10 Minuten.

Das dritte Keplersche Gesetz und die Gravitation

Das erste Gesetz, das Kepler entdeckte, lautet: Die Planeten bewegen sich auf Ellipsen, in deren einem Brennpunkt die Sonne steht. Das zweite Gesetz besagt, daß die Verbindungslinie Sonne-Planet, auch Fahrstrahl oder Radiusvektor genannt, in gleichen Zeitabschnitten gleiche Flächen überstreicht. Das dritte Gesetz besagt, daß die Quadrate der Umlaufzeiten u der Planeten sich wie die Kuben (3. Potenz) ihrer mittleren Entfernungen a verhalten. Es sei die Umlaufzeit eines Planeten u1 und diejenige eines anderen Planeten u2, und die mittleren Entfernungen entsprechen a1 und a2, dann gilt:

$$P = (u1)^2 \cdot (a1)^{-1} = (u2)^2 \cdot (a2)^{-3} \qquad (I)$$

wobei P ein konstanter Wert ist. Auf Grund des zweiten Planetengesetzes von Kepler lieferte Isaac Newton den Beweis, daß die Planetenbewegung in einer Ellipse unter Einhaltung des Flächensatzes zum $1/r^2$-Gesetz führt und daß umgekehrt diesem Abstandgesetz im allgemeinen Falle als Bahnkurve ein Kegelschnitt (die Ellipse ist ein Kegelschnitt) mit Zentralmasse im Brennpunkt entspricht. Die Anziehungskraft zweier Massen beträgt:

$$K = \gamma \cdot (m1) \cdot (m2) \cdot (r)^{-2} \qquad (II)$$

wobei m1 und m2 die sich anziehenden Massen sind, r der Abstand der Schwerpunkt der Massen und γ die Gravitationskonstante ist.

$$\gamma = 6{,}6740 \cdot 10^{-8}\, cm^3 \cdot g^{-1} \cdot sec^{-2}$$

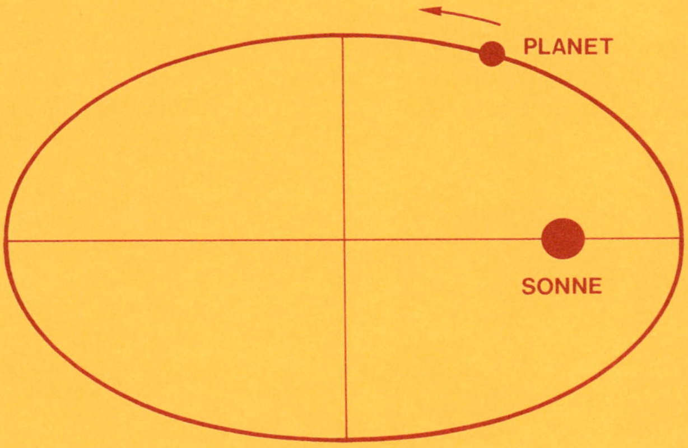

Abb. 47
Das erste Keplersche Gesetz besagt, daß die Planeten sich in Ellipsenbahnen um die Sonne bewegen, wobei die Sonne in einem Brennpunkt dieser Ellipsen steht.

Das dritte Keplersche Gesetz unter Berücksichtigung der Newtonschen Gravitationstheorie lautet dann:

$$P = (M + m1) \cdot (u1)^2 \cdot (a1)^{-3} = (M + m2) \cdot (u2)^2 \cdot (a2)^{-3} \qquad \text{(III)}$$

wobei u1 die Umlaufzeit des einen Planeten, a1 seine mittlere Entfernung von der Sonne und m1 seine Masse ist und entsprechend u2, a2 und m2 die Werte des andern Planeten bedeuten. M ist die Sonnenmasse.

In astronomischen Jahrbüchern wird zumeist nicht nur die Umlaufzeit der Planeten angegeben, sondern die mittlere tägliche Bewegung n. Die Umrechnung von Umlaufzeit u in mittlere tägliche Bewegung n lautet:

$$u^{-1} \cdot 360° = n \quad \text{(IV)} \qquad \text{bzw. } n^{-1} \cdot 360° = u \quad \text{(V)}$$

Das dritte Keplersche Gesetz lautet, ausgedrückt mit der mittleren täglichen Bewegung unter Einbeziehung der Gravitationskraft, durch Einsetzen von Gleichung (IV) in Gleichung (III) und Umformung folgendermaßen:

$$a^3 \cdot n^2 = k^2 \cdot (1 + m) \qquad \text{(VI)}$$

wobei a der mittlere Abstand des Planeten von der Sonne ist, in Astronomischen Einheiten gemessen (AE), n die mittlere tägliche Bewegung, in Bogengrad gemessen, m die Masse des Planeten in Sonnenmasseneinheiten und k eine Konstante, die sogenannte Gaußsche Gravitationskonstante, die in Bogengrad mit 0,985 607 668 6 angegeben wird. Der genaue Wert in Bogensekunden beträgt: 3 548,187 606 965 1 Bogensekunden. In der Tabelle Seite 210 sind in der ersten Zahlenspalte die mittleren Abstände der Planeten Merkur bis Saturn aufgelistet, der Wert von a ist in Astronomischen Einheiten (AE) angegeben. Die Planeten

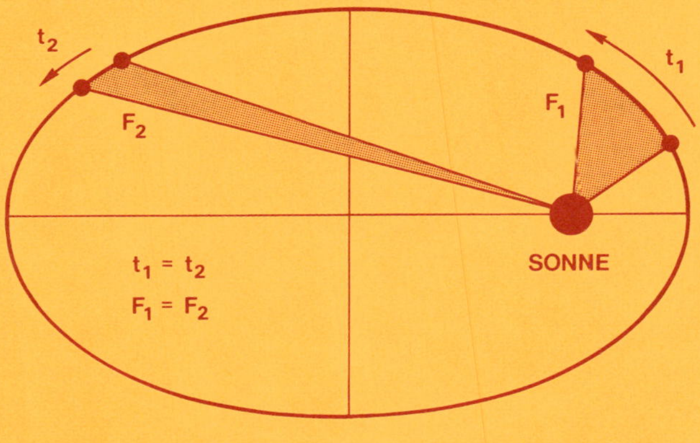

Abb. 48
Das zweite Keplersche Gesetz besagt, daß die Verbindungslinie Sonne-Planet, auch Fahrstrahl oder Radiusvektor genannt, in gleichen Zeitabschnitten gleiche Flächen überstreicht. t ist ein Zeitintervall bestimmter Länge, F ist die in diesem Zeitintervall überstrichene Fläche.

Merkur bis Saturn sind diejenigen, die zu Keplers Zeiten bekannt waren und die man mit dem Auge, auch ohne Fernrohr, sehen kann. In der zweiten Spalte steht die mittlere tägliche Bewegung n in Bogengrad, in der dritten Spalte die Massen der Planeten in Sonnenmassen, in der vierten Spalte ist der Ausdruck $(a^3 \cdot n^2)$ angegeben, und in der fünften Spalte steht der Wert von k. Es zeigt sich, daß der Ausdruck in der vierten Spalte nicht konstant ist, sondern bei Jupiter und Saturn vom Mittelwert abweicht. Dies rührt von der relativ großen Masse dieser beiden Planeten her. Da der Wert von

$$a^3 \cdot n^2 = k^2 \cdot (1 + m)$$

ist, muß $a^3 \cdot n^2$ noch durch $1 + m$ dividiert werden, um zu einem konstanten Wert zu gelangen. Der Wert k^2 bzw. k ist dann konstant. Dieser Wert von k wird allgemein, wie schon erwähnt, Gaußsche Gravitationskonstante genannt.

Die mittlere Bahngeschwindigkeit der Planeten v wird errechnet nach der Formel:

$$v = 2 \cdot \pi \cdot a \cdot u^{-1} \text{ mit der Maßeinheit AE} \cdot d^{-1} \qquad \text{(VII)}$$

wobei $AE \cdot d^{-1}$ Astronomische Einheiten pro Tag bedeutet. Mit der mittleren täglichen Bewegung ausgedrückt, durch Einsetzen von Gleichung (V) in Gleichung (VII), lautet dann die neue Gleichung:

$$v = 2 \cdot \pi \cdot a \cdot n \cdot (360°)^{-1} \text{ AE} \cdot d^{-1} \qquad \text{(VIII)}$$

$$v = a \cdot n \cdot \pi \cdot (180°)^{-1} \text{ AE} \cdot d^{-1} \qquad \text{(IX)}$$

Multipliziert man diesen Wert mit der Anzahl der Kilometer, die eine AE ausmachen, 149 597 870, erhält man die Bahngeschwindigkeit in km pro Tag, dividiert

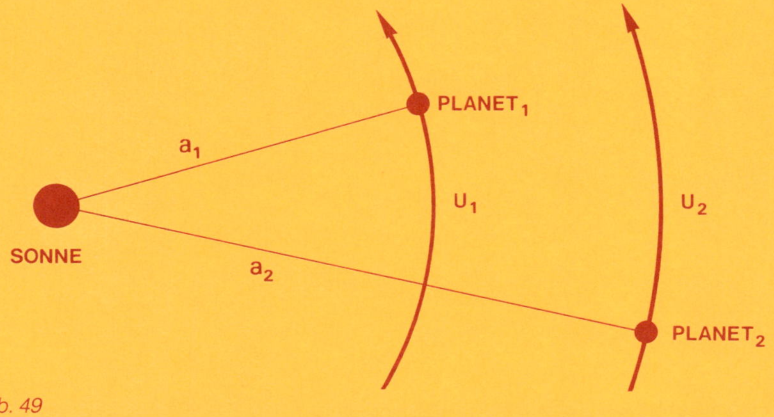

Abb. 49
Das dritte Keplersche Gesetz besagt, daß die Quadrate der Umlaufzeiten u der Planeten sich wie die Kuben (3. Potenz) ihrer mittleren Entfernungen a von der Sonne verhalten.

Planet	*(a)*	*(n)*	*(m)*	$a^3 \cdot n^2$	*(k)*
Merkur	0,38710	4,09234	$1{,}59 \cdot 10^{-7}$	0,9714	0,9856
Venus	0,72333	1,60213	$2{,}45 \cdot 10^{-6}$	0,9714	0,9856
Erde	1,00000	0,98561	$3{,}00 \cdot 10^{-6}$	0,9714	0,9856
Mars	1,5269	0,52403	$3{,}22 \cdot 10^{-7}$	0,9714	0,9856
Jupiter	5,20280	0,08309	$9{,}56 \cdot 10^{-4}$	0,9723	0,9856
Saturn	9,53884	0,03346	$2{,}86 \cdot 10^{-4}$	0,9717	0,9856

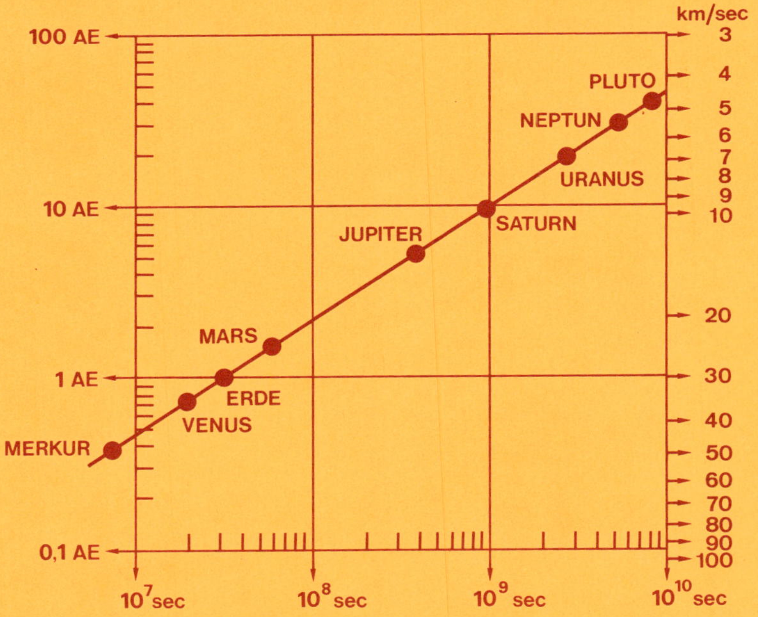

Abb. 50
Oben eine Tabelle zur Veranschaulichung des dritten Keplerschen Gesetzes und der Gravitation. Erläuterungen siehe Seiten 207 bis 209. Unten eine doppeltlogarithmische Darstellung des Sonnensystems. Erläuterung dazu siehe Seite 211 oben.

man dann diesen Wert durch die Anzahl der Sekunden eines mittleren Sonnentages (Kalendertages), deren Zahl 86 400 ist, erhält man die Bahngeschwindigkeit in $km \cdot sec^{-1}$. Der Umrechnungsfaktor von $AE \cdot d^{-1}$ in $km \cdot sec^{-1}$ ist somit:

$$1{,}49597870 \cdot 10^8 \cdot 86400^{-1} = 1731{,}4568 \qquad (X)$$

Die Abbildung auf Seite 210 zeigt eine doppeltlogarithmische Darstellung des Sonnensystems. Die untere Skala gibt die Umlaufzeiten der Planeten in Sekunden an, die linke Seite den mittleren Abstand der Planeten von der Sonne (in Astronomischen Einheiten), und die rechte Seite zeigt die Bahngeschwindigkeit in Kilometern pro Sekunde. Verbindet man in diesem System die Lage der Planeten miteinander, so reihen diese sich alle entlang einer Geraden auf. Durch diese doppeltlogarithmische Darstellung der Planetenabstände, der Umlaufzeiten wie auch der Planetengeschwindigkeiten kommt die dem Sonnensystem innewohnende kosmische Ordnung sehr deutlich zum Ausdruck. Natürlich gilt diese Art von Ordnung nicht nur für unser Sonnensystem, sondern auch für jedes andere gleichartige System.

Von der Gravitationslänge der Sonne und von Schwarzen Löchern

Man denke sich einen punktförmigen Planeten, der mit Lichtgeschwindigkeit um eine sich punktförmig gedachte Sonne kreist (genaugenommen *beinahe* mit Lichtgeschwindigkeit, doch die Planetengeschwindigkeit soll nur geringfügig geringer sein als die Lichtgeschwindigkeit). Weiter soll der gedachte Planet eine sehr kleine Masse haben, so daß dieselbe gegenüber der Sonnenmasse vernachlässigt werden kann. Wie im vorigen Abschnitt gezeigt worden ist, gelten folgende Beziehungen:

$$v = a \cdot n \cdot \pi \cdot (180°)^{-1} \text{ in } AE \cdot d^{-1} \qquad (IX)$$

und

$$a^3 \cdot n^2 = k^2 \cdot (1 + m) \qquad (VI)$$

Bekannt sind folgende Stücke in diesen beiden Gleichungen:

$v = 2{,}997925 \cdot 10^{10}\ cm \cdot sec^{-1}$; $k = 0{,}9856076686$ Grad; $\pi = 3{,}14159265...$

und m, das vernachlässigbar klein ist, das heißt, im folgenden wird $m = 0$ gesetzt, bzw. wird aus den Gleichungen gestrichen $(1 + m) = 1$. Gesucht sind a, die mittlere Entfernung vom Schwerpunkt der Sonne, und n, die mittlere tägliche Bewegung. Gleichung (IX) nach n aufgelöst, ergibt:

$$n = v \cdot (180°) \cdot a^{-1} \cdot \pi^{-1} \qquad (XI)$$

Gleichung (XI), in Gleichung (VI) eingesetzt, mit m lim → 0 ergibt:

$$a^3 \cdot v^2 \cdot (180°)^2 \cdot a^{-2} \cdot \pi^{-2} = k^2 \qquad \text{(XII)}$$

$$= a \cdot a^2 \cdot v^2 \cdot (180°)^2 \cdot a^{-2} \cdot \pi^{-2} = k^2$$

In dieser Gleichung kürzt man a^2 und löst dann die Gleichung nach a auf:

$$a = k^2 \cdot \pi^2 \cdot v^{-2} \cdot (180°)^{-2} \qquad \text{(XIII)}$$

Beim Einsetzen der Zahlenwerte in diese Gleichung muß beachtet werden, daß die Einheiten übereinstimmen, v wird in Astronomischen Einheiten pro Tag angegeben, da n die mittlere tägliche Bewegung ist und die Konstante k für Astronomische Einheiten gegeben ist, deshalb wird die Maßzahl der Lichtgeschwindigkeit $2{,}997\,925 \cdot 10^{10}$ durch die Maßzahl der Astronomischen Einheiten in Zentimetern $1{,}495\,978\,7 \cdot 10^{13}$ geteilt und hernach mit 86 400 (Zahl der Sekunden des Tages) multipliziert.

$$v = 2{,}997\,925 \cdot 10^{10}\,\text{cm} \cdot \text{sec}^{-1}$$

$$= 2{,}003\,989 \cdot 10^{-3}\,\text{AE} \cdot \text{sec}^{-1} = 173{,}144\,658\ \text{AE} \cdot \text{d}^{-1}$$

Die Zahlenwerte mit übereinstimmenden Maßeinheiten werden in Gleichung (XIII) eingesetzt:

$$a = 0{,}985\,607\,668\,6^2 \cdot 3{,}141\,592\,654^2 \cdot 173{,}144\,658^{-2} \cdot 180^{-2} \cdot 1\ \text{AE}$$

$$a = 9{,}870\,625\,8 \cdot 10^{-9}\,\text{AE} =$$

$$1{,}476\,624\,6\ \text{km} = 1\,476{,}624\,6\ \text{m} = 1{,}476\,624\,6 \cdot 10^5\,\text{cm}$$

Gemäß Geleichung (VI) gilt folgende Beziehung:

$$n^2 = k^2 \cdot a^{-3} \quad \text{(VIa)} \qquad \text{und somit } n = k \cdot a^{-1,5} \qquad \text{(VIb)}$$

Setzt man nun die Werte k und a (aus Gleichung XIV) in Gleichung (VIb) ein, so ergibt das eine mittlere tägliche Bewegung von:

$$n = 0{,}985\,607\,668\,6 \cdot (9{,}870\,625\,8 \cdot 10^{-9}\,\text{AE})^{-1,5}$$

$$n = 1{,}005\,048\,5 \cdot 10^{12}$$

Das entspricht einer Umlaufzeit von:

$$u = n^{-1} \cdot 360° = 3{,}581\,916\,5 \cdot 10^{-10}\,\text{Tagen} = 3{,}094\,775\,9 \cdot 10^{-5}\ \text{Sekunden}$$

bzw. der Frequenz von:

$$f = u^{-1} = 32\,312{,}52\ \text{Hz}$$

Es zeigt sich hier, daß für den im Gedankenexperiment vorgestellten punktförmigen Planeten, der um eine punktförmige Sonne kreist, ein Mindestabstand von etwa 1,5 km von der Sonne gegeben ist. Dies gilt zumindest für unser Sonnensystem, bzw. für jede Sonne mit der Masse unserer Sonne. Dieser Mindestabstand wird in der Physik und in der Astronomie als Gravitationslänge (R_o) bezeichnet. Die oben aufgeführte Berechnungsmethode ist nicht die allgemein übliche (die im folgenden kurz besprochen werden soll), ist dafür aber ohne Kenntnis der Relativitätstheorie herleitbar, und die verwendeten physikalischen Voraussetzungen sind leicht für jedermann nachprüfbar, auch ohne Studium der Physik oder Astronomie an einer Hochschule.

Albert Einstein, der die Relativitätstheorie entwickelte, kam auf die folgende, inzwischen auch vielen Laien bekannte Gleichung:

$$E = m \cdot c^2$$

Dies besagt, daß die Energie E gleich dem Produkt aus der Masse m und dem Quadrat der Lichtgeschwindigkeit ist (Lichtgeschwindigkeit = c). Es liegt nun beispielsweise nahe, die Länge zu ermitteln, wenn man die Gravitationsenergie eines Körpers gleich $m \cdot c^2$ setzt:

$$\gamma \cdot m^2 \cdot (R_o)^{-1} = m \cdot c^2 \quad \text{(XV)}$$

$$R_o = \gamma \cdot m \cdot c^2 \quad \text{(XVa)}$$

wobei $\gamma = 6{,}6740 \cdot 10^{-8}\ cm^3 \cdot g^{-1} \cdot sec^{-2}$ die Gravitationskonstante ist, m die Masse des Körpers, in unserem Fall die Masse der Sonne, $m = 1{,}989 \cdot 10^{33}$ g und $c = 2{,}997\,925 \cdot 10^{10}\ cm \cdot sec^{-1}$. R_o ist die gesuchte Gravitationslänge der Sonne. Durch einfaches Einsetzen der Zahlenwerte in Gleichung (XV) bzw. in Gleichung (XVa) erhält man:

$$R_o =$$

$$6{,}6740 \cdot 10^{-8} cm^3 \cdot g^{-1} \cdot sec^{-2} \cdot 1{,}989 \cdot 10^{33} g \cdot (2{,}997\,925 \cdot 10^{10} cm \cdot sec^{-1})^{-2}$$

$$R_o = 1{,}476\,996 \cdot 10^5 cm = \text{etwa } 1{,}477 \text{ Kilometer}$$

Man sieht sofort, daß dieser Wert mit dem zuvor ausgerechneten Wert für a für den Planetenabstand im Gedankenexperiment übereinstimmt. Daß die Zahlenwerte ab der fünften Stelle voneinander abweichen, liegt daran, daß die Maßzahl für die Sonnenmasse sowie die Gravitationskonstante heute nur auf vier Stellen genau mit Sicherheit bekannt sind. Aus der allgemeinen Relativitätstheorie folgt, daß die Gravitationslänge R_o eine fundamentale Bedeutung hat. Es stellt sich nämlich heraus, daß Lichtsignale (Photonen) nicht aus den Oberflächen von Körpern austreten können, deren Radius R kleiner oder gleich der Gravitationslänge R_o ist. Ein solcher Körper absorbiert jedes auf ihn zukommende Lichtsignal und strahlt selbst kein Licht aus. Darum nennt man solche Körper Schwarze Löcher.

Die englischen Längenmaße und ihre metrische Umrechnung

1 Meile = 8 Furlongs = 1760 Yards = 5 280 Feet = 63 360 Inches = 1,609 341 212 km
1 Furlong = 220 Yards = 660 Feet = 7 920 Inches = 201,167 652 m
1 Yard = 3 Feet = 36 Inches = 0,914 398 416 m
1 Foot = 12 Inches = 0,304 799 472 m
1 Inch = 0,025 399 956 m

Die deutschsprachigen Bezeichnungen sind:
Furlong = Achtelmeile, Yard = Doppelelle, Foot = Fuß und Inch = Zoll.

Für die Kreiszahl π = 3,141 592 653 58... wurden im Altertum folgende Näherungen verwendet:

Archimedes	22/7	= 3,142 857 142 85...	Abweichung: 0,040 %
Babylonien	25/8	= 3,125 000 000 00	Abweichung: 0,531 %
Ägypten	256/81	= 3,160 493 827...	Abweichung: 0,602 %

Zur Länge des Meters: Das Meter ist definiert als Längenmaßeinheit, wobei ein Meter genau der 10 000 000. Teil eines Meridianquadranten sein soll. Es ist der Meridianumfang nach Angaben der Int. Union für Geodäsie und Geophysik (Angabe von 1967) 40 007,814 km, nach dem Forscher Clarke beträgt der Meridianumfang 40 009,150 km. Das Meter ist nach diesen neueren Messungen zu kurz geraten und müßte um den Faktor 1,000 195 bzw. 1,000 229, das heißt um etwa 0,2 mm verlängert werden, damit es dem Anspruch genügen könnte, der 40 000 000. Teil des Merdianumfangs zu sein. Diese Beobachtungen decken sich recht genau mit den Angaben von Berroth (1943), der als Mittelwert aus den verschiedenen Beobachtungen der Erdkonstanten den Meridianquadranten mit 10 002,29 ± 0,08 km angab.

Kurt E. Kocher schreibt in seinem Buch »Macht euch die Erde untertan, die Teilung von Zeit und Raum seit der Steinzeit« [32, S. 29, S. 32 f], daß man wohl den Erdumfang vor langer Zeit durch 11! geteilt habe (11! = 39 916 800). Bei einem Äquatorumfang von 40 075 180 m würde das zu einem Maß führen mit der Länge von:

$$40\,075\,180 \text{ m} : 39\,916\,800 = 1{,}003\,968 \text{ m}$$

Im folgenden soll dieses Maß im Unterschied zum Meter »Altmeter« genannt werden. 1 Meter = 0,996 048 Altmeter und 1 Altmeter = 1,003 968 Meter. Der Äquatorumfang mißt genau 11! Altmeter.

Die Cheopspyramide mißt dann genau 231 Altmeter an jeder Grundkante von Eckstein zu Eckstein. Es ist nämlich 11! : (2 · 86 400) = 231. Bemerkenswert ist, daß 231 die Summe aller natürlichen Zahlen bis 21 ist. Und es ist auch 21 · 11 = 231.

Entsprechend dem Altmeter gibt es auch ein Altfuß. Die Zahl der Bogensekunden des Kreises ist $360 \cdot 60 \cdot 60 = 1\,296\,000$. Der Altfuß entspricht dem griechischen Fuß. Es ist $11! : 1\,296\,000 = 30{,}8$. Es sind 30,8 Altmeter gleich 100 Altfuß à 30,8 Altzentimetern entsprechend 30,922 bürgerlichen Zentimetern. 750 Altfuß sind genau 231 Altmeter = Grundkante der Cheopspyramide. Peter Tompkins weist in seinem Buch »Cheops. Die Geheimnisse der Großen Pyramide« auf dieses Maß hin.

Es ist $11! = 7920 \cdot 5040$. Es ist 7 920 die Zahl der Meilen des Erddurchmessers, 5040 die Summe der Radien von Erde und Mond in Meilen. $7! = 5\,040$. $11! : 7! = 7\,920$. Die 11! ist in dem alten Maßsystem eng verwoben.

Es verhält sich der Durchmesser der Erde zum Durchmesser des Mondes wie $7\,920 : 2\,160 = 11 : 3$.

Der englische Fuß scheint auch vom Erdäquator abgeleitet zu sein. Teilt man einen Bogengrad vom Äquator (1/360 vom Äquator) durch die Zahl der Tage des tropischen Jahres, erhält man die Länge von 1000 englischen Fuß.

$$40\,075\,180 \text{ m} : (360 \cdot 365{,}242\,198) = 1000 \cdot 0{,}304\,783\,91 \text{ m}$$

Der bürgerliche englische Fuß mißt: 0,304 799 472 m. Die Differenz zwischen dem bürgerlichen englischen Fuß und dem theoretisch errechneten Fuß ist kleiner als 2 Hundertstel Millimeter, denn es ist:

$$0{,}304\,799\,472 \text{ m} - 0{,}304\,783\,91 \text{ m} = 0{,}000\,015\,56 \text{ m}$$

Der Grad der Übereinstimmung ist wesentlich besser als beim Meter (im Verhältnis zu seiner Definition zur Zeit seiner Einführung). Obwohl der Fuß viel länger in Gebrauch ist als das metrische Maß, ist seine Beziehung zur Erdgröße um ein Vielfaches genauer. Der Abweichungskoeffizient ist beim Meter: 0,02 %, beim Fuß 0,005 %.

Es gilt somit: 1 engl. Fuß $\cdot\, 600^2 \cdot 365{,}242\,198$ = Äquatorumfang. Ein Stadion entsprach im alten Griechenland 600 Fuß. Ein englisches Stadion würde somit 182,879 683 m messen.

Der griechische Fuß ist ebenfalls am Äquator der Erde abgemessen, dort ist:

$$1 \text{ griechischer Fuß} \cdot 600^2 \cdot 360 = \text{Äquatorumfang}$$

Ein griechischer Fuß mißt 0,309 222 m. Ein englischer Fuß verhält sich zu einem griechischen Fuß wie $360 : 365{,}242\,198 = 0{,}985\,647\,337$. Dies ist in Bogengrad die mittlere tägliche Bewegung der Sonne am Himmel. Diese hat den Wert 0,985 609 121 Grad = 0° 59' 8,193", gemessen am Fixsternhimmel, und 0,985 647 337 Grad = 0° 59' 8,330", gemessen am Frühlingspunkt. Erstaunlich, aber wahr — viele irdische Maße sind am Himmel abgelesen!

Die siderischen Töne

Im Planetensystem bewegt sich jeder Planet ziemlich genau auf einer Keplerschen Ellipse, da die andern Planeten wegen ihrer relativ kleinen Masse und ihrer großen Entfernungen nur geringe Gravitationskräfte ausüben, verglichen mit der Anziehungskraft der Sonne. Die Abweichung von der Keplerschen Ellipse, durch die gegenseitige Anziehung der Planeten verursacht, nennt man Bahnstörung. Besonders stark fallen die Bahnstörungen aus, wenn die Planeten große Massen haben und ihre Umlaufzeiten in ganzzahligen Verhältnissen liegen. Es treten dann Resonanzerscheinungen auf, die zu langperiodischen Störungen mit großer Amplitude (Schwingungsbreite) führen.

Jupiter und Saturn erfüllen beide Bedingungen für Bahnstörungen besonders deutlich. Sie haben im Planetensystem unter allen Planeten die größten Massen (Jupiter etwa die 300-, Saturn etwa die 100fache Masse der Erde), und das Verhältnis ihrer Umlaufzeiten ist etwa 2 : 5 (Groß-Terz-Verhältnis). Die Umlaufzeit des Jupiter ist 11,862 23 Jahre, die des Saturn beträgt 29,457 74 Jahre.

Es ist: $5 \cdot 11{,}862\,23 = 59{,}311\,15$ und $2 \cdot 29{,}457\,74 = 58{,}915\,48$

Die Differenz beträgt nur 0,395 67 Jahre. Das Produkt der Umlaufzeiten von Jupiter und Saturn gibt den Zeitraum an, nach welchem die beiden Planeten wieder in gleicher Position stehen. Dies ist nach 349,434 487 Jahren der Fall. Multipliziert man dieses Produkt mit dem Differenzquotienten (1 : 0,395 67 = 2,527 359), kommt man zur Periode von 883,146 Jahren. Besonders bei der ekliptikalen Länge tritt eine starke 883jährige Schwankung auf, die als »Große Ungleichheit« in der Bahnbewegung dieser beiden Planeten schon lange bekannt ist. Für Ephemeridenberechnungen sind diese Beobachtungen von großer Bedeutung und müssen genau berücksichtigt werden. Auch bei Uranus und Neptun gibt es ein ähnliches Phänomen, das jedoch nicht so ausgeprägt ist. Es ist die doppelte Umlaufzeit des Uranus gleich der Umlaufzeit des Neptun. Die Umlaufzeit des Uranus ist 84,015 29 Jahre, die des Neptun ist 164,788 30 Jahre.

$(84{,}015\,29 \cdot 2) = 168{,}030\,58$ und $168{,}030\,58 - 164{,}788\,30 = 3{,}242\,28$

Die Differenz beträgt somit 3,242 28 Jahre. Das entspricht auf 2 % genau dem Oktavverhältnis, somit gibt es auch zwischen Uranus und Neptun starke Resonanzerscheinungen und entsprechende Bahnstörungen.

Auch Neptun und Pluto stehen in recht genauem Resonanzverhältnis: Die dreifache Umlaufzeit des Neptun ist 494,3649 Jahre, die doppelte des Pluto 496,86 Jahre, die Differenz ist kleiner als 2 1/2 Jahre. Das Quintverhältnis von Neptun zu Pluto stimmt somit auf etwa 1 % genau.

Diese genauen Resonanzverhältnisse der Planetenbahnen untereinander führen zu erheblichen Bahnstörungen, die zum Teil ihre Auswirkungen über Jahrtausende zeitigen und zu stets sich verändernden Bahnelementen führen.

Die mittleren Bahnelemente der Planeten (bezogen auf das Äquinoktium 1985.0)

In der folgenden Tabelle bedeutet:

i : die Neigung der Bahnebene gegenüber der Ekliptik
Ω : die (auf die Ekliptik vom Frühlingspunkt aus gezählte) Länge des aufsteigenden Knotens der Bahn, das heißt desjenigen Punktes, in dem der Planet die Ebene der Ekliptik von Süden nach Norden überschreitet.
* : der Abstand des Perihels vom aufsteigenden Knoten plus Knotenlänge, das heißt die auf die Ekliptik projizierte Länge des Perihels.
e : die Exzentrizität der Bahnellipse
a : mittlerer Abstand von der Sonne in Astronomischen Einheiten (1 AE = 149 597 870 km)
n : mittlere heliozentrische tägliche Bewegung (in Bogensekunden)
v : mittlere Bahngeschwindigkeit in km/sec
P : mittlere siderische Umlaufzeit in Jahren

Planet	i	Ω	*	e
Merkur	7°00'15,9''	48°09'12,5''	77°13'19,2''	0,205 631
Venus	3°23'40,2''	76°32'41,2''	131°21'52,4''	0,006 781
Erde	0	0	102°40'56,5''	0,016 716
Mars	1°50'57,7''	49°26'30,2''	335°46'58,4''	0,093 391
Jupiter	1°18'12,5''	100°17'49,7''	14°04'51,6''	0,048 477
Saturn	2°29'18,3''	113°31'32,6''	92°46'45,4''	0,055 594
Uranus	0°46'23,7''	73°55'26,3''	170°25'00,8''	0,047 278
Neptun	1°46'14,1''	131°36'54,7''	44°29'36,35''	0,008 594
Pluto	17°10' (ca.)	110°12' (ca.)	224°15' (ca.)	0,253 (ca.)

Planet	a	n	v	P
Merkur	0,387 099	14 732,463	47,9	0,240 851
Venus	0,723 335	5 767,670	35,0	0,615 210
Erde	1,000 000	3 548,193	29,8	1,000 038
Mars	1,523 691	1 886,519	24,1	1,880 890
Jupiter	5,202 803	299,128	13,1	11,862 23
Saturn	9,538 843	120,455	9,6	29,457 74
Uranus	19,182 28	42,235	6,8	84,015 29
Neptun	30,057 08	21,532	5,4	164,788 30
Pluto	39,5 (ca.)	14,283	4,7	248,430 (ca.)

Himmlische Rhythmen und kosmische Pendel

Die Formel, nach der das sogenannte mathematische Pendel (Fadenpendel) berechnet wird, kann in jedem Schulbuch über Physik nachgelesen werden. Die Entdeckung dieser Formel geht auf den italienischen Forscher und Gelehrten Galileo Galilei zurück. Er erkannte als erster den Zusammenhang von Fallbeschleunigung, Pendellänge und Schwingungszeit. Es ist die Fallbeschleunigung auf der Erdoberfläche etwa 981 $cm \cdot sec^{-2}$, das heißt 981 Zentimeter pro Sekunde im Quadrat. Je nach geographischer Lage variiert dieser Wert ein wenig, doch ist die Abweichung recht gering, so daß sie hier vernachlässigt werden kann.

Es sei $g = 981\ cm \cdot sec^{-2}$ = Fallbeschleunigung; ℓ die Länge des Pendels (von der Aufhängung bis zum Schwerpunkt des Gewichtes); π die Kreiszahl 3,141 59 und T die Schwingungsdauer einer ganzen Schwingungsperiode (hin und her). Es gilt:

$$T = 2 \cdot \pi \cdot \sqrt{\frac{\ell}{g}} = 2 \cdot \pi \cdot 1^{-0,5} \cdot g^{0,5} \qquad (I)$$

In unserem Fall sind T und g bekannt, die Länge ℓ ist die gesuchte Größe, so daß die Gleichung (I) nach ℓ aufzulösen ist. Dazu wird die Gleichung zuerst quadriert:

$$T^2 = 4 \cdot \pi^2 \cdot \ell \cdot g^{-1} \qquad (II)$$

Diese Gleichung wird nun nach ℓ aufgelöst

$$\ell = T^2 \cdot g \cdot \pi^{-2} \cdot 0{,}25 = T^2 \cdot g : (4 \cdot \pi^2) \qquad (III)$$

In diese Gleichung kann jetzt jeder beliebige Wert für T eingesetzt werden, wobei die Gleichung vorher noch zweckmäßig umgeformt werden kann:

$$\ell = T^2 \cdot g \cdot \pi^{-2} \cdot 0{,}25 = T^2 \cdot 24{,}85\ cm \cdot sec^{-2}$$

Es muß nur noch die Zeit quadriert werden und mit 24,85 $cm \cdot sec^{-2}$ multipliziert werden, und schon ist das Resultat, die Pendellänge, bekannt. Man kann aber auch die Zahl 24,85 $cm \cdot sec^{-2}$ durch das Quadrat der Frequenz f teilen und erhält ebenfalls die gewünschte Pendellänge.

Die 16. Oktave des mittleren Sonnentages entspricht der Zeit

$$T = 86\,400\ sec \cdot 2^{-16} = 1{,}318\,36\ sec$$

und der Frequenz

$$f = 86\,400^{-1} \cdot 2^{16} = 0{,}7585\ Hz$$

und somit beträgt die entsprechende Pendellänge:

$$\ell = 1{,}318\,36^2\ sec^2 \cdot 24{,}85\ cm \cdot sec^{-2} = 43{,}2\ cm$$
$$\ell = 24{,}85\ cm \cdot sec^{-2} \cdot 0{,}7585^{-2} sec^2 = 43{,}2\ cm$$

Die topozentrische Horoskopvertonung

Die Bewegungsstrecke eines Gestirns vom Aszendenten zur Himmelshöhe wird als halber Tagebogen bezeichnet (SAD = *semiarcus diurnus*).

Die Meridiandistanz (MD in RA = *Rektaszension* gemessen) ist der Abstand des Gestirns von der Himmelshöhe MC.

So wie sich die Meridiandistanz (MD) des Gestirns zu seinem Tagebogen verhält, so verhält sich die Meridiandistanz der Mundanposition zu 90 Grad. Folglich gibt:

$$\frac{\mathrm{MD}}{\mathrm{SAD}} = \frac{\mathrm{M\,(x)}}{90°} \qquad \mathrm{M\,(x)} = \frac{\mathrm{MD} \cdot 90°}{\mathrm{SAD}}$$

Ebenso verhält es sich natürlich in der Nachthälfte, in der der MD-Abstand dann dem IC-Abstand entspricht und der SAD dem SAN (SAN = *semiarcus nocturnus*). Folglich gilt:

$$\mathrm{M\,(x)} = \frac{90° \cdot (180° - \mathrm{MD})}{\mathrm{SAN}}$$

Es ist η die Polhöhe des Ortes, δ die Deklination des Gestirnes, λ die ekliptikale Länge und β die ekliptikale Breite, α die Rektaszension und σ die Schiefe der Ekliptik. Es gilt:

$$\cos \mathrm{SAD} = -\tan \eta \cdot \tan\delta$$

$$\tan \delta = \cot (\mathrm{P} - \sigma) \cdot \sin\alpha \qquad \text{wobei } \tan \mathrm{P} = \frac{\sin \lambda}{\tan \beta}$$

und somit ist:

$$\tan \mathrm{RA}\,(\alpha) = \frac{\sin (\mathrm{P} - \sigma)}{\sin \mathrm{P}} \cdot \tan \lambda$$

Quellenverzeichnis und Literaturhinweise

1. Bücher

[1] Ahnert, Paul *Kalender für Sternenfreunde.* (Ein sehr ausführliches, übersichtliches und vielseitiges Jahrbuch für Himmelsbeobachter.) J. A. Barth Verlag, Leipzig (erscheint jährlich).

[2] Akimoto *Die mundane Hausposition, Bestimmungen, Berechnungen und Tabellen.* (Grundlegendes Werk zur astronomischen Orts- und Zeitdarstellung im Horoskop für den professionellen Astrologen.) Akimoto-Selbstverlag, Türkenstr. 40, München (1982).

[3] Amato-Duex, Samsara *Bewußt fruchtbar sein.* (Viel Information zum Thema Liebe, Sensibilität, Sexualität, Zeugung und Geburt.) Irisiana (im Hause H. Hugendubel), München (1980).

[4] Asimov, Isaac *Die Schwarzen Löcher.* (Ein populärwissenschaftliches Werk, ohne große physikalische Kenntnisse gut verständlich, zum Thema große Massenkonzentrationen und Gravitationskollaps im Bereich der Astronomie.) Kiepenheuer & Witsch, Köln (1979).

[5] *Von Raum und Zeit — Menschliches Maß und kosmische Ordnung.* (Populärwissenschaftliches Werk zu Themen wie Kalender, Zeiteinteilung etc.) Ullstein Sachbuch, Taschenbuch, Frankfurt a.M. (1978)

[6] Berendt, Jochaim E. *Nada Brahma, die Welt ist Klang.* (Eine kundige Führung durch die Literatur zu den Themen Klang, Musik und harmonikale Aspekte der Physik. Abhandlungen über Religionen und Mantrik, Meditationen und Kirchenmusik. Ein Hymnus auf das Hören.) Insel Verlag, Frankfurt a.M. (1983).

[7] Berkeley/Uni *Berkeley Physikkurs* (6 Bände). (Lehrgang der Physik für Studierende der exakten Naturwissenschaften. Höhere Mathematikkenntnisse sind für das Verständnis erforderlich.) F. Vieweg & Sohn, Braunschweig (1979).

[8] Bohr, Niels *Atomtheorie und Naturbeschreibung. Vier Aufsätze mit einer einleitenden Übersicht.* J. Springer Verlag, Berlin (1931).

[9] Charpentier, Louis *Die Geheimnisse der Kathedrale von Chartres.* (Eine harmonikale Analyse und Aufschlüsselung der Architektur dieser gotischen Kathedrale.) Gaia Verlag, Köln (1972).

[10] McClain, Ernest G. *The Myth of Invariance. The origin of the gods, mathematics and music from the RgVeda to Plato.* (Grundlagenwerk) Shambala Publ. Inc., Boulder, Colorado (1976).

[11] Cousto *Farbton — Tonfarbe und die Kosmische Oktave.* (Einführungswerk zur Anwendung des Oktavgesetzes im Bereich der Astronomie; Berechnung der Erd-, Mond- und Planetentöne sowie zahlreiche musiktheoretische Abhandlungen.) Selbstverl., München (1979).

[12] — *Farbton — Tonfarbe und die Kosmische Oktave, Band II.* (Weitere physikalische Abhandlungen zum Thema der kosmischen Oktave. Die Berechnung des Sonnentones und Methodik der Horoskopvertonung.) Sellbstverlag, Mainz (1982).

[13] Cousto/Kleefeld *Astro-Karte, der Weg zur Astrologie.* (Poster A2-Format im 13-Farbendruck mit 16seitiger Einführungsbroschüre, zum Thema Astrologie und Horoskopvertonung mit aufgeschlüsseltem Aspektarius.) Synthesis Verlag, Essen (1982).

[14] Danielou, Alain *Einführung in die indische Musik.* (Eine Einführung in das Wesen der indischen Musik und Darstellung der indischen Ragas, mit zahlreichen Notenbeispielen.) Taschenbuch z. Musikwissenschaft, Heinrichshofen (1975).

[15] Einstein, Albert *Grundzüge der Relativitätstheorie.* (Physikvorlesungen von Albert Einstein, ein Fachbuch, das höhere mathematische Kenntnisse voraussetzt.) F. Vieweg & Sohn, Braunschweig (1973).

[16] — *Das Relativitätsprinzip.* (Allgemeine Ausführungen zur Relativitätstheorie.) B. G. Teubner Verlag, Berlin (1922).

[17] Gebser, Jean *Ursprung und Gegenwart.* (Dieses Buch ist von entscheidender Bedeutung für die Kristallisation des Bewußtseins im deutschsprachigen Raum.) Deutscher Taschenbuch Verlag, München (1973).

[18] Govinda, L. A. *Schöpferische Meditation und multidimensionales Bewußtsein.* (Anregende Ausführungen über vorwiegend tibetische Meditationstechniken und Erfahrungen.) Aurum Verlag, Freiburg i. Br. (1977).

[19] — *Grundlagen tibetischer Mystik.* (Einführung in die Grundlagen der Riten und Symbole in Tibet und im Lamaismus. Eine gute Ergänzung zum Bardo Thödol (Tibetisches Totenbuch).) O. W. Barth Verlag, München (1973).

[20] Haase, Rudolf *Grundlagen der harmonikalen Symbolik.* (Ausführungen zu den Arbeiten Hans Kaysers.) Ora-Verlag, München.

[21] Heisenberg, Werner *Physik und Philosophie.* (Ein leicht verständlich geschriebenes Einführungsbuch.) Ullstein Verlag, Taschenbuch, Berlin (1973).

[22] — *Der Teil und das Ganze. Gespräche im Umkreis der Atomphysik.* R. Piper & Co. Verlag, München (1969).

[23] Hesse, Hermann *Das Glasperlenspiel.* (Ein wunderbares Buch, für das Hermann Hesse den Nobelpreis erhalten hat. Ein geistdurchtränkter Roman.) Suhrkamp Verlag, Berlin (1946).

[24] — *Die Morgenlandfahrt, eine Erzählung.* Suhrkamp-Verlag, Frankfurt a. M. (1969).

[25] Hinze, O. Marcel *Tantra Vidya.* (Indische und tibetische Gestaltastrologie in Zusammenhang mit der Symbolik und in bezug zu Chakras und Körperbau.) Theseus Verlag, Zürich.

[26] Hofman, Albert *LSD — Mein Sorgenkind.* (Bericht über die Entdeckung der bewußtseinserweiternden Droge LSD und verschiedene Erfahrungsberichte.) Klett-Cotta Verlag, Stuttgart (1978). Zitiert nach Ullstein Taschenbuch »LSD — Mein Sorgenkind«, Frankfurt a. M. (1982).

[27] Inayat Khan, Hazrat *Music.* International Headquarter of the Sufi Movement, Geneva 1959, Samuel Weiser Inc., New York (1962).

[28] Kayser, Hans *Akroasis.* (Ein kleines, leichtverständliches Buch, das einen Überblick über das Gesamtwerk von Hans Kayser gibt und eine Einführung in die harmonikale Wissenschaft ist.) B. Schwabe Verlag, Basel (1946).

[28a] — *Vom Klang der Welt.* (Eine umfassende Weiterführung der Keplerschen Weltharmonik. Ein Grundlagenwerk mit enzyklopädischem Charakter zum Thema Harmonik.) Max Niehans Verlag. Zürich/Leipzig (1937).

[29] Kepler, Johannes *Weltharmonik in 5 Büchern.* (Grundlagenwerk der astronomischen Harmonik.) Beck, München (1938).

[30] Kleefeld, Bernhard *Astrologie. Die Harmonielehre des Kosmos.* (Einführung und Deutung. Astrologiebuch für Anfänger mit reichhaltiger Bibliographie.) Merkur, Gesellschaft für neue Astrologie, Georg-Fahrbach-Straße 2, Mainz (1980).

[13] *Astro-Karte,* mit Cousto, siehe Cousto/Kleefeld.

[31] Koch, Walter *Aspektlehre nach Kepler.* (Versuch einer Einführung in die Keplersche Weltharmonik im Bereich der Astrologie. Das Buch enthält einige Anregungen, aber leider auch gravierende physikalische Fehler.) Kosmosophische Gesellschaft, Hamburg und Rohm Verlag, Bietigheim (1979).

[32] Kocher, Kurt E. *Macht Euch die Erde untertan. Die Teilung von Zeit und Raum seit der Steinzeit.* (Das Buch enthält eine ganze Reihe sonst allgemein unbekannter kulturhistorischer Untersuchungen.) Hecoverlag, Dannstadt-Schauernheim (1983).

[33] Krüger, Willfried *Das Universum singt.* (Ein Buch mit grundlegenden Neuentdeckungen über die harmonikale Struktur der atomaren Elektronenbahnen und die Vertonung der Atome und Moleküle.) Editions Trèves e.V., Trier (1982).

[34] Lao Tse *Tao Te King, das Buch vom Weltgesetz und seinem Wirken.* Übersetzt von Walter Jerven. O. W. Barth Verl., Weilheim (1967).

[35] Leary, Timothy *Politik der Ekstase.* (Eine Abhandlung zur Bewußtseinserweiterung und zum intensiveren Leben und Erleben.) Chr. Wegner Verlag, Hamburg (1970).

[36] — *Neurologik, eine Anleitung zum Gebrauch des Nervensystems.* Der Grüne Zweig 39. Die Grüne Kraft, Löhrbach (1976).

[37] — *Höhere Intelligenz und Kreativität.* Der Grüne Zweig 80. Die Grüne Kraft, Löhrbach (1983).

[38] Lilly, John C. *Das Zentrum des Zyklons. Eine Reise in die inneren Räume.* (Blicke über die Mauern bürgerlicher Bewußtseins- und Erlebnissphären. Erfahrungsberichte über die Wahrnehmung mit psychedelischen Substanzen.) Fischer Verlag, Taschenbuch, Frankfurt a. M. (1976). Zitiert nach der ungekürzten engl. Ausgabe »The Centre of the Cyclone« Paladin, St. Alban (1973).

[39] — *The Deep Self.* (Anleitung aus erster Hand zum Bau von Samadhitanks — Isolationstanks, die Lilly entwickelt hat. Anleitung zum Arbeiten mit den Tanks und zahlreiche Erfahrungsberichte.) Warner Books, New York (1978).

[40] — *Der Scientist.* (Autobiographische Beschreibungen der Erkundung neuer Bewußtseinsebenen.) Sphinx Verlag, Basel, und Der Grüne Zweig 91 (1984). Übertragung ins Deutsche von Werner Pieper.

[41] Michell, John *City of revelation, on the proportion and symbolic numbers of the cosmic temple.* Abacus, London (1973).

[42] — *Astro-Archeology, stages in the transformation of a heresy.* Thames & Hudson, London (1977).

[43] — *Die alten Maßsysteme.* (Der kosmische Zahlenkanon und die Zusammenhänge alter und neuer Maßeinheiten.) Der Grüne Zweig 79. Die Grüne Kraft, Löhrbach (1983).

[44] Michell/Wagner *Maßsysteme der Tempel.* (Erweiterung der Alten Maßsysteme mit besonderer Berücksichtigung für den deutschsprachigen Raum.) Überarbeitet und erweitert von Waltraud Wagner. Selbstverlag, Vechelde (1984).

[45] Mihira, Vahara *Lehrbuch der altindischen Astrologie. Das große Buch der Nativitätslehre.* (Ein Kompendium der astrologischen Lehren im alten Indien.) Urania Verl., Waakirchen (1979).

[46] Müller-Pouillet *Lehrbuch der Physik, Band V, die Physik der Erde.* (Ein ausführliches Fachbuch, setzt höhere Kenntnisse der Mathematik voraus.) F. Vieweg & Sohn, Braunschweig (1928).

[47] Nix, Josef *Lehrgang der Stimmkunst.* (Ausführliche und vollständige Einführung in die Kunst, ein Klavier wohltemperiert zu stimmen. Mit zahlreichen Tabellen.) Verlag das Musikinstrument, Frankfurt a. M.

[48] Norelli-Bachelet, Patrizia *Der gnostische Kreis. Eine Synthese der Harmonien im Kosmos.* (Eine astrologische, mathematische, historische und allgemein-kulturelle Betrachtung der indischen Yugas und Darlegung einer Synthese. Die Autorin lebte lange in Auroville.) Fischer Verlag, Taschenbuch, Frankfurt a. M. (1977).

[49] Samay, Martin *Albumblatt für Elise (von Ludwig v. Beethoven) in Farbnoten.* (M. Samay entwickelte eine lineare farbige Notenschrift, basierend auf dem Gesetz der Oktave. Ein musikwissenschaftliches und künstlerisches Novum.) Color-Music, Neuried bei München (1979).

[50] Schindler, Maria *Columban.* (Ein Roman nach historischen Gegebenheiten, der die Streitfrage um den rechten Ostertermin eingehend abhandelt.) Orell-Füssli Verlag. Zürich (1934).

[51] Schmidt, Thomas M. *Musik und Kosmos als Schöpfungswunder.* (Eine musikalisch-mathematische Abhandlung zu den Proportionen der Planetenumlaufzeiten. Einige wesentliche Grundgleichungen entsprechen den Zahlenverhältnissen im Planetensystem, die B. M. Lersch veröffentlicht hat. E. M. Mayer Verl. Köln/Leipzig, 1879.) Verlag T. M. Schmidt, Frankfurt a. M. (1978).

[52] Schultz, Joachim *Rhythmen der Sterne. Erscheinungen von Sonne, Mond und Planeten.* (Sehr ausführliche, anschauliche und leicht verständliche Einführung in die Himmelsmechanik.) Philosophisch-Anthroposophischer Verlag, Dornach (1963).

[53] Shankar, Ravi *My Music, my Life.* Vikas Publ. House, New Delhi. Deutschsprachige Ausgabe: *Meine Musik, mein Leben.* (Eine Autobiographie, kombiniert mit einer Einführung in die indische Musik und einem Lehrgang, die Kunst des Sitarspielens zu erlernen.) Nymphenburger Verlagsbuchhandlung, München (1968).

[54] Simbriger-Zehelein *Handbuch der musikalischen Akustik.* (Ein ausführliches, gut fundiertes Fachbuch zur Harmonie- und Intervallehre wie auch zur allgemeinen Musiktheorie.) Verl. Josef Habbel, Regensburg.

[55] Stege, Fritz *Musik, Magie, Mystik.* (Eine ausführlich dokumentierte und kommentierte Zitatensammlung.) Der Leuchter Otto Reichl Verlag, Remagen (1961).

[56] Thimus, Albert v. *Die harmonikale Symbolik des Altertums.* (Ein grundlegendes Werk zum Thema Harmonik.) M. Dumont-Schauberg, Köln (1868).

[57] Toben, Bob *Raum-Zeit und erweitertes Bewußtsein.* (Comics zum Thema Physik, Wahrnehmung und Vorstellung, mit einem wissenschaftlichen Anhang von J. Sarfatti.) Synthesis Verlag, Essen (1979).

[58] Tompkins, Peter *Die Wiege der Sonne. Die Geheimnisse der mexikanischen Pyramiden.* (Eine populärwissenschaftliche und gut fundierte Einführung in die Geheimnisse der Pyramiden- und Tempelbauten in Mittel- und Südamerika.) Scherz Verlag, Bern/München (1977).

[58a] — *Cheops. Die Geheimnisse der großen Pyramide, Zentrum allen Wissens der alten Ägypter.* Droemersche, München (1979).

[59] Wagner, Waltraud *Reizende Erde. Elektromagnetische Felder in unserer Umwelt und ihre Wirkung auf den Menschen.* (Eine Einführungsschrift zur Strahlung und zum Magnetismus an der Erdoberfläche unter besonderer Berücksichtigung der Geomantie.) Der Grüne Zweig 57. Die Grüne Kraft, Löhrbach (1978).

[60] — *Naturwissenschaftliche Grundlagen zur biologischen Wirkung des Bauens.* W. Wagner, Selbstverlag, Vechelde (1981).

[44] — *Maßsysteme der Tempel,* mit John Michell, siehe Michell/Wagner.

[61] Wheeler, John *Gravitation.* (Mit. C. Minser und K. S. Thorne. Eine verständliche Erläuterung der Einsteinschen Theorie im Lichte neuer physikalischer Entdeckungen. Erfordert ein mathematisches und physikalisches Grundwissen. Englisch.) Freemann, San Francisco (1973).

[62] Yukteswar, Sw. Sri *Die heilige Wissenschaft.* (Ein Buch zum Thema Astrologie, Weltanschauung und Weisheit. Ein anregendes Buch zum integrativen Bewußtwerdungsprozeß.) O. W. Barth Verlag, München (1981).

2. *Zeitschriften und Periodika*

[63] Baumer, Hans »Die Meteorotropie eines Dichromat-Gelatinesystems«, in *Technischer Informationsdienst,* Abteilung Technik und Forschung, Fachbereich Tiefdruck, Bundesverband Druck e.V., II 1982.

[64] Baumer/Eichmeier »Das natürliche elektromagnetische Impulsfrequenzspektrum der Atmosphäre«, in *Archives for meteorology, geophysics and bioclimatology,* Springer Verlag, Ser A 31, 249—261 (1982).

[65] — »Die verschiedenen Atmospherics-Impulsformen und ihre Ausbreitungsbedingungen«, in *Archives for meteorology, geophysics and bioclimatology,* Springer Verlag, Ser A 32, 155—164 (1983).

[66] — »A hypothesis concerning the absorption of atmospherics in photo gelatin films«, in *Int. J. Biometeor.* 1983, vol 27, nr. 2, 125—131, by Swets & Zeitlinger.

[67] — »The biophysically active waveforms of atmospherics incident on gelatin films«, in *Int. J. Biometeor.* 1982, vol 26, nr. 1, 85—90.

[68] — »Relationship between the atmospherics pulse rate in the 10 and 27 kHz range, air mass movements and the diffusion time of ions in gelatin films«, in *Int. J. Biometeor.* 1981, vol 25, nr. 3, 263—268.

[69] Baumer, Metz und Eichmeier »Die Atmospherics-Aktivität bei 10 und 27 kHz als Indikator für die Dynamik der troposphärischen Wettervorgänge«, in *Archives for meteorology, geophysics and bioclimatology*, Ser. B 29, 299—312 (1981).

[70] Cousto »Die Visualisierung der inneren Räume«, eine Synthese naturwissenschaftlicher Beobachtung von biophysikalischen Phänomenen und meditativen Praktiken, in *Zukunftsperspektiven, Der Grüne Zweig* 88, S. 65—68, Die Grüne Kraft, 1983.

[71] — »Mondbetrachtungen, Astrologik«, in *Sphinx* Nr. 25, S. 46—47, Sphinx Verlag, Basel, 1984

[72] Figala, K. »Sir Isaac Newton und Claidophorus Mystagogus«, in *Rivista Internationale di Storia della Scienza*, Florenz 1976, S. 245—273.

[73] Geomantie (Autorenkollektiv) »Geomantie, oder die alte Kunst, Energiezentren auf der Erdoberfläche auszumachen, sowie die künstliche Veränderung der Landschaft, um ihre geometrische Verbindung mit andern Zentren auszudrücken«, *Der Grüne Zweig* 46, Die Grüne Kraft, Löhrbach (1976).

[74] Hassenstein, B. »Modellrechnung zur Datenverarbeitung beim Farbsehen des Menschen«, in *Kybernetik*, Heft 6, 1968, S. 209—225.

Tabellenverzeichnis